珍藏本·增订本
纪念版

汉译世界学术名著丛书

阿拉伯伊斯兰文化史

第八册

正午时期（四）

〔埃及〕艾哈迈德·爱敏　著

史希同　吴昊雁　马学忠　译

纳忠　审校

商务印书馆
SINCE 1897
The Commercial Press

كتاب فى أربعة أجزاء ، يبحث فى الحياة الاجتماعية والحركات العلمية والأدبيــة والفرق الدينية فى العصر العبـاسى الثانى

تأليف

أحمد أمين

الجزء الرابع

يبحث فى المذاهب والعقائد وتطورها وفى الصراع بينها ، وفى المرحلة الأخيرة من تدوينها فى متون ثم شرح هذه الملخصات ، مع نظرات فى مستقبل المذاهب الإسلامية

الطبعة الخامسة

本书根据黎巴嫩贝鲁特阿拉伯图书出版社第五版译出

目　　录

第二篇　逊尼派

第三篇　什叶派

第四篇　苏菲主义

附篇　伊历六世纪至近代启蒙时期学术、文学活动及宗教派别的历史

艾哈迈德·福瓦德·艾赫瓦尼序

著名的大学者故去后出版的著作特别重要，会受到历史学家的极大关注。无疑，艾哈迈德·爱敏是20世纪20—50年代埃及最重要的思想家之一。这些著作——我指的是著者故去后的著作——之所以受到关注，是因为通常这些著作表达了作者思想成熟后的观点，比其生前出版的著作更重要。但是，由于作者往往生前并未写完所有的章节，而其朋友和学生并不认为按其原貌出版有何不妥，例如维纳斯。这方面我所知道的最近的例子是研究希腊哲学的著名学者康福德[①]教授的《哲学原则》一书，他去世时遗留下该书的十五章，最后一章还未写完，另外还有两章的部分手稿。后格思里[②]教授按其原貌以残本的形式出版了该书。

历史学家们尤为注重著者遗留下来的尚未完成和出版的手稿，其原因之一是他们希望从中看出作者进行创作的方法。这种创作准备的过程是读者看不到的，他们看到的是一本完整的著作，是作者博览文献后总结的精华，是已臻成熟的思想。他们并不知

---

① 弗朗西斯·麦克唐纳·康福德(Francis Macdonald Cornford，公元1874—1943年)：20世纪初英国著名古典学家和诗人。——译者

② 格思里(W. K. C. Guthrie，公元1906—1981年)：当代古希腊哲学史家，康福德的学生。——译者

道，在此背后有着大量为作者弃之不用的欠成熟的考虑。

艾哈迈德·爱敏的孩子们请求我出版该书时，起初我是犹豫的。因为修订、出版一本著作是一项繁重的任务，也是一种沉重的历史托付。

最终我接受了这项工作，因为最重要的是，这是我作为艾哈迈德·爱敏的学生、作为其思想的研究者、作为一个埃及公民应当承担的义务，我理应彰显一个著名东方思想家的影响。

我的确曾是艾哈迈德·爱敏的学生。1927 年转学到埃及大学——现开罗大学——的第一年，我上过他的阿拉伯语课，记得那是关于词典的课程。他研究和授课的方式让我惊叹，那种旁征博引、简洁明了、入木三分的方式，也是他著书立说的风格。

我和他的联系自此从未间断，尤其是在他主持编委会每周四进行文学座谈期间。

* * *

当我着手整理《正午时期》的本册内容时，我认为我应竭尽所能保持原貌，以免篡改历史。

我所说的原貌并非指艾哈迈德·爱敏的手稿。在生命后期，艾哈迈德·爱敏因弱视通常采用口述的方式，付费请人将他所述内容在打字机上录入。该书共一百七十九页，开头是导论，结尾是参考书目。但艾哈迈德·爱敏好像没来得及审校这些初稿，修改他所要修改之处，作必要的增补。

原稿的章节都没有标题，只是空出位置留待付印前录入、审校时补齐。我分别配上了可概括主题思想的标题。

我将第四篇中的“麦尔吉阿派和哈瓦立及派”从正文移至附录

部分，因为该部分仅有两页，不足以独立成章。正因为如此，我在第三页区分主要派别时说："笔者将在后面的章节中对除哈瓦立及派和麦尔吉阿派之外的三个派别逐一加以论述。因为哈瓦立及派和麦尔吉阿派在伊历四世纪已渐趋消亡。"

此外，在参透艾哈迈德·爱敏风格的基础上，我还增补了序言，他通常以此为序，其风格是以"以安拉之名"开始，之后介绍其研究方法及所涉及的题目。删减和增补的情况是极少的，且只是个别的词句。我增加了一些注释，但未加以扩充，以保证维持本书的原貌和精神。

读者大可放心，您所读到的这本书是艾哈迈德·爱敏的原著，是其离世前撰写的最后一部著作。

1929年艾哈迈德·爱敏出版《伊斯兰黎明时期》后，又相继出版了三册的《伊斯兰近午时期》和四册的《伊斯兰正午时期》，迄今仍未有一本书能像这套书这样获得如此广泛的传播和影响。它共再版了六次，每次印数达数千册。《伊斯兰黎明、近午、正午时期》已成为每个学生的参考文献、每位研究者的指南，成为考察伊斯兰历史和文明的灯塔。

阿拉伯人过去以编年体的方式记述历史，如泰伯里、伊本·艾西尔等。他们面面俱到地记述历史事件，在纯粹的政治历史中掺杂了文学、科学和宗教。除伊本·赫勒敦外，这些前辈中没有一人了解现代历史的书写方式。伊本·赫勒敦在其《历史绪论》中描述了历史应如何被书写，然而当他开始记述历史时，却又走上了前人的老路。

至于什么是真正的文明史，他们都一无所知。今日的研究人员若想描述不同时期的伊斯兰文明，辨明其构成要素，以及促成其形成的条件，诸如地理、政治、社会、文学、经济等因素，则不可能在古籍中找到任何脉络清晰的史料。因为古人认为文学应是包罗万象而又蜻蜓点水式的，所以查希兹在《修辞与阐释》一书中写完《古兰经》某一章节的注释后，去写诗人们的传闻，然后又转而谈论逻辑学家的观念，如此等等。《口授录》[①]和《阿拉伯谱系大全》[②]等其他文学、历史书籍都是如此，都是节外生枝、杂乱无章的表述。

因而，研究伊斯兰文明的历史学家任重而道远，他们需要通晓众多学科，如《古兰经》经注、圣训、历史、教法、文学、社会、经济、哲学、凯拉姆学（教义学）、苏菲，等等，总之是构成文明的所有学科。

在掌握了这一切之后，历史学家需要对收集来的众多史料进行重新梳理。梳理史料的工作是理性的，它能体现思索中的真知灼见，因为思想和可感知的实物不同，它要高于可感知的现象，这只有靠理性才能完成。在书写伊斯兰思想史的过程中，艾哈迈德·爱敏对此深有感触，他在《近午时期》第一册的序言中说："研究某个民族历史的研究者所遇到的最大困难，也许就是对其思想史从发轫至上升期的研究和对其宗教史及其各种观点和教派的研究。其原因是：对物质一类问题的研究，其范围是清楚的、有限的，其变迁也是显而易见的。而对思想的研究，如果你想搞清楚它是怎样产生的，怎样发展的，以及产生和滋养这些思想的原因和因素是什么，其间又发生了哪些变化，以致改变和磨砺了这些思想，那

① 作者为著名的文学家和语言学家艾布·阿里·高利（公元 893—967 年）。——译者

② 作者为埃及历史学家盖勒盖山迪（公元 1355—1418 年）。——译者

就困难得多，会使研究者殚精竭虑，难以为继……”

在此引用的寥寥数语，可清晰地表明艾哈迈德·爱敏在详述自形成至近现代的穆斯林思想生活时为自己设定的研究的理性准则。

是的，艾哈迈德·爱敏就是用理性去分析伊斯兰思想的发展的。

以理性剖视理性，是求真的哲学。关于哲学的定义有很多，其中最著名的当属第一导师所说的，哲学是关于第一原因和原理的科学。各种不同的学科从哲学分离出去后，今日的哲学仅限于分析人类的理智。艾哈迈德·爱敏也是如此，他试图探寻在各历史发展时期滋养伊斯兰思想，使其完善成熟，形成不同形态的久远的原因。这样的分析要求追溯到源自伊斯兰教的宗教因素，追溯到穆斯林从波斯、印度文明和希腊哲学中学到的外来因素，考察这些因素是如何在伊斯兰文明这个大熔炉中互相作用的。此外，艾哈迈德·爱敏以极大的自由剖析了伊斯兰思想，并进而论及最终在现实生活中形成的固定的思维模式，它表现在人的行为举止上，在故事传说、典籍著述和大众科学中尤为明显。

在这方面，艾哈迈德·爱敏的哲学突出体现在他的《伊斯兰黎明、近午、正午时期》这几本最有价值的著作中。

艾哈迈德·爱敏哲学的基础是，东方独有一种强大的现象，它极大影响了东方的生活，对其思维打上了其他任何体系都无法比拟的烙印，这种强大的现象，就是从远至东方的印度到远至西方的安德鲁斯都广泛传播的伊斯兰教。如果想了解我们今日的状况，想辨明我们所拥有的哲学以及它的应然，我们就应当回溯到自伊斯兰教产生起，甚至伊斯兰教产生之前的那些久远的伊斯兰根源，以明确其基础，及导致形成不同文明的种种因素。现实是过去的产物，民族的发展都要遵循形成、发展的规律。

艾哈迈德·爱敏在论述伊斯兰文明时，根据指导其写作的思路，将研究分为三大门类，即社会、学术和宗教。

这三大门类在首卷《黎明时期》中是交织在一起的，因为当时的文明还未扩展至后期的广度。但当他撰写《近午时期》时就分为三大部分，详细论述了阿拔斯王朝的前一百年，即从伊历 132 年至伊历 232 年哈里发瓦西格统治时期，正如艾哈迈德·爱敏所说："这是一个具有独特的学术色彩的时代，也是一个具有独特的政治和文学色彩的时代。其特点是，波斯因素占据压倒优势、享有一定程度的思想自由、穆阿台及勒派权倾朝野、文学包括诗歌和散文染上了历代都会仿效的色彩。"

《正午时期》卷也是如此，第一册研究自穆台瓦及勒(公元 847—861 年在位)时期至伊历四世纪末的社会状况及思想生活的中心；第二册研究伊历四世纪科学、文学和艺术史；第三册是安德鲁斯专集，因为安德鲁斯的文明独具特色，该册专门研究自阿拉伯人征服安德鲁斯至他们离去这段时期的思想生活；第四册研究各种宗教活动。

*　　　*　　　*

或许你会问，艾哈迈德·爱敏是从哪里学的哲学，他师从何人？事实上，他是自学成才的，因为他天性酷爱真理、尊重智慧。哲学恰恰正是探知真理、寻求智慧的过程。人们在此过程中遇到的阻碍，大都是因随心所欲、墨守成规造成的。艾哈迈德·爱敏自开始从事写作起，就翻译了《哲学原理》一书。该书是一本很好的小册子，简略概括了现代哲学的含义及哲学的不同分支。这是"著述、翻译、发行委员会"最早刊印、出版的书籍之一。之后，艾哈迈德·爱敏与扎基·纳吉布·马哈茂德共同撰写了《希腊哲学故事》和《现代哲学故事》两本书，该书回顾了从古至今的哲学史。此外，大约二十五年前，艾哈迈德·爱敏还为中学撰写了有关伦理的书，梳理了不同的伦理派别。这种从事哲学创作、翻译哲学著作的做法，说明艾哈迈德·爱敏早就受到哲学观念的熏陶和养育。因此，当他撰写伊斯兰思想时，便借用哲学家们的研究方法，受他们思维的影响，将现代哲学派别的观点运用到伊斯兰文明的研究中就不足为奇了。据此形成了他自己的新观点，这是他深厚的哲学素养的成果，是他博览古今哲学的结晶。

如前所述，艾哈迈德·爱敏采用的哲学是建立在三大支柱之上的，即宗教、科学和社会。这三大要素相辅相成，缺一不可。若想了解伊斯兰思想，就必须了解该思想的桂冠——宗教，了解其崛起的工具，即文化的各个学科，了解其生命和精神，及逐渐形成、发展起来的社会活动中心。而作为脱离社会生活、远离学术活动的哲学思想，只是一些在教师手中丧失了生命力的空洞表述，这与在苏格拉底、柏拉图时代的充满生命活力的哲学是风马牛不相及的，甚至成了行尸走肉。

在艾哈迈德·爱敏看来，思想犹如川流不息的大河，社会生活是它的支流，学术活动是它的河道，宗教是它的入海口和终点。这样的哲学在《黎明时期》运用得尤为明显，在《近午时期》条分缕析，而在《正午时期》则更为详尽。

*　　　*　　　*

艾哈迈德·爱敏拥有一个真正智者所应具备的一切品质：思想自由、避免独断、欢迎批判、清晰明了、统观全局、究根问底。

艾哈迈德·爱敏的思想是极度自由的，他只讲真话、只问真理，对权贵不阿谀奉承，对民众不随波逐流，不顺从贪欲。这种自由体现在他公开宣布他的宗教主张，哪怕它与民众的情感相抵触，与长期以来通行的习惯相违背。虽然穆斯林自伊历四世纪起就反对穆阿台及勒派，判定穆阿台及勒派人为叛教者，焚烧该派的书籍，禁止在学校教授这些书籍，但艾哈迈德·爱敏仍公开宣告伊斯兰教中的理性主义者——穆阿台及勒派的胜利，呼吁向该派回归。他还公开宣告他关于什叶派及其信仰的观点，以至于《黎明时期》出版后他在巴格达险些因此而蒙难。我们认为，为了思想自由，为了公开自己的观点，艾哈迈德·爱敏并不在意逊尼派和什叶派之分，这就是哲学家的立场。这种思想的自由同样伴随着其有关政治、社会、文学的其他观点。他撰写的《思绪飞扬》一书中的文章充分体现了这一点，该书内容丰富，收录了他撰写的系列文章。想进一步了解艾哈迈德·爱敏的生活哲学者，应关注这些文章。

构成艾哈迈德·爱敏哲学的第二个要素是避免独断。独断主义者独断专行，只认自己的观点，对别人的观点不屑一顾。哲学与独断是势不两立的，因为哲学是热爱真理，而不是热爱观点的胜利，哪怕该观点是谬误的。艾哈迈德·爱敏绝不会固执己见，只有在研究、考证，收集到论据后才会坚持他自己的观点。而且只要被证伪，或有批评者提醒，他会随时准备放弃自己的观点。

第三个品质是欢迎批判。康德之后，批判哲学这个术语是指审视人类理性，以了解其限度，以及它所涉及的范围。批判哲学还可以指那些放弃独断，转而进行自我批判的人，就像柏拉图在与巴门尼德的对话中批评《理想国》一样。艾哈迈德·爱敏在这两个层面上都是真正的批判者。关于审视人类理性、辨明理性限度方面，他在《正午时期》的最后一册中批判穆阿台及勒派和艾什尔里派时说："研究者很容易发现，艾什尔里派和穆阿台及勒派之间的分歧，均超越了应有的界限，陷入了无休止的诡辩之中。人的理性对此是无能为力的。我们对自己尚未充分了解，且不知'知'与'能'同我们本体的关系，怎么能对真主妄加议论呢。我们的智力是有限的，仅仅能够应付现实生活的需要。想要弄清楚上述问题是人类智力所不及的。人类的智力不可能完全了解一切事物的真相，它所能了解的，不过是事物的某些属性……"

众所周知的批判出现在《黎明时期》第一版出版之后，艾哈迈德·爱敏的做法被认为是埃及和阿拉伯东部世界文学和思想生活中的一件大事。因为在此之前没有一位作家能像艾哈迈德·爱敏那样在自己的杂志《文化》上刊登批评自己的文章，无论这种批评多么尖锐。该书第二版出版时，他在序言中说："……阿拉伯人和东方学家们给了我极大的鼓励，他们对本书给以评论，提出了许多意见，我受益良多……"他在《正午时期》第二册的序言中说："笔者将本书呈献给读者，是希望你们能指出书中内容的不足之处，以使笔者能有弥补更正的机会。对于写作的人来说，错误是难以避免的，而不是像有些人说的那样，希望读者对其中的缺陷、瑕疵视而不见，充耳不闻。任何学问的生命都存在于批评之中，任何学问的发展，靠的都是真知灼见，是对缺点不足的揭示，是中肯的批评和建议。”

我们认为这种新风尚极大地影响了当代的思想家和作家。这种新风尚推动思想生活向着追求真理的方向发展,而不像以往的作家和思想家们那样,因为自己的无能而视批评为洪水猛兽,他们罔顾真理、互相恭维、互相吹捧。

第四个品质是清晰明了。这种明晰体现在两个方面:一是他自己的观点鲜明;二是语言不施藻饰。他完全有能力咬文嚼字、押韵对仗,像贾希兹等古人那样,但相比较言辞的华美,他更注重意义的明晰;相比较表达的韵律,他更注重思想的韵味。他选用简洁而能直击要害的表达,避免华而不实的辞藻堆砌,成为注重思想,拒绝言之无物、远离受辞藻束缚的传统做作之风的典范。

第五个品质是统观全局,不拘泥细节。这是部分从事哲学研究者们的哲学。威尔·杜兰特在《哲学的光辉》一书中说:“我们打算将哲学定义为整体的视角,以及简化生活、将杂乱变为整体的思维。”艾哈迈德·爱敏在撰写伊斯兰的思想生活时确实是一位哲学家,因为他上升到了全面宏观的视角,以其洞察力简化了思想生活,并将其中的杂乱变成了一个整体。使阿拉伯读者在面对他们的历史时,不再觉得那是一个找不到入口和出口的迷宫。

最后一个品质是究根问底,去探究影响宗教、社会、文学和语言现象的真正原因。他令人赏心悦目地将这些原因以文学的形式详尽地呈现出来,细数其原委,并为其编目,这证明了他条理清晰的思路。艾哈迈德·爱敏在论述语言衰落、科学落后、哲学不振的原因及其他章节时,也沿用此思路。

* * *

这些哲学品质使我们在当今生活中，在有关理性、宗教、语言、科学、社会和文学等方面取得重大成果。

艾哈迈德·爱敏所做的这一切，都是为了能使冥顽不化的沉重传统让位于进步和提高，能思想自由地看待生活的方方面面。这必然要求对理性进行分析，了解其范围，辨明正确思维运行的原理，遵从现实主义，然后用这种理性去考察生活中的各种现象，以使行为建立在理性基础之上。

艾哈迈德·爱敏关于宗教的几个观点是真正革命性的。首先是要求回归穆阿台及勒派的原则，即以理性诠释宗教。第二是重启创制之门，不再受艾布·哈尼法、沙斐仪、马立克和伊本·罕百里四大教法学派的束缚。这些人与他们当时所处的时代相适应，而今日的情况已有所改变。第三是主张什叶派和逊尼派和解，以实现穆斯林的团结，尤其是两派之间的分歧已成明日黄花。

艾哈迈德·爱敏就是这样呼吁进行社会和语言改革的。有关这方面的内容，我留待对《思绪飞扬》中艾哈迈德·爱敏的观点进行讨论时再说，如果认为宗教与哲学密切相关，那就集中探讨书中的哲学话题吧。

无可争辩的是艾哈迈德·爱敏的这些观点受到通晓艾哈迈德·爱敏著作的年轻一代的欢迎，并已开花结果。故称艾哈迈德·爱敏是指引现代东方的当代哲学家毫不为过。

* * *

艾哈迈德·爱敏对于穆斯林思想生活的研究始于贾希利叶及伊斯兰降世的黎明时期，止于《正午时期》第四册，即本册，历史大悲剧开始落下帷幕。当伊斯兰的理想被认可，人文主义旭日东升，受到尊重，穆斯林对廉价的物质生活不感兴趣，转而去学习科学、艺术和文学时，他们在很长的一段历史时期成为很多民族人民的老师。穆斯林文明历经战乱、破坏和毁灭，最终以文化衰落、思想僵化、著述止步于概括和注释而落下帷幕。从此，创造与革新不再，生活在倒退而非向前。

穆阿台及勒派运动消亡了，取而代之的是艾什尔里派，该派直至今日一直是穆斯林的正统派别。苏菲派势力大增，他们只是在衰弱无能、理性国家消亡、僵化盛行的时期才出现的派别。

这就是艾哈迈德·爱敏在他故去之前想要向人们介绍的景象，希望他们在他光荣故去后能了解他们宗教的真谛及其发展情况，知道如何才能实现其宗教的复兴，以重拾辉煌，再登高峰。

我认为《正午时期》的最后一章，是艾哈迈德·爱敏写得最好的一章，他虽已故，但他已完美完成了他对于国家和东部伊斯兰世界的义务。

著者序言

奉至仁至慈的真主之名

在本部作品《正午时期》第三册，即从阿拉伯人征服安德鲁斯至被迫撤离期间，安德鲁斯人的思想生活专集（该专集涉及宗教活动、语言、语法、文学、哲学、历史、艺术等内容）脱稿时，笔者曾许愿，将继续撰写第四册，也是最后一册，即伊斯兰教诸派别及其发展册。祈求真主，一如既往佑助笔者！正如所愿，真主佑助笔者，按照第一、二、三册的结构，一鼓作气完成了本专集的撰写。

在第一专集，笔者描述了伊历四世纪的社会生活。依笔者之见，欲了解思想生活，首先要了解它产生的环境，了解促使它产生的各种因素，以及它的创造者——人的习性。笔者的描述，主要集中在作为思想生活中心的埃及、沙姆[1]、伊拉克、波斯南部、呼罗珊、河外地区[2]等地的学术、文化活动，及其代表人物。

第二册，主要阐述了伊历四世纪的学术、文学、艺术发展史，如《古兰经》经注、"圣训"、教法、苏菲主义、语言、文学、语法、词法、修辞、哲学、伦理、历史、地理及各种艺术等。

---

① 沙姆：指今叙利亚、黎巴嫩、巴勒斯坦、约旦。——译者

② 河外地区：指阿姆河以北的地区。——译者

第三册，为安德鲁斯专集。由于安德鲁斯的文化和思想生活几乎自成体系，所以第三册的内容，并没有仅记述该地区伊历四世纪的历史，而是另辟新径，将时间跨度设定为自穆斯林征服安德鲁斯开始，直至被迫撤离，历时约八个世纪。

本册将沿用第三册的方法，时间的跨度将不仅限定在伊历四世纪。这是因为信仰或学说的发展变化，没有文学、自然科学、艺术那样迅速。在本册中，笔者对伊斯兰教的各主要派别，如穆阿台及勒派、艾什尔里派、什叶派、逊尼派和苏菲主义等做了详尽的阐述。尽管苏菲主义算不上是伊斯兰教的一个教派，但鉴于其广为传颂的事例对伊斯兰教思想的影响，尤其是对伊历四世纪以后的伊斯兰教思想产生的深远影响，笔者在第四章中，专门对其进行了详细阐述。本册从穆阿台及勒派谈起，以便使内容更加连贯，读者阅读时，不必再返回到《近午时期》去查阅穆阿台及勒派的产生等其他细节。总之，本册对自伊斯兰教问世至近代穆斯林宗教信仰的各种形态，将做全面的阐述。

祈求真主佑助笔者，沿着他欣悦的道路，善始善终，顺利完成本卷的创作；也祈求真主，佑助穆斯林恢复团结，化解各派之间的分歧，提升他们的地位，恢复他们的荣耀。

真主永远与那些敬畏真主、积德行善的人在一起。

导　论

教义学在阿拔斯王朝前期至中期渐趋成熟，这主要应归功于穆阿台及勒派。当时，他们以伊拉克的巴士拉、巴格达和库法等地为活动中心，旗帜鲜明地捍卫着伊斯兰教。由于波斯人、印度人、叙利亚人、基督教徒和犹太教徒曾一度汇聚伊拉克，伊拉克遂成为各种文化和宗教的交汇地。伊拉克人的祖先，在伊斯兰教降世之前，信奉过不同的宗教。当时，虽然他们表面上改奉了伊斯兰教，但旧的思想观念和旧的宗教信仰仍或多或少地残留在他们思想意识的深处。对大多数人来讲，伊斯兰教只不过是镀在他们表面的一层薄薄的金箔。

波斯和印度曾一度盛行琐罗亚斯德教[①]，信奉两位神灵——光明之神与黑暗之神。光明之神被称作耶兹丹[②]，是善之源；黑暗之神被称作艾哈勒曼[③]，是恶之源。这两位神灵势均力敌，永恒而对立，时而光明之神占据上风，时而黑暗之神耀武扬威。

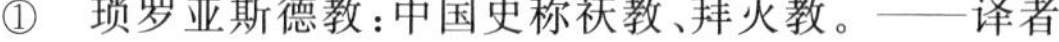

① 琐罗亚斯德教：中国史称祆教、拜火教。——译者

② 《中国大百科全书·宗教卷》中光明之神称阿胡拉·玛兹达。——译者

③ 《中国大百科全书·宗教卷》中黑暗之神称曼纽或称阿里曼。——译者

汇聚伊拉克的人们根据各自教义分为若干派别，伊本·赫勒敦[①]将他们归为八派。这些人来到巴格达后，或公开，或以伊斯兰教作掩护，宣传着自己的教义。因此，阿拔斯王朝前期，有许多人被指控为二元神教[②]的信徒，遭到审判或诛杀。[③]

这些人中包括印度的婆罗门教[④]信徒，其人数众多。其中持轮回说者，就分为许多派别。他们称，世间有许多神灵，为首的大神是梵天。此外，还有佛教徒和儒教徒，他们均有各自的教义。

当时，在伊拉克还有一批来自沙姆等地的基督徒。他们根据对耶稣属性的不同认识，也分为若干派别。有的认为耶稣只具有单一属性；有的则认为耶稣具有双重属性——神性和人性；还有的持耶稣神人合一说，等等。诸如此类的学说，导致出现了分属不同派别的教堂。犹太教的情形也大致如此，分为诸多门派。

来自这些宗教派别的信徒涌入伊拉克后，以各种形式宣传自己的教义，他们中有的人还披上了伊斯兰教的外衣。历数当时的

---

① 伊本·赫勒敦(公元1332—1406年)：中世纪阿拉伯著名哲学家、历史学家、政治活动家。生于突尼斯(一说凯鲁万)。其最著名的历史哲学著作为《历史绪论》。——译者

② 二元神教：信仰宇宙中存在善与恶两种相互对立的至高力量或神的宗教。琐罗亚斯德教、摩尼教和诺斯替教都属于含有宗教二元论思想的宗教。此处指琐罗亚斯德教。——译者

③ 据巴格达迪在其《教派之分歧》中记载："伯尔麦克家族为哈里发拉希德在天房内架设香炉，香炉内长期燃放沉香。拉希德知道他们的真实目的是以此来间接拜火，想把天房变成火屋。这是哈里发拉希德惩治伯尔麦克家族的原因之一。"见1948年安扎特·阿塔尔版《教派之分歧》，第172页。

④ 婆罗门教：印度古代宗教之一。源自于公元前2000年的吠陀教，约形成于公元前7世纪。以《吠陀》为最古经典。信仰多神。奉梵天、毗湿奴和湿婆为三大主神，分别代表"创造"、"护持"和"毁灭"。主张善恶有因果，人生有轮回之说。——译者

各种教派，其名目之多令人眼花缭乱。这些人大多深受希腊哲学的熏陶，每一派都利用希腊哲学来支持和加强自己的观点。穆阿台及勒派为了捍卫伊斯兰教，反驳其他宗教，也不得不学习希腊哲学，借用论敌的思想武器来武装自己。于是，教义学以惊人的速度得以发展，教义学所涉及的内容超出了信仰的范畴。我们认为，教义学研究的范围主要有四个部分：第一部分是神学，主要研究真主及其本体、属性、行为、众先知、列圣等，是教义学的核心。第二部分是物理学和化学，主要研究事物的本质、现象、不可分割之物、运动与静止、突变、渗透性、颜色、味道、气味等。第三部分研究纯政治，但带有教义学色彩，即从教义学的观点论证阿里、艾布·伯克尔和欧麦尔三人中谁最有资格出任哈里发，研究对象主要是阿拉维派和阿拔斯派的优劣好坏，以及担任哈里发或伊玛目所必须具备的条件，等等。其实，这都是政治问题，应该与宗教脱离，理性地加以研究。第四部分研究天赋理性，如善与恶、悦服与选择、理性的美化与丑化、《古兰经》的奇迹、公议与类比，等等。这使教义学的内容包罗万象，读者阅读《立场》、《教派之分歧》、《宗教与教派》等著作时，就会看到各种各样的议题和观点。

尽管如此，我们仍可将当时伊斯兰教的主要派别归纳为五大门派：穆阿台及勒派、逊尼派、什叶派、哈瓦立及派、麦尔吉阿派。笔者将在后面的章节中对除哈瓦立及派和麦尔吉阿派之外的三个派别逐一加以论述。因为哈瓦立及派和麦尔吉阿派在伊历四世纪已渐趋消亡，在《近午时期》卷中，笔者已做了详尽论述，故不再赘述。

第一篇

穆阿台及勒派

穆阿台及勒派的产生

穆阿台及勒派最初是由一批志同道合者发起并组成的一个团体，旨在团结一致宣传和捍卫伊斯兰教，攻击与其意见相左的人。团体内部实行毗邻而居、相互通婚，一旦有人背离其基本原则，成员资格即被取消，并被逐出。如伊本·哈伊特，他曾是穆阿台及勒派赫赫有名的大学者，也是奈萨姆[①]的得意门生。有人说他声称耶稣的品位高于先知穆罕默德，穆阿台及勒派便派人密报哈里发瓦西格[②]，指控他离经叛道。瓦西格遂命伊本·艾比·杜阿德[③]调查此事，并按真主的法度进行处置。结果，伊本·哈伊特被迫害致死。又如法都勒·哈扎伊，他也曾是穆阿台及勒派奈萨姆的弟子，被人抓住把柄后，像伊本·哈伊特一样被逐出穆阿台及勒派。[④]类似的例子还有伊本·拉旺迪[⑤]，笔者在后文中将会继续阐述。

---

① 奈萨姆（公元777—845年）：伊斯兰教穆阿台及勒派思想家、逻辑学家。生于巴士拉，出身于宗教学者家庭。早年随名师学习经训、教法、语言学，后师从艾布·胡栽勒，成为穆阿台及勒派的学者。——译者

② 瓦西格（公元842—847年在位）：阿拔斯王朝第九任哈里发。——译者

③ 伊本·艾比·杜阿德（公元854年卒）：穆阿台及勒派法官，生于巴士拉。——译者

④ 参看《胜利集》，第148—150页。

⑤ 伊本·拉旺迪（公元910年卒）：原为穆阿台及勒派人，后放弃该派观点，著书反对伊斯兰教及其他天启宗教。——译者

穆阿台及勒派早期的原则是远离政治，专心致力于宗教功修和宗教宣传。因此，当哈里发曼苏尔[①]被指责实行暴政时，曾力邀穆阿台及勒派人阿慕尔·本·欧拜德[②]及其追随者协助他治理国家，遭到拒绝。但穆阿台及勒派人后来背离了这一原则，不但沉溺于政治，而且还成了哈里发的近臣幕僚。哈里发麦蒙[③]、穆阿台绥姆[④]、瓦西格给了他们在政治上大显身手的机会。于是，他们对论敌毫不姑息，若有人胆敢不认可《古兰经》被造说，就会立即被冠以罪名，受到严惩。他们设立异端审判所，使阿拔斯王朝陷入了空前的混乱状态。他们不断向当地的法官、学者强行灌输《古兰经》被造说，若有人违抗，就会遭到羞辱或迫害。历史学家称这一时期为《古兰经》被造说的灾难。穆阿台及勒派的势力在这一时期可谓登峰造极。但物极必反，哈里发穆台瓦及勒[⑤]即位后，发现王朝上下烽烟四起，遍布全国的异端审判所乱施刑罚，或责打、或流放、或驱逐，黎民百姓怨声载道。在这种情况下，因拒绝承认《古兰经》被造说而遭受迫害者反而被民众视为英雄。哈里发穆台瓦及勒为博取广大民众的支持，顺从民意，废止了《古兰经》被造说，取缔了异端审判所，转而支持圣训派人。总之，哈里发加入了穆阿台及勒派的敌对阵营。人们往往是政权的奴隶，当他们看到穆阿台及勒派大势已去时，便纷纷抛弃穆阿台及勒，该派亦由公开宣传转入地下秘

① 曼苏尔(公元754—775年在位)：阿拔斯王朝第二任哈里发。——译者

② 阿慕尔·本·欧拜德(公元761年卒)：穆阿台及勒派长老，以禁欲苦行著称。——译者

③ 麦蒙(公元813—833年在位)：阿拔斯王朝第七任哈里发。——译者

④ 穆阿台绥姆(公元833—842年在位)：阿拔斯王朝第八任哈里发。——译者

⑤ 穆台瓦及勒(公元847—861年在位)：阿拔斯王朝第十任哈里发。——译者

密活动，这是需要极大的勇气和足够的胆识的。由此，穆阿台及勒派的信徒和领袖人物的数量锐减。此外，教法学家、圣训学家、拒绝派[①]、基督教徒、犹太教徒对穆阿台及勒派的猛烈抨击，以及艾什尔里等著名人士先后脱离穆阿台及勒派等因素，使穆阿台及勒派的处境更是雪上加霜。

① 拒绝派：什叶派早期内部一宗教派别。系阿拉伯语“拉斐德”的音译，原意为“拒绝者”、“不接受者”。即指拒绝与逊尼派在教义问题上做适当妥协的人，故名。——译者

穆阿台及勒派的发展

穆阿台及勒派在其发展过程中，可谓人才辈出。每一位杰出人物，都会为该派教义增添新的内容，对教义的研究更加深入。实际上，穆阿台及勒派继承了杰赫姆[①]的主张，因此，穆阿台及勒派亦被称为杰赫姆派。杰赫姆全名杰赫姆·本·绥夫旺。倭马亚王朝末期，他在梯尔米兹[②]宣传自己的学说，后来又迁徙至巴里黑[③]。杰赫姆原是著名的《古兰经》经注学泰斗穆高提勒·本·苏莱曼[④]的朋友，并同呼罗珊人哈里斯·本·苏莱吉·阿兹姆·艾兹迪[⑤]关系密切。杰赫姆和哈里斯两人曾遭圣训学家和政客们的恶意中伤，因为他们二人公开宣布反对倭马亚王朝，不但要求倭马亚王朝遵循《古兰经》、"圣训"，而且还要奉行政治协商制度。据史书记

---

① 据《胜利集》记载，杰赫姆是一神论者，不是穆阿台及勒派人。但公众总是把他列入穆阿台及勒派。穆阿台及勒派学者比什尔·本·穆阿台迈德明确表示杰赫姆不属于穆阿台及勒派。据说，杰赫姆属于宿命论者。哲玛鲁丁·卡塞姆在其书中(伊历1331年灯塔出版社)对穆阿台及勒派和杰赫姆派做了详细的论述，他认为穆阿台及勒派由杰赫姆派发展而来。

② 梯尔米兹：位于乌兹别克斯坦境内的一座城市。公元690年被阿拉伯人攻占。后独立。704年被倭马亚人控制。——译者

③ 巴里黑：阿富汗一城市。波斯与印度间古商道上的重镇。——译者

④ 穆高提勒·本·苏莱曼(公元767年卒)：著名经注学家，著有《详解》。——译者

⑤ 哈里斯·本·苏莱吉·阿兹姆·艾兹迪(公元746年卒)：台米姆反抗倭马亚人的将领。——译者

载，倭马亚王朝曾想以重金换取他俩的缄默，但遭到严词拒绝。他俩誓死追求正义，是最早叛离倭马亚王朝的人。他俩组建军队，坚持开展推翻倭马亚王朝的活动，直至倭马亚王朝灭亡。两人似乎对“圣训”所知甚少，而只是专注于自身的理性思维，故遭到圣训派人的猛烈抨击和恶意中伤，更不幸的是他俩在倭马亚王朝末期，即麦尔旺·本·穆罕默德[①]执政时惨遭杀害。

阿拔斯王朝建立后，杰赫姆派以新的形式——穆阿台及勒派的面目出现。杰赫姆派学说的核心是反对将《古兰经》中晦涩难懂的经文，如真主的手、真主的面容等内容进行比拟或注释，否认真主具有知识、能力等属性。他们认为，真主的属性即真主的本体，真主不可能做到非本体所能，也不可能意欲非本体所欲，他们把真主所有的属性全部视作真主的本体。他们认为，真主在来世看不见真理，也不讲真理，这种表述只是一种隐喻。他们还创立了《古兰经》被造说。他们宣称，《古兰经》和“圣训”中有些章节，其字面概念的指称的确与被造物的属性相似，但实际上这是绝不可能的，因为真主“任何物不似像他”[②]。

这些观点渗入了穆阿台及勒派，并被加以发展和宣传。我们认为，早期的杰赫姆派信徒提出的观点是值得尊敬的。当他们起而反对倭马亚王朝后，遭到倭马亚人的攻击，被指控为无神论者。无神论者是离经叛教者，但杰赫姆派人并没有叛教，他们只是公正、正义的追求者。由于杰赫姆派不属于圣训派，又没有追随圣训

① 麦尔旺·本·穆罕默德（公元692—750年）：倭马亚王朝最后一任哈里发。——译者

② 马坚译：《古兰经》，42：11。——译者

派，便又遭到圣训学家的指责。这就是杰赫姆的继承者穆阿台及勒派当时的状况。

穆阿台及勒派继承了杰赫姆主张的核心内容。随着哲学在伊拉克的传播，许多哲学思想也渗入了穆阿台及勒派。穆阿台及勒派的论敌不但来自伊斯兰教内部的各个派别，也来自其他宗教。他们同穆阿台及勒派就一些信条和观点展开激烈辩论。穆阿台及勒派对他们所提问题的回答，成为该派教义的一部分内容。

阿慕尔·本·欧拜德（公元761年卒）对杰赫姆派的主张进行了筛选整理，使其论据更加翔实有力。艾布·胡载勒·阿拉夫[①]可谓青出于蓝，他学识渊博，且精通哲学，为穆阿台及勒派教义增添了许多内容。他才思敏捷，善于辩论，为驳斥无神论者，他发表了大量言论。他对一神论的论述十分精辟，对衍生、悦服之说也有独到见解。他认为世界上每个时期都会出现一些鞠躬尽瘁的领袖人物，他们知道真理、宣传真理。艾布·胡载勒·阿拉夫之后，穆阿台及勒派出类拔萃的人物当数奈萨姆（公元777—845年）。他阐明了穆阿台及勒派提出的许多问题，并对离经叛教之徒和拜火教徒提出的许多似是而非的问题作了解答。他对不可分割之物，身体器官的属性，形式之间的联系、颜色、味道、气味，等等，发表了自己的看法；他反对真主能行不义之事的说法；他对《古兰经》奇迹、公议、类比等问题均有自己的见解；他对圣门弟子的功过是非作了大胆的分析，确认了一些圣门弟子所犯的错误，并对他们的优

① 艾布·胡载勒·阿拉夫（公元850年卒）：穆阿台及勒派著名教义学家、思想家。——译者

劣、好坏以及所推行政策的正误作了坦率的评价。他主张以理性检验“圣训”，否认与理性不符的“圣训”。他还扩展了对动物习性的研究，在他之前，苏玛迈·本·艾施莱斯[①]、比什尔·本·穆阿台米尔[②]对此已有研究，他做了一些增补工作。总之，奈萨姆为穆阿台及勒派学说注入了许多内容，其中包含政治、伊斯兰教法、教义原理和自然科学等各个方面。

继奈萨姆之后，查希兹[③]成为当时穆阿台及勒派的喉舌。他反对正统派将真主的品德拟人化，他对《古兰经》奇迹有独到见解。他的著作涉及被选为先知的凭据和真主赋予先知使命的印证，以及自然科学等方面。他是一位重实践，轻理念的学者，对来世的永恒性独有见地。

查希兹之后，出现了加法尔·本·哈尔卜[④]。他反对其师艾布·胡载勒·阿拉夫的某些观点。他研究的内容涉及真主的知识、有关圣门弟子的历史事件，如对奥斯曼、泰勒哈[⑤]和祖拜尔[⑥]的评价。他和他的朋友，苏菲主义者尔萨·本·海赛姆是同时代的

① 苏玛迈·本·艾施莱斯(公元828年卒)：穆阿台及勒派著名人物，雄辩修辞家。创有苏玛迈派。——译者

② 比什尔·本·穆阿台米尔(公元825年卒)：阿拉伯修辞学创始人之一。信奉什叶派，后成为穆阿台及勒派在巴格达的领袖。崇尚理性，认为人应当为自己的行为负责。创有比什尔派。——译者

③ 查希兹(约公元775—869年)：中世纪伊斯兰著名学者、文学家。——译者

④ 卒于伊历230年后，他曾著书将奈扎姆定为叛教，详见《教派之分歧》，第80页。

⑤ 泰勒哈(公元596—656年)：伊斯兰教先知穆罕默德的门弟子，早期争夺哈里发权位斗争中的派系领袖之一。——译者

⑥ 祖拜尔(公元596—656年)：伊斯兰教先知穆罕默德的门弟子，军事将领，早期争夺哈里发权位斗争中的派系领袖之一。——译者

人。艾布·穆扎利德也是该时期著名的穆阿台及勒派人。伊本·赫雅特[①]曾这样形容他："他集圣训学、教法学、教义学、《古兰经》经注学于一身，并擅长修辞，能言善辩。他一生都在宣扬真理，并且能够身体力行，为了真主他历经磨难，直到归真。"伊本·赫雅特还说："对待相信占星术的人，我没见过有谁比他更加粗暴的了。"

此后，穆阿台及勒派出现了第八代学者，即那些于伊历三世纪后半叶或四世纪亡故的学者，如艾布·阿里·祝巴伊[②]、艾布·卡西姆·阿卜杜拉·巴里黑·克尔比[③]、艾布·穆朵里·本·艾比·瓦利德·本·艾哈迈德·本·艾比·杜阿德（公元 854 年卒）等人。这些学者为丰富穆阿台及勒派关注的问题、反驳论敌的攻击作出了贡献。值得一提的是哈里发穆台瓦及勒改变了对穆阿台及勒派的态度。人们对穆阿台及勒派怨声载道，怒气冲天。在这种情势下，查希兹挺身而出，捍卫穆阿台及勒派，写了《穆阿台及勒派的美德》一书。该书不仅列举了穆阿台及勒派的诸多美德，还探讨了其他问题，如回击了穆阿台及勒派的死敌——拒绝派的攻击。后来又出现了伊本·拉旺迪（公元 910 年卒）叛教事件。伊本·拉旺迪曾在穆阿台及勒派门下求学，精通该派理论。后因他的观点背离了穆阿台及勒派的基本原理，被逐出该派。他一生贫困潦倒，思想悲观，嫉恨那些比他富有的昏庸之徒。

---

① 伊本·赫雅特（约公元 912 年卒）：穆阿台及勒派著名代表，创有赫雅特派。——译者

② 艾布·阿里·祝巴伊（公元 915 年卒）：穆阿台及勒派著名代表，创有祝巴伊派。曾为艾什尔里的老师。——译者

③ 艾布·卡西姆·阿卜杜拉·巴里黑·克尔比（公元 931 年卒）：穆阿台及勒派著名代表，创克尔比派。——译者

当被穆阿台及勒派逐出并遭到歧视后，伊本·拉旺迪见国家已不再支持穆阿台及勒派，转而反对该派，便与该派翻脸，将自己的学识和辩才拱手奉送给了该派的论敌，并为他们著书立说。他为犹太教徒著文反对穆斯林，为拒绝派写书反对穆阿台及勒派，其中《穆阿台及勒派的丑行》一书极力丑化穆阿台及勒派，甚至添油加醋，把一些原本不是穆阿台及勒派的言论也栽在他们的头上。

伊本·拉旺迪原是伊斯拜罕[①]郊区的波斯人，后长居巴格达，信奉穆阿台及勒派，后被指控伪信叛教。他被公认为能言善辩，舌巧如簧的雄辩家，尤其对教义学有深入细致的研究。他著述颇丰，如《王冠》，他在书中对前辈学者肆意批驳；又如《祖母绿石》，在该书中，他蓄意诋毁先知穆罕默德接受先知使命的神圣性。他说："我曾在埃克塞姆·本·赛菲[②]的言论中发现了比《古兰经》考赛尔(多福)章'我确已赐你多福'[③]更美妙的东西。"当他听说天园里有诸多奶河的描述时，讥讽道："那只不过是望梅止渴，画饼充饥而已。"他还说："幻想在天园里身穿绫罗绸缎，畅饮奶汁、姜汤之人，就像库尔德人和科普特人的新娘。"[④]这些言论怕是他背叛穆阿台及勒派后，穆阿台及勒派人捏造的。如穆阿台及勒派人艾布·侯赛因·本·赫雅特(约公元912年卒)就跳出来，写了《胜利集》一书驳斥他的言论。该书取名《胜利集》，意即在反驳伊本·拉旺迪的论战中，胜利属于穆阿台及勒派。幸好这部书至今保存完好。

① 伊斯拜罕：即伊斯法罕。伊朗中部位于德黑兰和设拉子之间的城市。——译者

② 埃克塞姆·本·赛菲(公元630年卒)：贾希利亚时期阿拉伯的智者。——译者

③ 马坚译：《古兰经》，108:1。——译者

④ 意即黄粱美梦。——译者

该书的写作风格是先引述伊本·拉旺迪的原文，然后再逐字逐句加以批驳。如伊本·拉旺迪说："假如拒绝派研究教义学，他们一定会在穆阿台及勒派的文章中发现许多谬论和亵渎真主之处，有些地方比犹太人和基督徒还要严重。"伊本·赫雅特驳斥他说："关于穆阿台及勒派及其言行，你这种人是没有资格进行诋毁和诽谤的，因为整个穆斯林社团都相信穆阿台及勒派及其根本信条，即真主是独一无二的，任何物都不像他。对他，肉眼不可见，疆域不可限；他无更改、无涣散、无变化、无移动；他既是始又是末，既是表又是里；他是天地之主；他比颈静脉离我们还近，'凡有三个人密谈，他就是第四个参与者'[①]；他是远古，除他之外皆是新生；他的仲裁公正不倚；他对众生至仁至慈；他对众生体恤同情；他不喜邪恶，不悦众生悖逆，不愿欺压充斥世界；善中至善者是最悦服者；他言必信、诺必守、约必践；天园是敬畏者的乐园，火狱是淫荡者的归宿。穆阿台及勒派的言论乃是众心所向，民意的体现。"《胜利集》一书的写作风格大致如此。巴格达迪[②]的《教派之分歧》和舍赫拉斯塔尼[③]所著《宗教与教派》等书均从中受益颇多，但他们对伊本·拉旺迪攻击穆阿台及勒派的言论往往不加调查核实，均当作穆阿台及勒派的言论加以贬斥。

---

① 马坚译：《古兰经》，58：7。该节经文的全文是："难道你不知道真主是全知天地万物的吗？凡有三个人密谈，他就是第四个参与者；凡有五个人密谈，他就是第六个参与者；凡有比那更少或更多的人密谈，无论他们在哪里，他总是与他们同在的；然后在复活日，他要把他们的行为告诉他们。真主确是全知万物的。"——译者

② 巴格达迪（公元 1037 年卒）：伊斯兰教艾什尔里学派著名教义学家、教法学家。——译者

③ 舍赫拉斯塔尼（公元 1086—1153 年）：中世纪伊斯兰教哲学家、宗教史学家。伊斯兰教艾什尔里学派的著名学者，代表作有《宗教与教派》。——译者

每一位穆阿台及勒派的著名学者除精通该派学术原理外，还有自己独到的见解，并有弟子追随。于是穆阿台及勒派逐渐分化出许多分支或学派，如瓦绥勒派，导师是瓦绥勒·本·阿塔[①]；胡载勒派，导师是艾布·胡载勒·阿拉夫(公元 752—850 年)；奈萨姆派，导师是伊布拉欣·本·塞亚尔·奈萨姆(公元 777—845 年)；查希兹派，导师是查希兹(公元 775—869 年)；赫雅特派、克尔比派、祝巴伊派，等等。我们将对前文提及的穆阿台及勒派研讨的四个领域逐一举例说明，即神学、自然科学、教法、宗教原理与圣训、对圣门弟子行为的分析及谁最有资格担任哈里发。

一、关于神学

关于人的行为的研究颇多。逊尼派认为，人的行为是被造化的，是真主为行为实施者的造化。但大多数穆阿台及勒派人则认为：人的行为是新生的，是由行为实施者创造的，并非真主的造化。该派学者查希兹认为："把人的行为归于人的创造只是一种隐喻，人的行为，除了意念都是自然活动在人身上的表现。例如：火是表现形式，燃烧是火的行为；雪是表现形式，冰冻是雪的行为；腹泻物是表现形式，腹泻是行为。"查希兹似乎和当代的一些哲学家一样，认为人的行为是由环境和遗传造成的自然而然的结果，即人做什么都是必然的。如受过教育有教养的人，便会做出与在其他环境

① 瓦绥勒·本·阿塔(公元 699—749 年)：伊斯兰教穆阿台及勒派创始人之一。——译者

中成长的人不同的行为，如此等等。不同之处在于，查希兹没把人的意志包括在内，因为意志具有欺骗性，如一个人想进行欺骗，他只是将欺骗的“意志”付诸实施而已。对这个问题的争论颇多，每个人都能够引经据典，论之有据。那些主张人的行为即是真主的行为的学者，引用《古兰经》经文和理性推理来证明自己的观点，他们引用的《古兰经》经文有：“除真主外，还有什么创造者能从天上地下供给你们吗？”[①]“那些神灵不能创造任何物，他们自己却是被造的；他们不能主持自身的祸福，也不能主持〔他人的〕生死和复活。”[②]“难道造物主同不能创造的〔偶像〕是一样的吗？你们怎么不记取教诲呢？”[③]“这是真主所创造的，你们指示我吧，你们舍真主而崇拜的〔偶像〕究竟创造了什么呢？”[④]他们认为，上述经文充分说明，是真主创造了宇宙万物，也只有真主才能够造化宇宙万物。假如说真主造化了事物的一半，人创造了另一半，那人就成了真主在造化宇宙万物过程中的伙伴，而这是绝不可能的。由此，唯有真主才能创造，正如真主所言：“真主创造你们，和你们的行为。”[⑤]他们以此证明所有穆斯林都应该相信真主是宇宙万物的主，是宇宙万物的养育者，说“真主是他未曾造化之物的主”，无疑是一个伪命题。

穆阿台及勒派则引用下述经文：“哀哉！他们亲手写经，然后

① 马坚译：《古兰经》，35：3。——译者

② 同上书，25：3。——译者

③ 同上书，16：17。——译者

④ 同上书，31：11。——译者

⑤ 同上书，37：96。——译者

说：‘这是真主所降示的。’他们欲借此换取些微的代价。”[①]“……以便你们把曾经篡改的当作天经，其实，那不是天经。他们说：‘这是从真主那里降示的。’其实，那不是从真主那里降示的……”[②]“……愿真主降福，他是最善于创造的。”[③]他们以此证明，除真主之外，还应该有其他创造者，如创造自己行为的人。又如真主对不信教者说：“……你们只捏造妄言……”[④]他们还以理性进行论证，他们说，假如真主是人的行为的创造者，那必然导致真主对自己的创造感到愤怒与憎恶，对自己的所作所为感到不满。他们还说，每个人都要对自己的行为负责。所以，如果真主创造了错误、谎言、迫害、悖逆，那真主也要负责，而真主与此类事情绝无干系。他们还论证说：假如人的行为归于真主，而行为又分为两类：善行和恶行，如果行为不是人做的，而是真主做的，那赏罚就失去了意义。因为，真主如果赏赐人，赏赐的是他自己；如果他惩罚人，惩罚的也是他自己的行为。而这在理性上是不能成立的。

*　　　　*　　　　*

这就是上述两派各自的基本论据。只要一方举出证据，另一方就会对其不足之处加以反驳，有关这个问题的说法、论证与反驳五花八门、不计其数。实际上，《古兰经》对这两方面都有论述，经注学家们为此分成两派：一派认为人的行为应归结为真主的行为，他们便注释《古兰经》中的有关经文；另一派也如法炮制。因此，逊

① 马坚译：《古兰经》，2：79。——译者

② 同上书，3：78。——译者

③ 同上书，23：14。——译者

④ 同上书，29：17。——译者

尼派的经注与穆阿台及勒派的经注大相径庭。

穆阿台及勒派和逊尼派都相互警告对方的方向错了。如经文云："不信道者，你对他们加以警告与否，这在他们是一样的，他们毕竟不信道。"[①]又如："真主已封闭他们的心和耳……"[②]即他们不信道是因为真主封闭了他们的心和耳，也可以说他们拒绝信道的原因不是来自他们自己，而是真主已经封闭了他们的心灵。《古兰经》经文的表面意义表明他们不是真主的选民，如果是真主的选民，他们就一定会信道。穆阿台及勒派是这样注释上述经文的：真主没有赋予他们领悟行为的天赋，有如那些因真主封闭了他们的心和耳，从而阻止信仰进入他们心灵的人。宰麦赫舍里的《古兰经》注释里有许多类似的释文。当艾什尔里派人对这些论证莫衷一是的时候，他们提出了"获取"的观点，认为真主创造人的行为，人只能"获取"。

穆阿台及勒派反驳说："这种'获取'是什么？假如它是人的行为，那就是真主的造化之物；假如它不是人的行为，那就不需要它。"有关人的行为问题的争论，引发了许多新的问题，其中"衍生"的问题一度成为争论的焦点。"衍生"的含义是指由甲的行为产生乙的行为，如：某人打了另一个人，由打衍生出死，或衍生出疼；又如：某人把两种食物掺和在一起，衍生出另一种致命的有毒食物。逊尼派认为：人的所有行为都是由真主创造的，根本不需要提及"衍生"。穆阿台及勒派则认为：人创造自己的行为，因此就要接受

---

① 马坚译：《古兰经》，2：6。——译者

② 同上书，2：7。——译者

问责和赏罚，这就出现“衍生”问题，人应对因其行为产生的后果负责。

与此相关的是“能力”问题。“能力”是什么？它是在行为发生之前还是与行为同时出现？穆阿台及勒派区分了能力和有能力的人二者的差别，但该派也有些学者把二者混为一谈。当他们说人的行为是个人所为，便说能力是真主的行为，一个人只有凭借真主赐予他的能力才能行善或作恶。穆阿台及勒派人认为，能力即四肢健全、头脑清醒，这两者一般在行为发生之前已同时存在，也可以是与行为一起存在。没有四肢健全、头脑清醒的前提条件，就不可能有行为发生，人也就不可能被召唤、被委以责任、被命令或被禁止做某事。

由此又产生了责令异教徒改信伊斯兰教的问题，即他是被责令做不能做的事还是做能做的事？同时，《古兰经》中大量出现的“指引”与“迷误”的含义也被加以探讨：按照人创造自己行为之说，“指引”的含义是为人明示正道，但人不一定必须走正道。或许人面临光明大道，但他却走入迷途。真主说：“至于赛莫德人，则我曾引导他们，但他们舍正道而取迷误。”[①]真主又说：“我确已用混合的精液创造人，并加以试验，将他创造成聪明的。我确已指引他正道，他或是感谢，或是辜负。”[②]这足以证明“指引”，并不昭示人必然走上正道。穆阿台及勒派的论敌则认为：受真主指引者必然得道，真主使其迷误者必然失道。真主说：“我在每个民族中，确已派

① 马坚译：《古兰经》，41：17。——译者

② 同上书，76：2—3。——译者

遣一个使者，说：‘你们当崇拜真主，当远离恶魔。’”[①]这足以证明得到真主指引的只是一部分人，并非所有的人，也正是那部分才走上了正道。真主说：“如果你们热望他们获得引导，那么，〔你们的热望是徒然的〕，真主不引导那误导人者。”[②]真主又说：“真主要使谁迷误，谁没有向导。”[③]真主还说：“真主欲使谁遵循正道，就使谁的心胸为伊斯兰而敞开；真主欲使谁误入迷途，就使谁的心胸狭隘，〔要他信道〕，难如登天。”[④]这些经文说明，那些得到真主指引的人并非真主使其迷误者。他们综合这些经文，认为真主指引了赛莫德民众，他们并未得道。真主为人类指引了正道，有人叩谢领命，有人却执意悖逆。另一些经文说明，真主指引了某一民众，他们却没有得道，真主没有指引另一些民众，于是他们陷入了迷误。由此必然得出“指引”分两种的结论：一种是真主赐予所有人的，它照亮人们前进的道路，这就是《古兰经》中提到的对赛莫德人的“指引”，即告诉他们什么是悦服，什么是悖逆；什么是真主喜悦的，什么是真主憎恶的。另一种“指引”是扬善，即真主只赐予得道者而不赐予异教徒的“指引”。导致穆阿台及勒派人持人创造自己的行为这个基本观点的，是他们认为，真主没有责成信士必须信奉伊斯兰教，悖逆之徒必须悖逆，人的行为是自主选择的，因而才有赏罚之说。

许多问题就是这样被引发的。

---

① 马坚译：《古兰经》，16：36。——译者

② 同上书，16：37。——译者

③ 同上书，7：186。——译者

④ 同上书，6：125。——译者

二、关于教义学原理

关于教义学原理，穆阿台及勒派最主要的原则之一是强调理性，他们尊崇、神化理性，其主要表现为：

1. 很多穆阿台及勒派人将“奇迹”限定在狭小的范围之内。如奈萨姆，他几乎只认定《古兰经》是奇迹，否认先知穆罕默德手指裂月的“奇迹”。他说：假如真有此事，那一定是一普遍现象，并会被所有同时代的人看见。因此，他反对麦斯欧德[①]关于上述“奇迹”的传述，也否认先知穆罕默德双手十指喷泉的传说。

2. 否认先贤显灵说，也否认与此有关的传说。奈萨姆认为，真主制定了按自身规律运动的自然法则，打破这个法则，方可称为“奇迹”。他们断言，只有确凿的证据方可令人信服自然法则所发生的变化。

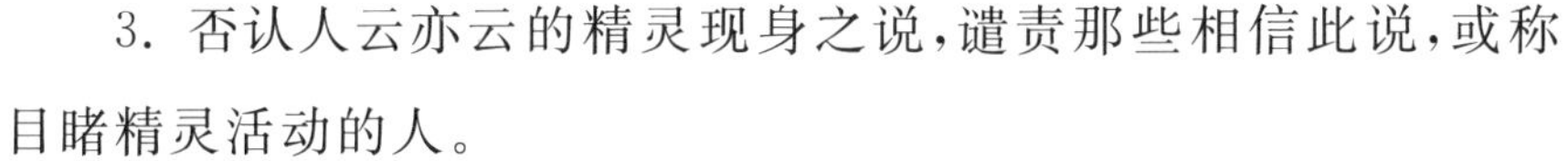

3. 否认人云亦云的精灵现身之说，谴责那些相信此说，或称目睹精灵活动的人。

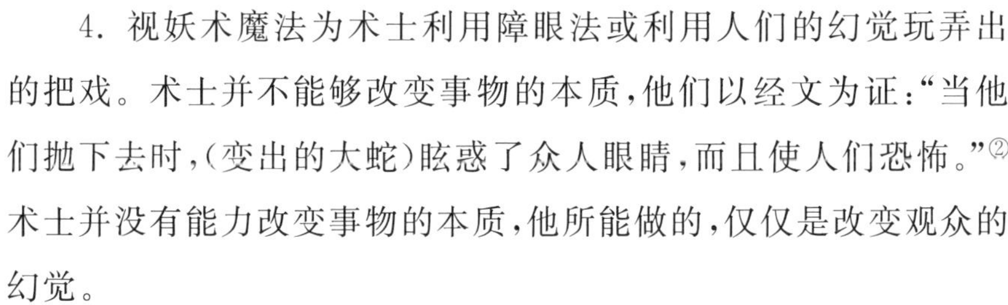

4. 视妖术魔法为术士利用障眼法或利用人们的幻觉玩弄出的把戏。术士并不能够改变事物的本质，他们以经文为证：“当他们抛下去时，（变出的大蛇）眩惑了众人眼睛，而且使人们恐怖。”[②]术士并没有能力改变事物的本质，他所能做的，仅仅是改变观众的幻觉。

---

① 麦斯欧德（公元652年卒）：圣门弟子，圣训学家，精通《古兰经》的诵读。——译者

② 马坚译：《古兰经》，7：116。——译者

5. 与此相关，穆阿台及勒派提出了一个非常重要的问题，即理性的“美化”和“丑化”问题。其核心议题是：单凭人的理智能否识别美与丑。他们的回答是肯定的。他们认为，人的理智自然会把诸如营救溺水者或注定要死去的人，把知恩图报或诚实等行为视为美，反之则是丑。同时，有些事情的美要由教法来界定，如按时礼拜、拜内鞠躬的次数、(小净)中用湿手抹靴来替代洗脚的行为等等。但诸如诚实、说谎、正义、邪恶等行为，靠理智是可以识别的。

穆阿台及勒派的论敌则认为，如果没有教法的界定，就无法区分行为的对错美丑。穆阿台及勒派反驳说，人无论是否虔诚，看待事物的美丑往往是一致的。在说真话和讲谎话两者均可的情况下，好人必然会选择诚实。一个不贪图名利的富人，尽管不信宗教，当见到濒临死亡的人，也会出手援救。类似的事例不胜枚举。

据此，穆阿台及勒派又提出，伊斯兰教出现以前蒙昧时期的人，是否对理智可以识别的诚实、说谎、杀戮、正义等行为承担责任？那些坚持理智可以识别上述行为的善恶美丑的学者认为，生活在蒙昧时期的人，即便没有教法，也要对上述行为承担责任。那些理智识别论的反对者则认为，蒙昧时期的人不应该对上述行为承担责任。“知恩图报”究竟是理智上的义务还是教法上的义务，对这个问题人们的看法也不同。穆阿台及勒派认为，那是理智的义务。那些认为美和丑是由教法界定的人，则对此加以否认。

6. 对待圣训，穆阿台及勒派也推崇理性。他们高举理性至上的旗帜对圣训加以检验，凡符合理性的，欣然接受，凡违背理性的，断然拒绝。奈萨姆堪称是坚持此说的典型代表。据查希兹讲述[①]，他曾向奈萨姆讲述了一段先知命令杀狗养猫的圣训。圣训曰："猫是你们的小卫士。"奈萨姆没有接受这段圣训。他认为，猫益少害多，狗比猫更有益，所以这段圣训是不正确的。只有符合理性逻辑的圣训，奈萨姆才会接受，凡与理性相抵触，又没有注释和出处的圣训，奈萨姆决不接受。正如伊本·古太白[②]在《对各种圣训的注释》中所总结的：这一切均基于理性至上的原则。因此，穆阿台及勒派人允许自己按照理性和依靠对语言的把握，以及《古兰经》的风格、精神来注释《古兰经》，如宰麦赫舍里在《启示真相揭示》（习惯称为《卡沙夫经注》）一书中所作的尝试。其他教派注释《古兰经》时则大多依据各种传述。

穆阿台及勒派在研究语言、语法时也尊崇理性。类比派的领袖艾布·阿里·法里希[③]及其弟子伊本·金尼[④]都是穆阿台及勒派人。他们倡导类比原则，通过与现有阿拉伯语的比照，得出新的阿拉伯语使用形式。毫无疑问，这需要依靠理性的力量，而不能只靠传述。

① 参看查希兹：《动物志》，第 2 卷，第 153 页，阿卜杜·萨拉姆·哈伦出版社。

② 伊本·古太白（公元 828—889 年）：阿拔斯王朝文学家、语言学家、历史学家。祖籍为波斯呼罗珊的木鹿，生于巴格达，一生著述宏富，涉及语言学、文学、历史、教法及宗教学等领域。是阿拉伯语言学巴格达学派的始祖，被后世学者誉为"百科全书式的作家"。——译者

③ 艾布·阿里·法里希（公元 987 年卒）：大语法学家，生于伊朗，定居巴格达。师承伊本·赛拉智和祖贾智。——译者

④ 伊本·金尼（公元 942—1003 年）：巴士拉语法学派著名语法学家。——译者

三、关于自然科学

穆阿台及勒派对自然科学的研究涉及气味、味道和光等领域。奈萨姆曾提出如下问题并发表了自己的见解：香味、味道和光是实体还是现象？他认为是实体，而非现象。因为当我们闻玫瑰时，玫瑰散发出的微小分子会刺激鼻子的嗅腺，这时就会闻到香味。再如糖和盐的味道，是由于糖或盐的分子融化后刺激了味腺，于是产生了甜或咸的味觉。而光则是由于可见之物发出的分子映入眼睛，眼睛便可识别物体的黑白，如此等等。

令人感到钦佩的首先是他们思考事物的深度和广度，而令人不可思议的，是他们把这些研究纳入了教义学。现代科学已经证实了奈萨姆有关香味的理论。现代科学认为，我们之所以能闻到玫瑰美妙的香味，是因为玫瑰分泌出的分子刺激了嗅腺。我们能够品尝出甜味或苦味，是由于融化的分子刺激了味腺。如果分子没有被分解，如石头或钻石，人们就尝不出它的味道。但现代科学否定了奈萨姆关于光的理论。现代科学认为，光并不是如奈萨姆所言，是由于可见物的分子刺激了眼睛，而辨别出物体的黑白。色彩的辨别，无论是蓝色还是白色，是由于除被看见的颜色外，其他的颜色均被色谱吸收了。如红色，是由于色谱吸收了除红色之外的其他所有颜色，红色便通过光波折射到了眼睛。

这些原本属于自然科学或物理学研究的课题，如味道、气味、光等，究竟与宗教和教义学有什么关系呢？显然，是宗教辩论引出这些话题的。例如，当涉及创造万物的问题时，他们会问：是真主创造了实体和表象，还是只创造了实体，表象只是实体诸多属性中的一个属性？对这些问题的研究，促使穆阿台及勒派人去研究气味等问题。他们的研究与今天的自然科学家不同，他们只是探讨气味究竟是实体，还是隶属于实体的表象？因为这和宗教信仰多少有些关系。笔者认为，这就是他们研究自然事物的初衷。

事实上，穆阿台及勒派关于教义学的治学态度不同于一般学者。一般学者在写作时，先要拟定大纲，研究篇章布局。而穆阿台及勒派研究问题往往是迫于形势，或是为了对论敌发起攻击，或是为了迎接论敌的挑战，就像战场上的军队，有些行动不是事先策划好的，而是针对敌人活动做出的还击。

除此之外，我们发现，穆阿台及勒派人应对的几乎全是带有诡辩性质的问题，如：真主是否具有行使邪恶的能力？今天天园是否还存在？真主的能力是否无限？异教徒是否可能有信仰，信士是否可能叛教？诸如此类，不一而足。教义学便由此而来，甚至可以说，教义学就是穆阿台及勒派及其论敌的言论集。要没有穆阿台及勒派研究这些问题，逊尼派人及其领袖人物，如艾布·哈桑·艾什尔里[①]等人也不会涉足这一领域。我们在下文谈到艾什尔里时再加以说明。

显然，教义学的活动在学术界异常活跃。在《古兰经》被造说的运动中，在哈里发主持的学术集会上、在清真寺、街头巷尾、丧葬场合等都会看到教义学的存在。这耗费了穆阿台及勒派人大量的

① 艾布·哈桑·艾什尔里（公元873—935年）：伊斯兰教逊尼派著名教义学家，凯拉姆学的奠基者，艾什尔里学派的创始人。——译者

时间和精力。哈里发穆台瓦及勒登基后，开始打压穆阿台及勒派，中止了他们的宣传，教义学声势有所减弱，这迫使穆阿台及勒派人或改弦更张，或销声匿迹，只有那些与阿拔斯王朝没有任何瓜葛的勇敢者，或者是那些受到各地独立王朝庇护的人，还在坚持穆阿台及勒派的观点和主张。我们将在下文中继续探讨。

四、关于政治问题

穆阿台及勒派关注的第四大领域是政治问题。实际上是关于哈里发[1]身份及其资格的界定，以及对骆驼战役、奥斯曼被杀、阿里与穆阿威叶之争等政治事件的研究与剖析。对上述问题穆阿台及勒派内部多有分歧。有人推崇阿里，认为阿里因其具备的综合品格最有资格出任哈里发。这些人的观点比较温和，在强调阿里优先权的同时，他们也认可艾布·伯克尔、欧麦尔所具备的优点，承认他俩出任哈里发的合法性，尽管这不是最合适的选择。这种观点与什叶派的看法接近，但与拒绝派的观点相去甚远。拒绝派拒绝承认艾布·伯克尔、欧麦尔两人的哈里发地位。因此，可以说有些人既是穆阿台及勒派人，又是什叶派的信徒。但有些穆阿台及勒派人不同意上述观点，因此，这些人不能被视为什叶派人，只可算是穆阿台及勒派人。现在我们引用他们的部分言论，以表明其派别归属。

① 即伊玛目。——译者

1. 关于伊玛目职位问题

穆阿台及勒派对伊玛目职位问题作了深入研究，认为伊玛目的职责就是管理穆斯林。除哈瓦立及派中的纳吉代的追随者[①]外，穆阿台及勒派和其他派系的教义学家都将穆斯林社团服从一位正直的伊玛目列为准主命（瓦吉卜），伊玛目应在穆斯林社团内建立真主的法度，遵照教法律例实施治理。真主说："信道的人们啊！你们当服从真主，应当服从使者和你们中的主事人……"[②]鉴于权力对人的实际约束，往往大于《古兰经》对他们的约束，所以必须要有一位主事者，在财产、婚姻，阻止邪恶、伸张正义等方面履行伊斯兰教法。伊玛目最好只设一个，以免发生纷争。伊玛目必须是一位高尚、博学，精通政治并有行为能力的人。此外，穆阿台及勒派内部的分歧还有：有人认为艾布·伯克尔和欧麦尔优于阿里，此观点遭到什叶派的反对。有人认为阿里最好，最有资格出任哈里发，此观点深受什叶派赞同。巴士拉的穆阿台及勒派早期学者，如阿慕尔·本·欧拜德（公元 761 年卒）、伊卜拉欣·本·奈萨姆（公元 777—845 年）、查希兹、苏玛迈·本·艾施莱斯（公元 828 年卒）等人认为：艾布·伯克尔胜过阿里，四大哈里发的品级犹如他们出任哈里发的排序。但巴格达的穆阿台及勒派人，如比什尔·

① 纳吉代的追随者：即纳吉迪耶派。哈瓦立及派的分支之一。亦称哈鲁里耶派。该支派是哈瓦立及派中较为宽容的派别。其领袖是纳吉代·本·阿米尔·哈鲁里·哈乃斐（公元？—692 年）。685 年，该派在阿拉伯半岛叶麻麦地区建立政权，推举纳吉代为哈里发。——译者

② 马坚译：《古兰经》，4：59。——译者

本·穆阿台米尔(公元825年卒)、艾布·加法尔·伊斯卡菲、艾布·侯赛因·赫雅特、艾布·卡西姆·巴里黑(公元931年卒)、祝巴伊(公元915年卒)等人则持什叶派的观点,认为阿里强于艾布·伯克尔。尽管穆阿台及勒派人对艾布·伯克尔和阿里等人品级的界定存在分歧,但他们得出的结论是公允的。他们都认为:艾布·伯克尔和阿里,不管他俩谁的品级更高,推选艾布·伯克尔和欧麦尔为哈里发并向他俩宣誓效忠是正确的。他们说:假如一个地方有两位教法学家,其中一位的学识比另一位优胜百倍,但当权者却任命学识较浅的那位出任法官,此举令许多人感到痛心,甚至不满,但当权者的决定并不意味着贬低另一位教法学家,更不能说明他不适合担任法官。这是符合人类天性的很正常的事情。当时人们对圣门弟子怀有好感,认为他们推选出的四大哈里发是正确的。他们考虑的是伊斯兰教的整体利益,害怕穆斯林内部发生动乱,如发生内乱,其损失会远远超过哈里发的去留。因此他们舍弃了最优秀、最高贵、最有资格出任哈里发的人,而选择了另一位杰出的圣门弟子,并与之缔结了契约,这是正确的决定。穆阿台及勒派人说:阿里应该宽恕那些弃他而同艾布·伯克尔订立契约,向其宣誓效忠的圣门弟子。他应该懂得,那些人舍他而同别人订立契约,是为了伊斯兰教的整体利益,所以不应指控他们,也不应迁怒于他们。

穆阿台及勒派内部还就艾布·伯克尔和阿里二人谁更优秀、谁应首先出任哈里发的问题进行了激烈的争论。现将穆阿台及勒派的两位代表人物查希兹和伊斯卡菲之间曾展开的争论叙述如下:

查希兹在其名著《奥斯曼宝典》中说：艾布·伯克尔信奉伊斯兰教时，年已四十，而阿里奉教时尚未成年。根据最可靠的传述，艾布·伯克尔是历史上第一个皈依伊斯兰教的人。而阿里只是一个尚不明世事的少年，所以不能把他的奉教和成年人对伊斯兰教的信仰相提并论。关于阿里奉教时的年龄，少说仅五岁，多说也只有九岁，不管是五岁还是九岁，还都是个孩子。一个深入了解伊斯兰教教义的成熟的成年人的皈依，当然要胜过一个少年的奉教了。

伊斯卡菲驳斥了上述观点。他说，阿里宣布信奉伊斯兰教时并不是儿童。有关阿里童年奉教之说不可接受。皈依伊斯兰教、信仰、悖逆、服从、叛逆是成年人的事情，而不是儿童的事情。伊斯兰教降示给先知而不是儿童就是一个例证。查希兹说：即使阿里奉教时已成年，艾布·伯克尔的皈依也要略胜一筹。因为一位年长的，经历了思想煎熬、内心挣扎和改宗艰难，在经过深思和深入了解伊斯兰教教义之后而改信伊斯兰教的人，其信仰品级一定胜过一位在伊斯兰环境中成长，且没有经历过像艾布·伯克尔那样遭遇的人。伊斯卡菲反驳说：阿里并没有生在伊斯兰教之家，也没有接受过伊斯兰教信仰的熏陶。先知在灾荒之年将年仅八岁的他接到身边，共同生活了七年，直到先知接到真主的启示。此时的阿里已经长大成人了。在目睹了先知的奇迹，经过深思熟虑后，他才毅然宣布信奉伊斯兰教。如果要求阿里对自己的信仰做出回答，那他一定是根据自己亲眼目睹的奇迹，并经过深思熟虑后做出回答。艾布·伯克尔改奉伊斯兰教之前是知名首领，曾经门庭若市，麦加人乐于聚集在他的周围或吟诗欣赏，或相互传递消息。他曾

周游各地，见多识广，熟识牧师的布道和巫师的法术。这样的人容易洞察事理，改奉伊斯兰教对他易如反掌，且心理压力和负担微乎其微，这一切都有助于艾布·伯克尔信奉伊斯兰教。因此，当先知说：我去了耶路撒冷时，艾布·伯克尔随即询问他耶路撒冷的圣寺及其所在位置，先知的回答准确无误，事情变得一目了然。艾布·伯克尔这才相信了先知夜行与登霄一事。而阿里年纪虽小，却天资聪慧，胸怀大志。当大多数同龄人尚在嬉戏玩耍时，他却能独立思考，超凡脱俗，战胜自己的欲望，克服心理压力，毅然决定信奉自己亲眼目睹的奇迹。阿里的决断何其伟大，他的品级何其高贵！他对尘世没有奢求，也未得到应有的享受，他使自己出污泥而不染，以虔诚的信念击碎了青春期的混浊意念。

查希兹辩解道：阿里曾经有艾布·塔利卜和哈希姆家族做靠山，可以保护自己，而艾布·伯克尔却没有类似的背景。

伊斯卡菲反驳道：若果真如此，先知的伟岸也要大为减色了，因为艾布·塔利卜也同样是先知的靠山，哈希姆家族也是先知的后盾。

查希兹说：艾布·伯克尔还有一项美德，即在信奉伊斯兰教之前，他曾高朋满座，德高望重，家财殷实，人们仰慕他的财富，受益于他的教诲。可他宁愿舍弃富足的生活，背井离乡，甘愿过贫贱生活，忍受孤独。这样的人，其伊斯兰教的信仰品级与无名之辈的信仰品级不能相提并论。此外，即使不算阿里幼年奉教的优势，其家谱和在哈希姆家族中的地位也要胜过艾布·伯克尔，后者所在的泰姆家族的声望不及哈希姆家族；艾布·古哈法的声望也不及艾布·塔利卜。

阿里的追随者声称：你们强调艾布·伯克尔伴随先知从麦加迁往耶斯里布（麦地那），途中与先知一起躲进山洞的功德，你们声称艾布·伯克尔是先知迁徙途中的伙伴，孤独时的挚友。这一切怎能和阿里伴随先知在麦加度过的艰苦岁月相比呢？阿里曾与先知日夜相伴，公开为他打理日常生活，像仆人一样侍奉他、照料他，与他形影不离。即便艾布·伯克尔有伴随先知迁徙之功，但在先知迁徙之时，假扮先知夜卧其铺，使先知得以安全脱身的是阿里，他舍身替死，功不可没。如若先知认为阿里不能担此重任，就绝不会加以委派；如若先知认为阿里缺乏耐心，或不够勇敢，或不能说服其堂兄弟，也绝不会选择他作为替身。结果证明，阿里的确堪当此任。

查希兹用了很长的篇幅评论阿里在麦加假扮先知，舍身替死与艾布·伯克尔在山洞中夜伴先知，共度险难一事。伊斯卡菲对此报以长篇驳斥。查希兹又就艾布·伯克尔的果敢、仗义疏财等品德大加赞扬。伊斯卡菲则就艾布·伯克尔和阿里的勇敢及其对各种问题的态度逐一加以比较，批驳查希兹的观点。对这一问题的争论，又牵涉到了选择次品级的圣门弟子担任哈里发的合法性问题。这是因为拒绝派认为：先知曾有明文指定阿里出任哈里发，因为他是最优秀的圣门弟子。因此，舍其最，而以次者出任哈里发的做法是非法的。而穆阿台及勒派人则认为，这种做法是合法的，故艾布·伯克尔、欧麦尔和奥斯曼三人出任哈里发是合法的，即便阿里比他们都优秀，品级最高。

他们列举了大量的证据：其中有艾布·伯克尔在选举、确定先知穆罕默德继任者的塞基法会议[①]上对与会者说："令我中意的继任者，是艾布·欧拜岱[②]和欧麦尔中的任何一位。"实际上，艾布·伯克尔比这两个人都优秀。但当时没有任何人指责艾布·伯克尔的提议违背了伊斯兰教法。辅士们则呼吁和海兹莱吉部族的长老塞阿德·本·伊巴岱缔结誓约。毫无疑问，穆斯林当中一定有比他更优秀的圣门弟子。欧麦尔去世前曾指定在六大直传弟子中推选哈里发，其中肯定有人比别人优秀。当次优秀的人被推举为哈里发，那是在执行欧麦尔的遗嘱。先知的孙子哈桑把权力交给穆阿威叶时，他一定知道还有比穆阿威叶更优秀的人。人们说：大批的圣门弟子分散在各地，选定最优秀者出任哈里发是力所难及的。尤其是这些圣门弟子从信德（今巴基斯坦境内）到安德鲁斯（今西班牙境内）至也门，再从亚美尼亚到阿塞拜疆至呼罗珊，这么多人怎么能够全认识，又怎么可能评出最优秀者？如果有人问我们自己的熟人和伙伴，他们当中哪位最优秀，一定也难以回答。先知曾委派众多弟子到各地任宣教师：也门，派去了穆阿兹·本·杰拜勒[③]、艾布·穆萨·艾什尔里[④]和哈立德·本·瓦利德[⑤]；阿曼，派

① 塞基法会议：公元632年6月先知穆罕默德逝世后在麦地那举行的选举、确定其继任者的会议。——译者

② 艾布·欧拜岱（公元584—639年）：伊斯兰教先知穆罕默德的门弟子，著名军事将领。与艾布·伯克尔并称为"古莱氏两贤能"。——译者

③ 穆阿兹·本·杰拜勒（公元639年卒）：穆罕默德的直传弟子，参加沙姆地区的征服。——译者

④ 艾布·穆萨·艾什尔里（公元602—665年）：穆罕默德的直传弟子。曾任巴士拉、库法总督。656年在骆驼战役中因拒绝派兵增援阿里而被免职。651年绥芬战役之后，应库法穆斯林的请求，作为阿里一方的代表，出席《古兰经》裁决会议。——译者

⑤ 哈立德·本·瓦利德（公元？—642年）：伊斯兰教早期著名军事将领。被穆罕默德赐"安拉之剑"称号。——译者

了阿慕尔·本·阿绥[①];纳吉兰,派了艾布·苏福扬;麦加,派了阿塔布·本·艾希德;塔伊夫,派了奥斯曼·本·艾比·阿绥(公元671年卒);巴林,派了阿拉·本·哈达拉米(公元642年卒)。当时,像艾布·伯克尔、欧麦尔、奥斯曼、阿里、泰勒哈和祖拜尔等众多的圣门弟子都要比上述那些人优秀,这是无可争议的事实。再者,美德是多种多样的,如:对黎民百姓的清廉、勇敢无畏、遇事坚定、果断等。很少有人同时具备这么多美德,每个人都是具此失彼,究竟具备哪些美德才算最完美,实难定论。

事实上,作为执政者,作为总督,必须具备的美德是政治和管理才能。或许有的人在其他方面具备多种美德,但他就不适合出任总督,不适合执政。公正地说,一定要承认次品级的圣门弟子出任哈里发的合法性,以确保伊斯兰社会向着正确的方向发展,以免衰落。

2. 允许圣门弟子犯错误的问题

穆阿台及勒派为自己设定了一项重要原则,即认定圣门弟子绝非圣贤,无论品级高低,均难免会犯错误。这项原则使他们可以自由地批评艾布·伯克尔、欧麦尔、奥斯曼和阿里四大哈里发,并对历史事件进行分析。这与逊尼派主张不批评任何圣门弟子的做法截然不同。

穆阿台及勒派举出了圣门弟子曾经相互批评,甚至谩骂、攻击

① 阿慕尔·本·阿绥(约公元572—663年):伊斯兰教早期著名军事将领,穆罕默德的门弟子。——译者

的证据。当艾布·伯克尔禅位于欧麦尔时，泰勒哈说："如果你的主向你询问他的众仆的情况，而你却给他们立了一位暴君，你将如何作答？"泰勒哈的这句话无疑是对欧麦尔的诽谤和中伤。据传，在乌拜叶·本·克尔布和阿卜杜拉·本·麦斯欧德两位圣门弟子之间也曾发生过严重的相互诋毁和诽谤的事件。又传，奥斯曼曾对阿卜杜·拉赫曼·本·奥夫[①]说："喂，你这个阳奉阴违的人……"阿卜杜·拉赫曼说："我从未想到奥斯曼会骂我是'阳奉阴违的人'……指真主盟誓，我绝没有表里不一，我对奥斯曼寸步不离，忠心耿耿……真主啊！奥斯曼不肯贯彻您的经典，您要主持正义。"又传，在奥斯曼与阿里的一次谈话中，奥斯曼对阿里说："艾布·伯克尔和欧麦尔比你好。"阿里回答道："你在撒谎，我比你，也比他俩好。我先于他们二人拜主，而你崇拜真主更在他们二人之后。"圣妻阿绮莎否定了艾布·赛莱麦关于已有身孕的丧夫之妇要守制[②]的传述。有的圣门弟子传述说，先知曾说："祸水有三：女人、豪宅和赌马。"阿绮莎否定了这段传述，并揭穿了传述者的谎言。她说，那是先知在讲述别人的说法。还有些圣门弟子传述说，先知讲过"商人无耻"这样的话，阿绮莎也否定了这段传述。她说，先知此话是针对有欺骗行为的商人而言的。辅士中有人否定艾布·伯克尔关于"哈里发应来自古莱氏部落"的传述，他们说："此话是艾布·伯克尔自己编造的。"穆阿威叶在出售金银器皿时，曾

---

① 阿卜杜·拉赫曼·本·奥夫（公元580—652年）：伊斯兰教先知穆罕默德的门弟子。是少数最早信奉伊斯兰教者之一。——译者

② 守制：伊斯兰教法用语，指丧夫或离婚之妇，必须等待四个月，才能改嫁。——译者

有过称量不公的行为，艾布·达尔达伊发现后对他说："我听先知说严禁这样的交易。"穆阿威叶回答道："我看这没有什么关系。"艾布·达尔达伊说："真主啊，求您饶恕他吧！我向他转告先知的告诫，他却坚持自己的意见……以真主盟誓，我与你（穆阿威叶）誓不共处。"圣门弟子对（欧麦尔致使孕妇流产）一事一致认为，欧麦尔没有过错。对此，阿里对欧麦尔说："他们这么说，是出于对你的敬畏，那是没有说真话；如果他们真的这么认为，那么他们的看法是错误的。"圣门弟子否定了艾布·穆萨有关"睡眠不坏小净"的说法。他们也不相信有关先知说"我的弟子如同繁星荟萃，追随任何一位都会得道"的传述。他们认为，这意味着肯定沙姆人在隋芬之战[①]中的行为是对的，意味着诅咒阿里和他的两个儿子的阿慕尔·本·阿绥和穆阿威叶属于正道一方。这怎么可能呢？圣门弟子中也有饮酒作乐者，如艾布·穆哈津·赛格费；也有叛教者，如图莱哈·本·胡威利德。类似上述"圣训"，纯属倭马亚人的杜撰，当他们无法以武力取胜时，便编造圣训以达到以笔代刀的目的。

穆阿台及勒派认为，圣门弟子会有过错，如围攻哈里发奥斯曼的那些圣门大弟子就罪过难免。又如圣门弟子穆黑拉·本·舒阿拜（公元 670 年卒），曾被指控犯有奸淫罪，多人出来作证，欧麦尔

---

① 隋芬之战：公元 657 年第四任哈里发阿里和叙利亚总督穆阿威叶之间进行的一场战役。伊斯兰教史上第二次内战。656 年奥斯曼被刺杀，阿里继任哈里发，叙利亚总督穆阿威叶不承认阿里的哈里发地位，提出要为其堂兄奥斯曼复仇。657 年春，阿里赴叙利亚边境幼发拉底河畔的隋芬同穆阿威叶谈判。谈判破裂，双方军队于 657 年 7 月在隋芬平原展开激战。在阿里即将获胜时，叙利亚士兵用长矛挑起《古兰经》，高呼"让安拉裁决"，要求停战和谈。经仲裁，阿里和穆阿威叶均被免职，阿里力量大为削弱。——译者

对此没有否认，也没说这是不可能的，但却没有给予处罚，因为他是圣门弟子。而另一位圣门弟子古达麦·本·麦祖欧尼却因饮酒受到处罚。此人在圣门弟子中品位极高，参加过白德尔战役。参加白德尔战役的圣门弟子，先知曾以进天园相许。欧麦尔没有理会先知的许诺，也没将先知的许诺视作此人的保护伞。不但如此，欧麦尔的儿子也因遭欧麦尔的处罚而死。欧麦尔的儿子与先知是同时代的人，但此荣幸并没有使他免遭惩罚。阿里说，任何人向我讲述圣训，我都会对其真伪心存疑问，要其发誓所述属实，只有艾布·伯克尔例外。阿里多次直言艾布·胡莱拉(公元 678 年卒)伪造圣训，他说：此奥斯族人编造的有关先知的谎言，无人能及。

艾布·伯克尔临终前，在病榻上说：但愿我未曾开启法蒂玛[①]的家门，即使是为了防止发生战争。这表明艾布·伯克尔对此悔恨不已，悔恨即意味着过失。

阿里直到法蒂玛病故后才向艾布·伯克尔宣誓效忠，比其他人整整晚了六个月。这件事假如阿里是正确的，那么艾布·伯克尔出任哈里发就是错误的；假如艾布·伯克尔是正确的，那么阿里迟迟不向艾布·伯克尔缔结契约就是错误的。

艾布·伯克尔临终前说：“我已为你们选定了你们中最完美的人(指欧麦尔)为我的继任者，你们都要听命于他。到时候，权力就归他

---

① 法蒂玛(公元 605—632 年)：先知之女，为赫蒂彻在麦加所生。十八岁时与阿里在麦地那结婚，生有两男两女。两男为哈桑(公元 624—670 年)、侯赛因(公元 625—680 年)。穆罕默德逝世后，在处理遗产时与艾布·伯克尔发生过纠纷。六个月后，因悲伤过度而亡故。伊历 6 月 15 日为“法蒂玛”节。公元 10 世纪初，什叶派在北非建立了以她的名字命名的法蒂玛王朝。——译者

掌管。真的,以真主起誓!我们定会以绫罗为帐,以丝绸为枕[①]。"艾布·伯克尔的这席话是为了使那些妒忌欧麦尔的圣门弟子闭嘴。

乌拜叶·本·克尔布和阿卜杜拉·本·麦斯欧德两人之间曾经常互相谩骂,甚至诋毁对方的身世。

苏福扬·本·欧伊乃传述阿慕尔·本·第纳尔的话说:"我曾和欧勒沃·本·祖拜尔在一起共同回忆先知自接到启示后在麦加居住的时间。欧勒沃说是十年。我说,据伊本·阿拔斯[②]讲是十三年。欧勒沃说,伊本·阿拔斯在撒谎。"

伊本·阿拔斯说:临时婚姻是合法的。朱拜尔·本·穆泰阿姆说:欧麦尔曾禁止此事。伊本·阿拔斯说:家贼呀!你们从此陷入了迷误。我告知你们先知的教诲,你们却以欧麦尔的话应对我。

在教法问题上,圣门弟子相互诋毁、中伤之事更是不胜枚举。例如,伊本·阿拔斯驳斥宰德[③]对主命功修[④]所作的解释。

关于为主人生了子女的女奴是否允许买卖的问题,阿里曾站在宣讲台上说:以前我和欧麦尔都认为不许买卖,现在我认为可以买卖。艾布·欧拜德·赛勒马尼找到阿里并对他说:"在我们看来,你与大家的意见比你个人的意见更受欢迎。"

艾布·伯克尔过去判决的案子,遭到了比拉勒、苏海布等小字辈的圣门弟子的反对。

---

① 以绫罗为帐,以丝绸为枕:即国泰民安,高枕无忧。——译者

② 伊本·阿拔斯(公元678年卒):先知穆罕默德的侄子,有"穆斯林公社的墨水"之称。与阿里一起参加了隋芬之战。传述了大量圣训。——译者

③ 宰德·本·萨比特(公元665年卒):著名的大直传弟子。精通伊斯兰教法中的主命功修。精通古叙利亚语和希伯来语。——译者

④ 主命功修:指《古兰经》以命令的形式责成穆斯林必须履行的宗教义务。——译者

有人对伊本·阿拔斯说：阿卜杜拉·本·祖拜尔声称黑祖尔先知的朋友穆萨并非是以色列人的穆萨。伊本·阿拔斯回答说：真主的敌人在撒谎。

伊本·阿拔斯曾攻击艾布·胡莱勒，因为后者传述先知说：一个人睡醒后，做小净前，绝不可将手伸进器皿。伊本·阿拔斯说：那我们用盛水的器皿做什么？

伊本·阿拔斯还说：宰德·本·萨比特难道不敬畏真主吗？他让孙子得到儿子该享有的遗产份额，却不让爷爷得到父亲应享有的遗产份额。

杰里里·本·库莱布说："我见欧麦尔禁止临时婚姻，但阿里却允许。于是我对阿里说，你和欧麦尔之间有交恶之处。阿里说，我们之间关系很好，但最好的人是最忠于伊斯兰教的。"

正如前面提到的倭马亚人伪造"我的弟子如同繁星荟萃，追随任何一位，都会得道"的"圣训"一样，还有"我所在的世纪是最好的世纪"这样的"圣训"。事实否定了这段"圣训"的真实性，因为先知去世五十年后的那个世纪，可称为伊斯兰历史上最黑暗的时期，其间，先知之孙侯赛因被杀，圣城麦加被围困，天房被毁；哈里发、执政者以及身居代替先知行道之职者竟饮酒作乐，荒淫无度。如哈里发叶齐德·本·穆阿威叶①、瓦立德·本·叶齐德②，又如哈里

① 叶齐德·本·穆阿威叶（公元680—683年在位）：倭马亚王朝第二任哈里发。终日饮酒作乐，人称"酒徒叶齐德"。在位期间，阿里之子侯赛因在卡尔巴拉遇难，致使什叶派真正形成。——译者

② 瓦立德·本·叶齐德（公元720—724年在位）：即叶齐德二世，倭马亚王朝第九位哈里发。不理朝政，沉溺声色犬马，歌姬舞女成群，竟为其宠姬之死悲痛而亡。——译者

发阿卜杜·麦立克·本·麦尔旺[1]在位时，哈贾吉[2]血溅禁寺，对穆斯林大开杀戒，无数辅士和迁士们的儿女惨遭奴役，并像罗马人一样，手臂上被烙上奴隶二字。翻阅历史，整整五十年，从帝王到王公贵族，无一件善举传世，上述“圣训”怎么会是正确的呢？假如上述“圣训”真实可靠，圣门弟子就不会犯错误，圣妻阿绮莎也不需要祈求真主降示启示，以澄清自己的清白。[3] 实际上，先知穆罕默德早就知道有人在造谣中伤。知道赛甫旺·本·穆阿泰勒是圣门弟子，因此，先知不应想不开，不应过分忧虑和烦恼。使者说：赛甫旺·本·穆阿泰勒是圣门弟子，阿伊莎也是圣门弟子，他俩都是清白的，没有什么过错。

穆阿台及勒派人说，再传弟子与直传弟子（圣门弟子）一样，也相互批评、攻击，甚至将对方视为叛逆，而很多后来人却将他们奉为神圣。因此，怎么能说圣门弟子不犯错误呢？真主对先知启示：“如果你以物配主，则你的善功，必定无效，而你必定成为亏折者。”[4]“你当替人民秉公判决，不要顺从私欲，以免私欲使你叛离

① 阿卜杜·麦立克·本·麦尔旺（公元685—705年在位）：倭马亚王朝第五任哈里发。他统治时期，为倭马亚王朝强盛阶段。他下令铸造统一的货币，确立阿拉伯文为官方通用文字。——译者

② 哈贾吉·本·尤素福·赛格费（公元661—714）：倭马亚王朝著名将领、总督。692年，奉哈里发阿卜杜·麦立克之命，率兵攻克麦加，杀死自称哈里发九年之久的阿卜杜拉·祖拜尔，灭其军队及家属，克尔白天房毁于战火。694年出任伊拉克总督，平定了东方各省的动乱。因杀人过多，有“暴君”之称。——译者

③ 公元626年，伊历8月，圣妻阿绮莎随穆罕默德参加讨伐叛逆返回途中掉队，被圣门弟子赛甫旺护送赶上了队伍。阿绮莎因此遭到流言蜚语的攻击。穆罕默德对此十分烦恼。为此安拉降下启示（《古兰经》24:11—21），证明了阿绮莎的清白，并由此产生了对诬告贞洁妇女者处以笞刑的律例（24:4）。——译者

④ 马坚译：《古兰经》，39:65。——译者

真主的大道……”①②

穆阿台及勒派确实是按照“圣门弟子会犯错误”这一原则行事的。查希兹在他的《认主独一》一书中说：“艾布·胡莱勒传述的圣训不足为信”，哈里发欧麦尔·本·阿卜杜·阿齐兹对他的品行操守多有批评。穆阿台及勒派鼎盛时期，由于这一原则的实施，言论自由的大门洞开，人们能够各抒己见，畅所欲言。奈萨姆在这方面尤为突出，如他否认立法中的“公议”原则，认为“公议”的理据不充分，没有权威性，这使他对圣门弟子缺点错误的批评措辞激烈、语气强硬。

也正因为如此，穆阿台及勒派分成了若干支派，每派均按自己的观点和认识进行批评和反批评，一切都是自由的。例如有人对艾布·伯克尔大加批判，也有人进行反驳；有人批判欧麦尔、奥斯曼和阿里，也有人出来反驳。欧麦尔曾说：“向艾布·伯克尔缔结誓约纯属费勒泰。”③穆阿台及勒派人对这句话中的“费勒泰”一词的含义提出质疑，即该词是否含有“失误”或“偶然”的意思？艾布·阿里·祝巴伊说：“该词是‘突然’的意思，不是‘失误’或‘偶然’。”欧麦尔意指事发突然（来不及召开穆斯林全体会议）。承蒙

① 马坚译：《古兰经》，38：26。——译者

② 参看伊本·艾比·哈底德：《辞章之道诠释》，第4册，第459页及以下。

③ “缔结誓约”指的是，在先知穆罕默德逝世后，在麦地那举行的选举、确定其继任者的会议上，由与会者做出的拥护艾布·伯克尔为哈里发，并向其效忠的决议，史称“特别誓约”。因决议只由与会者做出，不能代表全体穆斯林的意志，经欧麦尔提议，翌日，全体穆斯林在先知寺内召开会议，一致拥护艾布·伯克尔为哈里发，史称“公众誓约”。至此，艾布·伯克尔正式当选为政教合一的穆斯林公社的领袖。“费勒泰”一词为阿拉伯语音译，含有过失、错误、偶然等意。——译者

主佑，才未发生不测。因此，欧麦尔说：如有人再缔结类似誓约，可群起诛之。这无疑是对未经协商，擅自缔结私约者发出的警告。

这也把穆阿台及勒派引入了更深刻的心理分析，如阿伊莎、阿里之间；阿伊莎、法蒂玛之间的相互怨恨的心理，以及阿拉伯人为何反对阿里继任哈里发的心理分析，等等。

3. 欧麦尔和阿里之政策比较

穆阿台及勒派对欧麦尔和阿里所施行的政策进行了比较，如为什么欧麦尔取得成功，而阿里却惨遭失败？为什么人们说欧麦尔最擅长政治，阿里最有学问？甚至说，穆阿威叶比阿里更懂政治，更精于权术。他们的结论是：政治上的成功取决于统治者审时度势、随机应变的能力，他们时而根据自己的见解，时而根据利益的需要，推行自己的主张以巩固其统治，而不去管其做法是否符合伊斯兰教教法，否则，就会朝纲大乱，政令受阻。

欧麦尔曾励精图治，大力推行"类比"[①]、"择善"[②]之法，以自己的判断诠释经典，对敌人施以奇谋，对下属恩威并施。这一切均离不开他审时度势和判断事务的卓越能力。

而阿里凡事谨守经训明文，死搬教条，对创制、类比弃之不用。因此，欧麦尔、阿里两人在履行哈里发职责和统治方略上大相径

① 类比：伊斯兰教法学概念和立法原则之一。即在无经、训明文可循的情况下，准许以类似的经、训明文或已知的公议作为比较，找出其中共同之处，然后制定出新律例，以解决遇到的问题。——译者

② 择善：又称优选法，伊斯兰教法专用语。哈乃斐教法学派辅助立法、司法原则。至法学家或法官在决定法律意见时，可不拘泥于类比方法而采取灵活变通办法，以求得公正的结论或判决。——译者

庭。欧麦尔强硬严厉，阿里富于幻想。欧麦尔继任哈里发后国势日强，阿里继任后则分歧日增，动乱不断，如奥斯曼被刺杀引起的动乱、骆驼之役、隋芬之役，等等。两位不同风格的哈里发给帝国建设带来的后果是多么不同啊！

对此有人反驳说：先知也曾恪守伊斯兰教法，依教规行事，却没有发生类似阿里时期的纷争。先知恪守教规也未曾使他的政治软弱无力。

穆阿台及勒派人对此的答复是：先知奉启示行事。真主说："我确已降示你包含真理的经典，以便你据真主所昭示的你的〔律例〕，而替众人判决。"[①]

有人反驳说：未见得人们对先知不存在类似对阿里那样的意见分歧。《古兰经》中多处提及伪信者和对他们的指控，以及由他们的伤害带来的苦痛。如打仗时许多穆斯林曾临阵脱逃，还有许多穆斯林为多获战利品而钩心斗角，却不愿迎击敌人。真主说他们"好像他们是被押去受死刑，而他们亲眼看见〔刑具〕似的"[②]。

总之，《古兰经》中对伪信者多有指控。如果说欧麦尔和穆阿威叶比阿里更精通政治，那是由于他们二人对宗教能够随机应变，而阿里则深受经训明文的限制。

4. 阿绮莎与阿里相互敌对的缘由

穆阿台及勒派对阿绮莎与阿里、法蒂玛之间相互敌对、憎恨一

① 马坚译：《古兰经》，4：105。——译者

② 同上书，8：6。——译者

事的缘由进行了分析。有人说:这种敌视始于先知在圣妻赫蒂彻死后娶阿绮莎为妻,阿绮莎取代了赫蒂彻的地位,而法蒂玛是赫蒂彻的女儿。众所周知,女儿在母亲亡故以后,如父亲再娶妻续弦,女儿和继母之间必然产生排斥和敌对心理,阿绮莎越受先知的宠爱,法蒂玛的排斥、敌对情绪就越严重;先知越是疼爱法蒂玛,阿绮莎的排斥、敌对情绪就越强烈。先知曾说:对法蒂玛的伤害,就是对我的伤害;使她生气,就是使我生气。这句话更加激怒了阿绮莎。阿里娶法蒂玛为妻后,法蒂玛自然会向阿里表露自己心中对阿绮莎的不满,阿绮莎也会向其父艾布·伯克尔表露自己心中对法蒂玛的积怨。于是阿里和艾布·伯克尔之间的关系也受到影响。当诬蔑阿绮莎的事件发生后,先知曾询问阿里的意见,阿里说:天涯何处无芳草。此话一出口,便一传十,十传百,人们不免添油加醋,从而更增加了他们之间的裂痕与仇恨。

此外,法蒂玛育有多名儿女,而阿绮莎却终生无出,先知便视外孙如子。无出之妻,一定不爱丈夫前妻之女的孩子。先知曾一度关闭了艾布·伯克尔通往圣寺的大门,打开了阿里通往圣寺的大门,这又增添了阿绮莎对阿里的怨恨。圣妻玛丽叶为先知产下一男婴,取名伊卜拉欣,阿里为之高兴,阿绮莎却愤怒异常。阿里常在先知面前说玛丽叶的好话,更使阿绮莎怒火中烧。后来伊卜拉欣不幸夭折,法蒂玛和阿里表面悲痛万分,心中却暗暗窃喜……这样细微的心理分析,丝毫不亚于当今的心理学家对各种事件的分析。另一方面,这也证明许多穆阿台及勒派人对各种事件,大至圣门大弟子,甚至圣妻,小至普通事件都有精辟的分析。

穆阿台及勒派关注的问题,涉及形而上学、物理学、伊斯兰法学、圣训学、教义学、政治学等诸多领域。当时，对政治问题的研究，完全可以像现在研究政治问题一样脱离宗教。但是，穆阿台及勒派人却把他们的研究与对待宗教的态度连在一起，凡认同他们的观点者，均被视为清廉、虔诚，凡持不同意见者，则被视为堕落，甚至叛逆。在很多情况下，凡涉及圣门弟子的行为，就以其是否叛逆、是否该升入天园，或被投入地狱、是否合乎教义做出判断。他们的对手和论敌也采取同样的态度和做法，从而给政治研究染上了宗教色彩。

什叶派和穆阿台及勒派

什叶派和穆阿台及勒派对人的"寿限"有不同的看法。有人问:假如杀人者没有去实施杀害,真主是否允许命中注定遭杀的人继续存活?艾布·胡载勒·阿拉夫(公元752—850年)回答:他必死无疑,即便他不是被命中注定的杀人者所杀。既然真主给他规定了寿限,他就不可能在寿限以前或以后被杀死。其依据是真主对伪信者的训诫:"假若他们同我们坐在家里,那么,他们不致病故或阵亡。"[①]真主又说:"你说:'你们为自身抵御死亡吧,如果你们是诚实的。'"[②]这表明即便他们避开了杀人者的追杀,也绝难逃一死。艾什尔里派[③]、杰赫姆派[④]、贾卜里耶派[⑤]则认为:人的寿限是真主命定的,假如一个人的寿限已到,并命定被杀,他就难逃

---

① 马坚译:《古兰经》,3:156。——译者

② 同上书,3:168。——译者

③ 艾什尔里派:中世纪伊斯兰教逊尼派经院哲学派别。公元10世纪初,由艾布·哈桑·阿里·艾什尔里所创。该派强调"天启"高于理性,反对意志自由论,主张前定说,但在善恶问题上,认为人应对自己的行为负责。——译者

④ 杰赫姆派:伊斯兰教早期教义学派之一,为杰赫姆·本·索夫旺(公元745年卒)所创。该派持宿命论派观点。——译者

⑤ 贾卜里耶派:伊斯兰教早期教义学派之一。产生于公元8世纪,常以宿命论派自称。该派将"前定说"视为基本信仰之一,认为人没有自由意志,一个人的思想、言行、祸福皆为前定。——译者

被杀的厄运，杀人者没有能力拒绝将其杀死。

巴格达派系的穆阿台及勒派人认为，假若被杀者没有被命中注定者所杀，他肯定会活着。这和艾布·胡载勒及其追随者的观点截然相反。他们说：假若被杀者寿限已到，命中注定者届时没有杀他，那么，就绝不会再加害于他，这样命中注定的杀人者也可继续活命，且不用去偿命。未经主人同意擅自宰羊者，实际上是为主人办了好事。因为，寿限已到的羊，如果不被他宰杀，也必然会自死，而自死的羊失去了食用的价值。他们说，如果有人问我们：照此逻辑，该命尽者就没有寿限了吗？我们回答说：假如命中注定遭杀的人没有被杀而得以存活，其存活的时日不能算作寿命，而只是一种虚拟形式。即使没有被杀，也已经死了。什叶派的前辈们认为：寿限可增可减。所谓寿限，是指真主知道的人将死于其间的整个时段，该人如果没有在此之前被杀，或者也没有做出值得延寿或折寿的行为，该人将在那个时段死去。他们继而认为：一个人的寿限假定是五十年，或许他二十岁时就被杀而亡，也许他做出了值得延寿的事情，活了一百岁；也许他做了折寿的行为，只活了三十岁。他们说：能延年益寿的行为，如善待骨肉亲邻，等等；而奸淫、忤逆父母等行为则要折寿。《古兰经》云："有理智的人们啊！你们在抵罪律中获得生命，〔以此为制〕，以便你们敬畏。"[①]此段经文表明：真主制定杀人者偿命的刑律，旨在阻止杀人者去杀人，使被杀者的寿命得以延长。如若被杀者之死不是由命中注定者所致，后者则不必偿命。至于有关杀人者必须偿命，并缴纳罚金的律法，则是我们

① 马坚译：《古兰经》，2：179。——译者

不能断定被杀者是命中注定遭杀而没被杀死，还是可以继续存活。

*　　　　*　　　　*

穆阿台及勒派还认为，死神有助手代表他去带走亡灵，如不是这样，那死神就无法做到同时带走东西方的两个亡灵，因为一个躯体不可能同时出现在两个地方。不排除由负责记录的天神带走寿限已到的亡灵的可能性，这是在寿限已到的时候得到真主允许的。穆阿台及勒派人认为，死神和他的助手们是潜入水下去抓住亡灵的。他们说，死神虽然有汗孔和七窍，但他不会让水渗入他的汗孔。

穆阿台及勒派衰落时期的著名人物

穆阿台及勒派衰落时期，仍出现了数位高举该派大旗的著名人物。其中有艾布·卡西姆·巴里黑，别名克尔比。他是穆阿台及勒派克尔比耶系的首领，写有大量关于穆阿台及勒派观点的文章，卒于伊历 319 年/公元 913 年[①]。

泰努黑[②]也是其中的著名人物。叫泰努黑的人不止一个，他们都是穆阿台及勒派人。另一著名人物是艾布·阿里·祝巴伊。他是逊尼派领袖艾什尔里的老师，同时也是胡齐斯坦省祝巴地区穆阿台及勒派的领袖，卒于伊历 303 年/公元 915 年。他曾著文批驳伊本·拉旺迪的言论。艾什尔里脱离穆阿台及勒派后，他又著文批驳艾什尔里的观点。可惜他的这些文章及其他以穆阿台及勒派观点写就的《古兰经》注释等著作，均未能传世。笔者以为，宰麦赫舍里（公元 1075—1144 年）可能从他所著的《古兰经》注释中获益匪浅。人们总是把伊本·祝巴伊和他的儿子艾布·哈希姆·祝巴伊（公元 933 年卒）搞混，他儿子也是穆阿台及勒派的一位大学

---

① 原文年代有误。——译者

② 泰努黑（公元 939—994 年）：巴士拉著名法官、文学家、诗人。——译者

者，同时也是该派哈希米耶系的创始人，由于得到布韦希王朝大臣萨希布・本・阿巴德[①]的支持，该派系的追随者遍及雷伊[②]及其周围地区。

* * *

当阿拔斯王朝日趋衰败，朝纲不振之时，布韦希人乘虚而入，建立了布韦希王朝。[③] 事起阿拔斯王朝哈里发穆斯泰克斐[④]封艾哈迈德・本・布韦希为总埃米尔，并授予穆伊兹・道莱(国家巨臂)的称号。艾哈迈德・本・布韦希自称为萨珊王朝国王的后裔，他伙同其兄弟们篡夺了哈里发权力，任意废立哈里发。此后，他们不断扩张地盘，先后夺取了伊斯法罕、设拉子，直抵艾赫瓦兹，建立了布韦希王朝，定都设拉子。我们这里关注的是布韦希王朝奉行什叶派的教义，举国上下笼罩在什叶派的氛围之中。每逢什叶派纪念日，都有隆重的纪念活动，如在阿舒拉日[⑤]，有为纪念侯赛因

① 萨希布・本・阿巴德(公元 938—995 年)：布韦希王朝大臣中著名的文学家和语言学家。——译者

② 雷伊：伊朗北部德黑兰郊区一地名。——译者

③ 布韦希王朝(公元 945—1055 年)：中世纪在波斯西部和伊拉克建立的伊斯兰王朝。该王朝由居住在里海西南岸的德莱姆部落联盟首领之子艾哈迈德・本・布韦希及其兄弟阿里、哈桑所创，故名。——译者

④ 穆斯泰克斐(公元 944—946 年在位)：阿拔斯王朝第二十二任哈里发。——译者

⑤ 阿舒拉日：伊斯兰教纪念日，尤其是什叶派的重要纪念日。"阿舒拉"专指伊历 1 月 10 日。据说真主于该日创造天园、火狱和人类，该日又是十大先知在危难中获救之日。公元 680 年 10 月 10 日，阿里次子侯赛因在卡尔巴拉殉难。时值伊历 61 年 1 月 10 日，即阿舒拉日。后来这一天就成为什叶派纪念侯赛因的哀悼日，每逢此日都要举行隆重的纪念活动。——译者

的哭悼活动。此外，他们也纪念盖迪尔·胡木[1]等节日。布韦希王朝最杰出的埃米尔当数阿杜德·道莱[2]，他虽然住在设拉子，但这并不妨碍他对巴格达进行改造，修建众多的清真寺和医院，并为什叶派建立了阿里殉难纪念堂。他重视科学文化的发展，为此投入了大量财力。如果说布韦希王朝是一个什叶派王朝，那大部分穆阿台及勒派人都是什叶派人。布韦希王朝为穆阿台及勒派敞开胸怀，使该派在布韦希王朝得到了发展，赖伊地区的布韦希总督伊本·阿米德[3]就是穆阿台及勒派人。

① 盖迪尔·胡木节：伊斯兰教什叶派的主要节日之一。是该派纪念先知曾宣布阿里是其合法继承人的日子。据什叶派圣训学家称：公元 632 年（伊历 11 月）穆罕默德到麦加辞朝后，在返回麦地那时，于伊历 12 月 18 日途经盖迪尔·胡木，在那里宣布了“我是谁的主人，阿里就是谁的主人”的圣训。什叶派便以此为依据，提出阿里是先知生前指定的继承人的主张。布韦希人下令将盖迪尔·胡木节和阿舒拉日（侯赛因忌日）定为什叶派的两大节日。——译者

② 阿杜德·道莱（公元 936—983 年）：布韦希王朝统治者。信奉什叶派教义。奖励、赞助伊斯兰文化。——译者

③ 伊本·阿米德（公元 970 年卒）：阿拔斯王朝时代文学家、诗人，曾两度出任布韦希王朝宰相。被认为是当时文学一代宗师，有“第二查希兹”之称。——译者

阿卜杜·贾巴尔大法官

布韦希王朝最伟大的宰相萨希布·本·阿巴德也是穆阿台及勒派人，他广交文人学者。据说他每年向巴格达拨款五千金币（第纳尔），用以接济穷人、学子。他本人也是文学家、学者，著有长达七卷的大词典——《辞海》。同时，他还是圣训学家，曾就阿里出任伊玛目的问题写有专著。他任命著名的穆阿台及勒派人阿卜杜·贾巴尔出任大法官。萨希布在给阿卜杜·贾巴尔的委任信中写道："鉴于阿卜杜·贾巴尔·本·艾哈迈德学识超人、笃信虔诚、才思敏捷、忠贞自律、地位显赫、德高望重，兹委任其为赖伊、里海、苏赫劳拉德[①]、库姆[②]地区的大法官，管理该地区一切相关事务。"萨希布责令阿卜杜·贾巴尔要遵循《古兰经》、圣训和公议之后，又说："如遇有含糊不清，难以推断的律例，应尽力弄明白，应仔细思考，依照以前相似的案例作出创制；应采纳各教法学家的意见，不要固执己见，最后应用择善法澄清问题。最好的律例是消除不公。不以真主的法度进行审判的人，是暴虐不义之人。应平等联系诉讼双方，还蒙冤者以正义。如在富人与穷人、强权者与弱势者之间

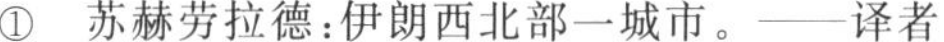

① 苏赫劳拉德：伊朗西北部一城市。——译者

② 库姆：伊朗德黑兰南部一城市。——译者

发生口舌纠纷，不应以钱财压人，以权势欺人。大家都是真主的仆人，真主的恩惠、法度和公正恩泽每一个人。‘你们中最尊贵者，是你们中最敬畏者。’[①]”[②]萨希布·本·阿巴德的这些信件证明，他尊重阿卜杜·贾巴尔法官，支持他关于忍耐等问题的著述，欣赏他的著作。总之，这些信件表明了布韦希人什叶派和穆阿台及勒派的立场。

阿卜杜·贾巴尔一生著述丰硕，流传后世的《穆阿台及勒派五大信条诠释》是一部多卷本的著作，书中详细阐释了穆阿台及勒派五大信条和观点[③]。什叶派十二伊玛目支派的著名学者谢里夫·穆尔泰达（公元966—1044年）曾引用过该书的许多材料。谢里夫·穆尔泰达为巴格达十二伊玛目派的领袖和代言人，同时也是一位大学者。他流传后世的著作有《穆尔泰达口授录》、《诗文范本与宝石》、《老翁与少年》。[④]

阿卜杜·贾巴尔独辟蹊径，按照自己的观点阐释有关伊玛目和圣门弟子的功过是非等。他既是什叶派，又是穆阿台及勒派，这样的身份，表明他不是狂热的什叶派信徒，而是一位以理性做出判断的学者。因此，阿卜杜·贾巴尔和谢里夫·穆尔泰达两位学者对许多问题进行了长期论辩。在相关著作中，如果读者看到的言论出自巴格达十二伊玛目派的领袖和代言人，便是指谢里夫·穆

① 马坚译：《古兰经》，49：13。——译者

② 见由阿卜杜·瓦哈卜·阿扎姆博士和邵基·道伊夫博士发表的萨希布·本·阿巴德的信件。

③ 该著作的一份影印件现收藏于阿拉伯联盟文化局，另有若干份影印件被收藏在各地，这是一部极有价值应出版的文献。

④ 参看《近午时期》第三册“伊玛目派”。

尔泰达;如果看到言论出自大法官,那便是阿卜杜·贾巴尔。

简而言之,谢里夫·穆尔泰达与阿卜杜·贾巴尔之间分歧的根源是,谢里夫·穆尔泰达作为当时十二伊玛目派的长老,自然认为先知立有明文指定由阿里为其继承人,其根据不仅仅是才干能力,而且是先知指名道姓,由阿里及其与圣女法蒂玛同脉相传的子孙代代世袭。照此说法,艾布·伯克尔和欧麦尔不但篡夺了阿里的继承权,而且还迫害了他。这与什叶派宰德系的观点相左,宰德派认为,先知指定阿里为继承人只是一种说法,不是指名道姓,因此,艾布·伯克尔和欧麦尔的伊玛目地位和哈里发职位是合法的。多数穆阿台及勒派人也持这种观点。如前文所述,他们认为次优的圣门弟子出任伊玛目是合法的。谢里夫·穆尔泰达认同第一种观点,即艾布·伯克尔、欧麦尔、奥斯曼出任伊玛目是非法的。而阿卜杜·贾巴尔则持第二种观点,即次优的圣门弟子出任伊玛目是合法的。

包括谢里夫·穆尔泰达在内的伊玛目派人,自然会按照该派的观点毫无顾忌地批评艾布·伯克尔、欧麦尔和奥斯曼,并对各种历史事件做出自己的解释。同样,阿卜杜·贾巴尔对伊玛目派人的攻击和谩骂奋起反击也是理所当然的了。于是,两位学者之间展开了一场激烈的论争。

伊玛目派人说:先知任命阿里做穆斯林统帅的明文不同于盖迪尔·胡木日[①]所作的暗示,而是明确指示由阿里出任哈里发,统

---

① 关于先知在盖迪尔·胡木日发表的谈话(圣训):先知辞朝后,在盖迪尔·胡木日曾面众而呼:“难道我不是穆民大众当之无愧的长官吗?大众惊呼:主啊!当然是!先知继而说:我是谁的主人,阿里就是谁的主人……”类似的圣训如:“阿里与我,如同哈伦与穆萨(摩西)。”又如:“我有两事向诸位相托:真主的经典与我的族人,当视同我的亲人。”等等。

率穆斯林，并命令穆斯林服从阿里。在许多场合，先知都明确表示阿里将成为他的继承人，并命令他们听命和服从阿里。而穆阿台及勒派中的什叶派人则说，如果没有先知有关阿里为其继承人的明确指示，即使先前已有指示，但那只是一种暗示，它既可以说指的是阿里，也可以说指的是别人。

遗憾的是，伊玛目派编造了许多暴露其丑恶面目的圣训。例如，他们称欧麦尔曾用皮鞭抽打法蒂玛，迫使她在门墙之间高喊救命。还说欧麦尔威胁阿里，如不和艾布·伯克尔缔结誓约，就将其杀死。诸如此类的圣训都没有历史根据。

穆阿台及勒派则认为，假如阿里确实拥有让他做先知继承人的明文，众圣门弟子就不敢违抗；如若违抗，阿里肯定会向他们出示明文，他们也就不会向别人宣誓效忠了。退一步讲，如若真有明文，阿里就不会向别人宣誓效忠；而且，他和艾布·伯克尔、欧麦尔、奥斯曼缔结誓约就是他的过错。更重要的是，没有材料证明上述三人中有任何人对阿里不怀好意。许多圣门弟子都知道阿里有英勇善战、博学等优点，但从宗教、社会、个人利益等多种因素考虑，他们优先选择了艾布·伯克尔、欧麦尔和奥斯曼，轮到阿里时，他们毫不犹豫地向他宣誓效忠。

伊玛目派不赞成上述言论，他们对阿里以前的三位伊玛目多有批评，如“费代克”[①]的继承权问题，艾布·伯克尔和阿里、法蒂

---

① 费代克：希贾兹的一片绿洲，位于海巴尔附近。公元627年，穆斯林击败海巴尔的犹太人之后，先知派阿里讨伐费代克的犹太人。犹太人答应将其土地财产的一半（一说全部）交给先知，以换取生命安全。从此，费代克的田园土地归先知个人管辖，其收入除先知个人支用外，全部用来抚养阿西木家族的孤儿寡母。——译者

玛双方各执一词。“费代克”原本是一个小村子，真主将它赐予了先知，属于先知的私人财产，直到先知归真。作为先知的私人财产，是否可以继承？如可以继承，法蒂玛是最有权继承的人。艾布·伯克尔的观点是，先知曾说过：“包括我在内的众先知，其私人遗产全为施舍，不可由任何人继承。”先知生前一直将其收益用作施舍。基于此，艾布·伯克尔、欧麦尔都效仿先知，把自己的收益用作施舍。但阿里和法蒂玛认为，这片村庄属于先知的私人财产，应归他俩继承。据说艾布·伯克尔曾想秉公处理此事，他问法蒂玛：“在我看来你是诚实可信的，若先知将此处财产托付或许诺于你，我就相信你，并把它交给你。”法蒂玛说：“先知没有将它许诺给我，但真主说：‘真主为你们的子女而命令你们……’[①]”艾布·伯克尔说：“我可以证明，先知曾说过‘包括我在内的众先知，其私人遗产全为施舍，不可由任何人继承。’”后来，这两种意见分歧造成的裂痕越来越大。伊玛目派人诬陷艾布·伯克尔犯有过错，指责欧麦尔偏袒艾布·伯克尔。此事困扰了人们很长时间，直到阿卜杜·贾巴尔及其论敌的出现。阿卜杜·贾巴尔说：“艾布·伯克尔所引证的‘圣训’，非他一人所言，而是有欧麦尔、奥斯曼、泰勒哈、祖拜尔、赛阿德·本·艾比·沃高斯、阿卜杜·拉赫曼·本·奥夫等圣门弟子都可以作证。艾布·伯克尔作为执政者，无权将先知的遗产按一般遗产案处理，即分给法蒂玛她应得的份额。”法蒂玛听到这些圣门弟子的证言后，就放弃了继承权。但有些什叶派人

① 马坚译：《古兰经》，4：11。——译者

却十分偏激，他们说：真主说“素莱曼继承达五德……”[①]，先知可以继承，凡人为何不可？有人立刻反驳道：上述经文中的“继承”指的是继承知识和智慧，而不是财产。艾布·伯克尔和欧麦尔坚持自己的意见。这就是“费代克”事件的概况。

法蒂玛、阿里、艾布·伯克尔和欧麦尔早已过世，殊不知，他们之间的这一分歧竟然延续了近三个世纪，甚至到现在依然存在，其意义何在？这样的分歧渗入伊斯兰教，使其教派林立。直到今天，这些伴随着相互敌视、相互残杀的分歧依然在延续，实在令人费解。

的确，过去、现在和将来的历史学家都会涉及这样的历史问题，但故事的主人翁已经离世若干个世纪，人们还将它作为争论的焦点或敌对的借口，确实令人感到蹊跷。

这还仅仅是诸多稀奇古怪问题中的一例。

再如，什叶派中的伊玛目派对艾布·伯克尔的批评。[②] 他们批评艾布·伯克尔和欧麦尔曾被先知指派随同乌萨麦出征，但他俩迟迟不去。他俩的延误，就是违抗先知的命令。阿卜杜·贾巴尔对此的回答是：没有证据表明艾布·伯克尔当时在乌萨麦军中。事关大局，艾布·伯克尔已被推举为众信士的首领，根据局势需要，他必须留下来处理事务，否则对穆斯林不利。同时，他还请求乌萨麦准许欧麦尔也能够留下来协助自己工作。

伊玛目派还批评艾布·伯克尔在哈立德·本·瓦利德（公元

① 马坚译：《古兰经》，27：16。——译者

② 详情参见伊本·艾布·哈底德：《辞章之道诠释》，第4卷，第166页及其后。

642 年卒)杀夫夺妻案中执法不公。后者杀了马立克·本·努威拉(公元 634 年卒)后,当晚就霸占了被害者的妻子。对此,艾布·伯克尔却不予追究,并免去对他的处罚,艾布·伯克尔说:“哈立德是真主系在敌人头上的一柄利剑,尽管真主有杀人偿命的法令,我也不能处罚他。”有人为艾布·伯克尔辩护说:哈立德已就其错误向艾布·伯克尔道歉,艾布·伯克尔念其军功卓著,便接受了他的道歉。谢里夫·穆尔泰达则说:“艾布·伯克尔并不握有赦免刑罚的权力,真主的法度权在真主。对哈立德的赦免是无视其所犯的罪过,难免有渎职之嫌。”

伊玛目派还批评艾布·伯克尔指定欧麦尔继承他的职位。先知未曾指定其继承人,尤其是,先知此举还是由艾布·伯克尔向众人传述的。阿卜杜·贾巴尔则说:先知未指定其继承人,并不等于就禁止这种做法。正如先知未骑过大象,不等于禁止人们骑大象。艾布·伯克尔担心自己死后,圣门弟子之间因争夺领导权而产生分歧,为大局着想,他临终毅然决定让欧麦尔继承。

伊玛目派还批评艾布·伯克尔,说他尽管承认先知没有指定他为继承者,但还称自己是先知的继任者(哈里发)。阿卜杜·贾巴尔回答说:是众圣门弟子称艾布·伯克尔为先知的继任者的。因为先知临终前曾指定艾布·伯克尔代替自己引领拜功……这样的争论与其说是思想活跃,意见自由,不如遗憾地说这是严重的分裂,是不切实去做有益于穆斯林大众的事情的体现。

伊玛目派人还诽谤欧麦尔临终前就哈里发问题进行的协商。据传,欧麦尔临终前说:“我不知对穆罕默德的乌玛(即穆斯林社团)将如何交代。伊本·阿拔斯说:‘你担心什么?你已经找到了继承人。'欧麦尔说:'你指的是你们的伙伴阿里吗?'伊本·阿拔斯说:'是的,他既是真主使者的亲人,又是他的门婿,还是最早的追随者和患难与共的伙伴。'欧麦尔说:'此人有勇无谋。'伊本·阿拔斯说:'您认为泰勒哈如何?'欧麦尔说:'此人心胸狭隘,华而不实。'伊本·阿拔斯说:'阿卜杜·拉赫曼·本·奥夫如何?'欧麦尔说:'此人虽为人清廉,但略显懦弱。'伊本·阿拔斯说:'赛阿德呢?'欧麦尔说:'此人生性粗野,杀戮成性,当道之日,生灵必遭涂炭之灾。'伊本·阿拔斯说:'祖拜尔如何?'欧麦尔说:'此人刁钻刻薄,喜怒无常,吝啬小气…… 担当此任者须强而不暴,柔而不弱,仗义疏财而不铺张浪费。'伊本·阿拔斯说:'奥斯曼如何?'欧麦尔说:'倘若此人当道,必将把艾布·穆伊图族人凌驾于众人之上……'"

虽然我们对这段谈话的表达方式存有疑惑,但内容却与史实相符,即欧麦尔圈定上述六人,是因为他对谁是最合适的哈里发人选仍举棋不定。对此,谢里夫·穆尔泰达从以下几个方面攻击欧麦尔:首先,欧麦尔先对以上六人的品行逐一贬斥,然后再论其是否适合做继承人。第二,欧麦尔说:"如果阿里和奥斯曼议事,便由他们两人决断;如若阿里、奥斯曼、阿卜杜·拉赫曼三人议事,则由阿卜杜·拉赫曼所在一方决断……"谢里夫·穆尔泰达说:"欧麦尔之所以这样说,是他确信阿里和奥斯曼是绝不可能在一起议事的。阿卜杜·拉赫曼作为奥斯曼的近亲,几乎不会不听后者的命令。"谢里夫·穆尔泰达还说:欧麦尔曾限令三日内必须向继任者缔结誓约,宣誓效忠,否则便要被斩首处死。阿卜杜·贾巴尔辩解说:欧麦尔之所以这样做,首先是因为在他看来,没有一个让他完全满意的人可以接替他的哈里发职位，只好退而求其次，推荐相对适合的人来继位。其次，欧麦尔将决断权置于阿卜杜·拉赫曼所在的一方，是因为后者是以上六人中最淡泊功利之人。再者，奥斯曼和阿里不能共事，阿卜杜·拉赫曼偏袒奥斯曼之说乃属个人看法，不足为据。最后，欧麦尔下令对迟迟不肯宣誓效忠者格杀勿论之说也有失偏颇，即便真有此事，那也是事出有因，因为不如此，穆斯林社团便会分裂。

这便是谢里夫·穆尔泰达和阿卜杜·贾巴尔争论焦点之梗概。[①]

① 详情请参见伊本·艾比·哈底德:《辞章之道诠释》，第3卷，第169—170页。

宰麦赫舍里

继谢里夫·穆尔泰达和阿卜杜·贾巴尔之后，出现了宰麦赫舍里(公元1075—1144年)[①]。至此，本文基本上概述了穆阿台及勒派近四个世纪所作的努力和探讨。宰麦赫舍里即艾布·卡塞姆·本·欧麦尔·花拉子密·宰麦赫舍里。他是一位大教长，著述丰硕，精通《古兰经》注释、语法和语言。在语言与修辞方面著作有:《修辞基础》、《谚语考释》、《圣训冷僻词语解》、《文学绪论》。语法方面著作有:《阿拉伯语法详解》、《语法范例》、《成语典故》。他的《主命学之导师》、《金玉良言》等著作，已成为珍贵文献，每部著作中都有新意和创造，其中最重要的是《卡沙夫古兰经注》(《启示真相揭示》)。

宰麦赫舍里堪称时代名人，深得诗人和文学家的赞赏，更有学者请他允许他们引用他的著作。有趣的是沙斐仪派教法学家哈菲兹·艾布·塔希尔·赛莱菲[②]从埃及亚历山大城写信给他，向他

① 宰麦赫舍里生于伊历467年，卒于伊历583年。生于花拉子模的宰麦赫舍尔村，故名。他真名是加鲁拉·艾布·卡塞姆·麦哈姆德·本·欧麦尔。他曾在阿拉伯半岛希贾兹地区圣城麦加长期居住，遂以加鲁拉自誉，意为真主的邻居。——译者

② 哈菲兹·艾布·塔希尔·赛莱菲(公元1180年卒):沙斐仪教法学派教法学家、圣训学家。伊斯法罕人，在亚历山大定居。——译者

请教。当时宰麦赫舍里在圣城麦加靠近天房的一个院落里居住了很长一段时间,在此期间,他学识大增。他给哈菲兹回了一封类似艾布·阿拉(公元973—1057年)写给伊本·卡利赫的长信,他在信中写道:"与学界大师相比,我不过是皓月下若隐若现的小星,阵雨过后渐渐消失的浮云,江洋中飘然而至的毛毛细雨,赛场上被远远抛落的无名小驹,又如高山脚下的土丘、鸿雁翼下的鸟雀……所谓大师,只是一种符号。学问形若一座双门城堡,一扇门连通知识;另一扇门连通引证,我于两门之间苦苦求索,未获真金,仅得沙砾。至于引证,则论浅而据穷,未拜师名家,幸承显学;至于知识,仅若尚未入口的奶酪、正待破土的嫩芽,诸位切不可被他人对我的溢美之词所迷惑(他列举了一些诗人、文学家的名字),那只不过是金玉其外,败絮其中。他们对我的夸赞,或许是看到了我对穆斯林大众的忠告,对弱者的同情,对贪婪者的痛击,对廉洁者所带来的裨益和自尊,使他们从世间琐事之中解脱,投身于自己的喜好,于是,人们便看重我,喜欢我,将那些与我毫不沾边的赞誉算在我的头上。"

本文引用此信的部分内容,首先是欣赏其文风。其次,证明宰麦赫舍里本人的确出类拔萃,引人注目。最后,该信字里行间透露出宰麦赫舍里是一位品格高尚、乐善好施、谦虚谨慎、执着向上的人。同时,也流露出他自信、自恃的一面。

*　　　　*　　　　*

我们这里关注的是宰麦赫舍里对《古兰经》的注释和他的穆阿台及勒派的观点。宰麦赫舍里公开宣扬自己所属的派别,并将其写在书中,发表在学术聚会上。如果前去拜访友人,他会让门人转告:“穆阿台及勒派人艾布·卡西姆门外求见。”为了按照穆阿台及勒派五大基本信条注释《古兰经》,他呕心沥血、历尽艰辛。该五大基本信条是:相信真主的独一;相信真主的正义;相信奖赏的许诺和惩罚的威胁;相信犯大罪者,既不是信士,也不是叛教者,而是居于两者之间中间地位和令善止恶。如:《古兰经》中有许多经文明示人类具有选择自己行为的能力,人类的行为是人类自己创造的。但也有许多经文明示万物皆由真主造化而来。协调二者的关系是一件非常困难的事情,所有的教义学家都感到左右为难。他们说:这是我们人类理性无法理解的秘密。尽管穆哈伊丁·本·阿拉比[①]和安萨里等苏菲派人宣称他们通过修炼顿悟了其中的道理。

宰麦赫舍里为调和经文中相互矛盾的内容付出了艰辛的努力,他根据穆阿台及勒派的原则主张,对《古兰经》做出了自己的解释,如对魔术的虚幻性和精灵的不可见性等事物的解释。对魔术,他解释说:魔术并不能改变事物的本质,而是用障眼法戏弄人们目光和头脑的一种把戏。本文仅以下述事例说明麦赫舍里在这方面作出的努力。在《卡沙夫经注》中,他开宗明义写道:“一切赞颂,全归真主——按照我的穆阿台及勒派观点创造了《古兰经》的主。后来我修改为:一切赞颂,全归真主——降示了《古兰经》的主。”又如,真主说:“真主已封闭他们的心和耳,他们的眼上有翳膜……”[②]这段经文的意思是说,真主封闭了他们的心灵,他们不可能皈依伊斯兰教。其表面含义与穆阿台及勒派所说的人具有选

① 穆哈伊丁·本·阿拉比(公元1165—1240年):伊斯兰教苏菲主义著名教义学家、哲学家。——译者

② 马坚译:《古兰经》,2:7。——译者

择自己行为的能力的主张相矛盾。宰麦赫舍里对此解释说:"所谓封闭只是某种比喻,可能是借喻或比拟,因他们的排斥和傲慢,他们的心灵才如同被铅封似的,真理无法进入;他们的眼中有如长了翳膜,看不见真主的迹象……"

另一段经文说:"你们没有杀戮他们,而是真主杀戮了他们;当你射击的时候,其实你并没有射击,而是真主射击了……"[①]这段经文的字面意思是,人的行为实际上是由真主发出的,人的行为只是一种表象。宰麦赫舍里是这样注释的:"如果你们为杀戮他们而自豪,那杀戮他们的不是你们,而是真主,是他派遣天使,令他们心惊胆战,魂不附体;使你们信心百倍,士气振作。当你射击的时候,其实你并没有射击,而是真主射击了。即你的射击并不是真正的射击,因为你射击产生的作用只是人类能力所及,但是真主射击就会产生巨大的威力。真主肯定了先知的射击,因为射击的动作发自先知,真主又否定了先知的射击,因为凭人的能力难以发挥的作用,实际来自真主。"宰麦赫舍里就是这样按照穆阿台及勒派的观点注释《古兰经》的。

再如,真主说:"真主必不赦宥以物配主的罪恶,他为自己所意欲的人而赦宥比这差一等的罪过。"[②]对此,宰麦赫舍里是这样解释的:首先他把经文从"真主必不赦宥以物配主的罪恶"处断开,把后一段中"他为自己所意欲的人"与"而赦宥比这差一等的罪过"联系起来,意思成为"真主绝不赦宥以物配主的罪恶,而所犯罪恶比

① 马坚译:《古兰经》,8:17。——译者

② 同上书,4:48。——译者

以物配主差一等者，只要忏悔，就会得到真主的赦宥”。这与逊尼派的观点不同。逊尼派认为：“真主为自己所意欲的人而赦宥比以物配主差一等的罪恶，纵然那人没有忏悔。而穆阿台及勒派将真主赦宥所犯罪恶比以物配主差一等者以忏悔作为前提是没有依据的。”宰麦赫舍里则说：假若不以忏悔为前提，必然导致真主诱导众人犯罪，这种丑恶行径与真主毫无关系。

真主说：“难道天经中没有明文教导他们只能以真理归于真主吗？”[①]宰麦赫舍里注释说：“此段经文斥责的是那些口称我们将蒙饶恕，而却执意攫取今世浮利的不肖后裔。”他引用伊本·阿拔斯的话说：“被斥责的那些人，他们祈求真主饶恕他们的罪过，可他们还会再犯同样的罪过，也不打算忏悔。”宰麦赫舍里在其注释中批评了逊尼派人的观点，称他们的观点和犹太人如出一辙，即允许饶恕未经忏悔的罪过。

真主说：“你说：我求庇于曙光的主，免遭他所创造者的毒害；免遭黑夜笼罩时的毒害；免遭吹破坚决的主意者的毒害；免遭嫉妒者嫉妒时的毒害。”[②]宰麦赫舍里对经文中“嫉妒”一词的解释是：“此处的嫉妒绝非咒语，而是指制造分裂、散布耸人听闻的消息之类的意思。”

笔者认为宰麦赫舍里的注释有些本末倒置，他坚持自己的原则，并让《古兰经》也要符合这些原则。事实上，应该坚持《古兰经》，让自己的原则符合《古兰经》。但这就是宰麦赫舍里的方法。

① 马坚译：《古兰经》，7：169。——译者

② 同上书，113：1—5。——译者

因为宰麦赫舍里的信仰是思辨性的，即他的信仰是通过逻辑推理、前提、结论、演绎等方法得到的。他否认苏菲派宣称的神爱论。苏菲派人称对真主的爱如同相爱的人之间的爱，他们甚至借用爱情词语，或借用艾布·努瓦斯（公元762—813年）、穆斯林·本·瓦利德[①]等人的诗句来表达对真主的爱，如表达久别重逢、情人别离、思恋内容的词句。例如，艾布·阿卜杜·拉赫曼·塞勒米说："对真主的爱慕，具有排斥别人爱恋自己情人的情结。"又如："对真主的痴爱，犹如酒醉，只有见到情人时方能苏醒。"此种情景只可意会，无言描述。

苏菲派人认为，思念是心灵渴望见到被爱者的需求，有爱才会有思念。如问苏菲派人：你思念真主吗？他会这样回答：未见真实胜似真，纵然未能见……苏菲派把对真主的爱分为三类。第一类是常人之爱，即为了获得善报的爱，正所谓以心换心，自己的付出要有相应的回报，这种爱变化无常。

第二类爱是贤人之爱，他们爱真主是基于敬重和崇尚，他们认为真主值得去爱。由于真主永恒的完美和伟大，这种爱忠贞不渝。

第三类爱是哲人之爱，这种爱源自真主的魅力，对真主的爱到达这种层次者，近乎达到顿悟的境界。爱者实际上将自己与被爱者融为一体，往往处于如醉如痴的状态，生而无恩，死而无憾。

常人对真主的爱基于真主的恩赐，犹如真主对他说："跟我来行善乐施吧！我会赐福给你。"贤人对真主的爱基于美德，犹如真主对他说："来学习我的美德吧！我会使你完美。"哲人对真主的爱

① 穆斯林·本·瓦利德（公元823年卒）：阿拔斯王朝著名诗人。——译者

基于魅力的吸引，犹如真主对他说："来为我牺牲自己吧！我会使你充满魅力。"

宰麦赫舍里等穆阿台及勒派人对此嗤之以鼻，他们认为这样的爱只适用于那些追求物欲的人，绝不可能是真主和信士之间的那种爱。人对真主的爱是顺从；真主对人的爱是赐福。这就是宰麦赫舍里对《古兰经》中关于爱的经文的注释，以及对苏菲派的解释的谴责。笔者认为，理性化的信士和感性化的信士之间，存在分歧是必然的。

总而言之，宰麦赫舍里以其雄辩的才能和对《古兰经》修辞和奇迹的独到阐释，以及他超高的语言驾驭能力和独特的写作风格，使他所作的《古兰经》注释成为经典，甚至逊尼派学者也不能够舍弃不用，而是从中受益良多。后来所有的经注学家都要参考他的注释。亚历山大法官伊本·穆尼尔·亚历山大·马立基（伊历687年/公元1288年卒）写了一本书，其中包括对宰麦赫舍里所著的《卡沙夫经注》中的穆阿台及勒派观点的点评、讨论和批驳，以及用逊尼派的观点对那些在宰麦赫舍里看来是对穆阿台及勒派观点有力佐证的经文作出的新的解释。

一言以蔽之，宰麦赫舍里几乎是最后一位捍卫穆阿台及勒派学术观点的杰出学者，此后无人出其右。

穆阿台及勒派的文学

穆阿台及勒派为阿拉伯世界留下了丰富的文学财富。这里的文学概念，是广义的文学，包括《古兰经》经注、历史事件评析以及无处不在、无休无止的辩论，如关于“《古兰经》被造说”的辩论、为证明真主的能力而对动物进行的研究，以及诗歌、信函、格言警句等等。最值得穆阿台及勒派人自豪的是比什尔·本·穆阿台米尔的修辞学，查希兹的多种体裁的著述，若没有穆阿台及勒派，他是写不出这么丰硕的文学作品的，布韦希人及其宰相萨希布·本·阿巴德、伊本·阿米德和他们门下的文学家们创作的文学作品，以及大法官阿卜杜·贾巴尔的辩论集和宰麦赫舍里的文学著作等。遗憾的是，当穆阿台及勒派失势后，在强大的声讨浪潮中，人们以焚烧穆阿台及勒派的著作来表示对真主的虔诚，穆阿台及勒派的作品几乎被焚烧殆尽，仅有少数作品得以幸存。我们将攻击、谩骂穆阿台及勒派观点的文章也算作穆阿台及勒派的文学作品，因为当初若没有他们咄咄逼人的宣传攻势，也绝不会招致如此之多的攻击和谩骂。例如白迪尔·宰玛尼·哈姆扎尼（公元969—1007年）在其创作的韵文故事（玛卡梅）中有一部题为《玛尔斯塔尼耶[1]

① 玛尔斯塔尼耶，源自波斯语“别玛尔斯坦”一词，意为医院。——译者

玛卡梅》(医院杂记)的作品,就是专门攻击穆阿台及勒派的。作者在书中,将故事的主人公塑造成一个住在精神病医院的疯子。书中有这样的情节:有一天,耳萨·本·希沙姆和穆阿台及勒派人艾布·达伍德·阿斯克里来探望这个疯子。疯子一见到艾布·达伍德就开始骂他愚蠢低能,攻击他的穆阿台及勒派的观点和主张。疯子说:"人的善恶行为是由真主命定的,而不是人自己。"这与穆阿台及勒派人的善恶行为皆由自己决定,与真主的意志无关的观点刚好相反。疯子又说:"你们穆阿台及勒派人[①]称:暴虐的创造者便是暴虐者,为何不说死亡的创造者就是死者?"这是因为穆阿台及勒派认为,如果人的善恶行为是真主命定的,一旦有人施暴,那真主就是暴虐的创造者;如果真主是暴虐的创造者,那真主就是暴虐者。疯子对此反驳说:"真主是世界和个人毁灭的创造者,按照你们的说法,毁灭的创造者就是毁灭者。崇高的真主是与此无关的。"疯子又说:"相比之下,恶魔易卜劣斯比你们都要好,因为它会说:'我的主啊,你已判定我是迷误的。'连恶魔都承认自己是迷误的,你们却否认,恶魔都信奉真主,你们却悖逆真主……"

"你们说:人具有选择自己行为的能力,人不会选择挖自己的眼睛,不会剖开自己的腹部,也不会将自己的孩子从高处抛下。"也就是说,人如果具有选择自己行为的能力,上述行为就不会发生。疯子接着说:"《古兰经》定会使你们痛恨、圣训定会使你们愤怒,如果你们听到'真主要使谁迷误,谁没有向导'[②]这样的经文,你们必

① 原文为:"你们这些穆斯林社团中的祆教徒……"此处指穆阿台及勒派。——译者

② 马坚译:《古兰经》,7:186。——译者

然叛教；如果听到‘地球在我眼前骤然出现，我看到了地球的东半球和西半球’这样的圣训，你们定会视为虚妄。”这是因为大多数穆阿台及勒派人认为先知穆罕默德的“夜行登霄”[①]之旅仅仅是先知的灵魂夜游。疯子继续说：“如果有人说‘天园呈现在我面前，我便伸手采摘甜美的果实；火狱呈现在面前，我便用手推开扑面而来的热浪’，你们定会摇头称奇，不屑一顾。如果听到‘火狱的惩罚’，你们定会魂飞魄散。如果听到‘功过桥’（通往天园的天桥），你们必会相互争荣。”因为大多数穆阿台及勒派人否认天园和地狱现在就存在，他们也否认地狱内肉体受到的痛苦，认为那只是精神上的痛苦。同时，他们也否认功过桥的物质存在，他们说，那只是“正道”的象征。疯子指责他们“玷污了大众的传说”。因为他们在听了哈桑·巴士里[②]的讲学之后，便撇开了大众的传说（创立穆阿台及勒派），因此疯子做出了这样的指责。疯子还骂他们是“女人气十足的哈瓦立及派”，因为他们在反对艾布·穆萨·艾什尔里[③]参加

① 夜行登霄：据传穆罕默德于公元621年伊历7月27日夜，由天使吉卜利勒陪同，乘仙马由麦加飞至耶路撒冷，在今阿克萨清真寺的一块岩石上登霄，遨游七重天，见到古代众先知和天园等情景。伊斯兰教学者认为这是真主向先知显示的奇迹，让穆斯林确信伊斯兰教是真主指引的正道，确信穆罕默德是真主派遣的使者。——译者

② 哈桑·巴士里（公元624—728年）：伊斯兰教早期“意见派”圣训学家、教法学家。他倡导虔诚、宁静、守贫，提出应沉思、审慎、顺从、功修、净化灵魂，主张人类有意志自由，认为犯大罪者只是罪人，但不失为信士。其学生瓦绥勒·本·阿塔和阿穆尔·本·欧拜德则认为犯大罪者既不是信士，也不是叛教者，而是居于二者之间。因与其师意见分歧，二人便另设讲席，后创立穆阿台及勒派。哈桑·巴士里赢得各方尊重：穆阿台及勒派尊他为本派的“思想先驱”；苏菲派尊他为“谢赫”；逊尼派赞扬他的虔诚和德行。——译者

③ 艾布·穆萨·艾什尔里（公元665年卒）：圣门弟子。曾任库法长官。在隋芬之战的《古兰经》仲裁会议中，任阿里一方的代表。——译者

《古兰经》仲裁的问题上与哈瓦立及派是一致的，但是他们不同意哈瓦立及派要与那些接受《古兰经》裁决的人进行战斗的做法。与坚决主战的哈瓦立及派相比，穆阿台及勒派就好像是些缺少阳刚之气的男人……

看来，白迪尔·宰玛尼·哈姆扎尼向我们讲述的是他所在时代当穆阿台及勒派失势后，人们批判该派的情况。白迪尔·宰玛尼·哈姆扎尼既不是哲学家，也不是教义学家，他仅仅是一位文学家，这有些像我们当今的文学家，如哈菲兹[①]、邵基[②]等人，他们搜集、整理专家学者的观点和意见，经过精雕细刻，用优美的诗歌形式将其表达出来。或许白迪尔·宰玛尼·哈姆扎尼是老谋深算之人，他将自己的韵文故事称为《医院杂记》，借疯子之口射出支支利箭，好像是只有疯子才攻击和谩骂穆阿台及勒派。

穆阿台及勒派文学家中不乏自由主义的语法学家，他们提倡运用类比、演绎方法研究语言。其中具有代表性的人物是艾布·阿里·法里希（公元987年卒）及其弟子伊本·金尼（公元942—1002年），两人都是穆阿台及勒派人。艾布·阿里·法里希说："按照阿拉伯人的话语进行类比，那就是阿拉伯人的话语。一个外来语如果被阿拉伯人阿拉伯化了，就应被视为阿拉伯人的语言，可用阿拉伯语语法对其加以规范和派生。例如，阿拉伯人将古希腊

① 哈菲兹·易卜拉欣（公元1871—1932年）：埃及诗人，有"尼罗河诗人"之称。有诗集传世，收诗五千余行。风格属新古典派，内容像一面镜子，反映当时的政治风云、人民疾苦、社会情态。——译者

② 邵基（公元1868—1932年）：埃及诗人，有"诗王"之称。曾为宫廷诗人，后投入争取民族解放斗争的大潮，晚年把诗剧的形式引入阿拉伯诗坛。共有四卷诗集传世，其中包括六部悲剧、一部喜剧。——译者

银币名'迪尔汗'一词阿拉伯化后，便派生出一些与迪尔汗有关的派生词，如锦葵的叶子是迪尔汗的形状、迪尔汗的人……"

伊本·金尼在其颇有新意的语法专著《特征》(一译《属性》)一书中，展现了他对语言的理解和广博的语言知识。他发现伊斯兰教法学家为教法学制定了基本原理，教义学家为教义学制定了基本原理，因此他决意要为阿拉伯语制定一套词汇派生的原理，他果真做到了，并写出了《大派生法》一书。他把一个词根中的三个字母的顺序进行不同的排列组合，共得到六种排列形式，这六种排列形式的词及其由它们派生出来的词都有相同或相近的含义。遗憾的是，阿拉伯语语言学中的这一类比、演绎学派随着穆阿台及勒派的失势而未能得以延续。当穆阿台及勒派大难临头时，该学派也未能幸免。

穆阿台及勒派人曾以自己的信仰和主张而不可一世。《美女》[①]一书的作者写道："穆阿台及勒派对待其他教义学派，犹如天上的天使俯视地上的凡人一般。他们认为只有他们才拥有包罗万象的著述，也只有他们才能对认主独一、真主公正及真主至尊至圣作出精辟的论证。他们还认为，除真主外，其他人的学识都不能与穆阿台及勒派相媲美。后来的教义学家，无不从穆阿台及勒派知识的海洋中吸取营养，沿着他们的足迹前行。他们在评价论著和识别各种异端派别方面取得了辉煌而空前的成就，他们对各种派别评判之精细，犹如收银员在检验金币(第纳尔)和银币(迪尔汗)

① 参看《丽姝》，第206页。作者艾布·赛伊德·奈什旺·本·赛伊德·奈什旺，也门侯麦理地区奈什旺部落酋长。该书于1948年在埃及出版。

的成色。”

就这样，穆阿台及勒派这盏思想明灯渐渐暗了下去，最终熄灭了。该派的学说也由光明正大地宣传变成地下秘密传播。听凭真主的意愿，我们在谈到艾什尔里时，将会对穆阿台及勒派消亡的原因加以阐述。

第 二 篇

逊 尼 派

艾什尔里派

艾什尔里派源自该派首创人艾布·哈桑·艾什尔里·巴士里(公元873—935年)(通称艾什尔里)。他原为穆阿台及勒派的嫡传弟子,深受该派思想的熏陶,并接受了该派的主张。教法学家苏卜基[①]在《沙斐仪派弟子传》一书中有这样的记载:"艾什尔里固守穆阿台及勒派达四十年,是该派的领袖之一。"侯赛因·本·穆罕默德·阿斯凯里说:"艾什尔里原是祝巴伊的弟子,他是一个有思想有见解,敢于冲锋陷阵的人。祝巴伊虽长于著述,却不善言谈,每逢辩论,他就对艾什尔里说:'你代表我参加辩论吧。'"

客观地说,艾什尔里派是对某些问题的看法作了修正后的穆阿台及勒派。但是,艾什尔里成功地使许多穆阿台及勒派人加入了自己的派别。

我们知道艾什尔里原本是在穆阿台及勒派思想土壤中成长起来的学者,但是他改变了自己原有的主张和观点。据说,是一次梦境使他脱离穆阿台及勒派的,当然这不足为信。也有人说,他是在家里经过长时间闭门静思之后,才公开宣布脱离穆阿台及勒派的。这至少能够说明,他一直在对穆阿台及勒派的基本信条进行思考,

① 苏卜基(公元1370年卒):沙斐仪派著名教法学家、历史学家。——译者

当他发现其中某些信条不能使他信服时，才决定脱离该派的。还有人称，他曾和自己的老师艾布·阿里·祝巴伊就一些问题进行辩论，结果他胜利了，此事是导致他离开穆阿台及勒派的原因之一。笔者认为，他能取胜穆阿台及勒派，有如下几个原因：

1. 在耳闻目睹《古兰经》被造说带来的诸多灾难之后，人们对无休止的辩论和争吵已感到厌烦，因而厌恶那些给他们带来灾难的穆阿台及勒派，转而支持那些敢于和穆阿台及勒派抗争的人。

2. 艾什尔里的生平表明，他是一位推理严密的雄辩家，始终吸引着大众的目光。他以廉洁、虔诚著称，以相貌堂堂，一表人才闻名，这一切都使他深得人心。那些原来追随穆阿台及勒派的人，认为艾什尔里是他们一旦脱离该派之后可以相托的人。

3. 穆台瓦及勒当上哈里发之后，政府当局不再支持穆阿台及勒派。大多数人都看着当权者的眼色行事，怕自己信奉当局不喜欢的教义学派，于是纷纷脱离穆阿台及勒派，加入攻击穆阿台及勒派的一方。

4. 艾什尔里成功地吸纳了一批强有力的追随者，为他宣传，提供论据。如"两圣地教长"①、伊斯法拉伊尼（公元1467—1544年）、教义学家巴吉拉尼②等人都是当时学界的泰斗，他们的显赫身份吸引了大批民众脱离穆阿台及勒派，加入艾什尔里派。

5. 什叶派布韦希王朝倒台后，逊尼派突厥族塞尔柱王朝取而代之，并一度发展成为强大的王朝，它支持的是突厥人的逊尼派思

① 两圣地教长：指艾布·麦阿利·朱韦尼（公元1028—1085年），因其在教法和教义方面的造诣，成为麦加、麦地那两地的伊玛目，故有"两圣地教长"之称。——译者

② 巴吉拉尼（公元1013年卒）：艾什尔里派法官，著名的教义学家。——译者

想。该王朝著名素丹艾勒卜·艾尔斯兰(公元1030—1072年)拜尼扎姆·穆勒克[①]为首相,其地位之显赫丝毫不亚于布韦希王朝的宠臣伊本·阿米德和伊本·阿巴德。前者支持的是逊尼派的主张,后二者则支持什叶派和穆阿台及勒派的思想。尼扎姆·穆勒克是一位知识渊博的学者、政治家和哲学家。他曾要求当时的每位学者都要著书立说,并按照各自的理想勾勒出公正的政权的形态。他本人也写出了论治国之道的《政治论》。写出同类著作的还有著名旅行家拿赛尔·胡思鲁(公元1003—1088年)和欧麦尔·赫亚姆[②]。尼扎姆·穆勒克最伟大的功绩是建立了许多学校,其中最著名的是在巴格达创办的以他名字命名的尼采米亚大学、内沙布尔[③]的宗教大学以及呼拉特等地的学校。这些学校聚集了许多像艾布·哈米德·安萨里(公元1058—1111年)那样的大学者,他们都按逊尼派教义学说进行教学,使逊尼派得到广泛传播,这自然削弱了什叶派和穆阿台及勒派的影响。

尽管如此,在最初阶段,嘲讽、攻击艾什尔里者还是大有人在,有人甚至不惜用恶毒的语言谩骂他。穆阿台及勒派人也对他群起而攻之,他们引经据典,著书立说,对其加以无情的鞭笞。还有持

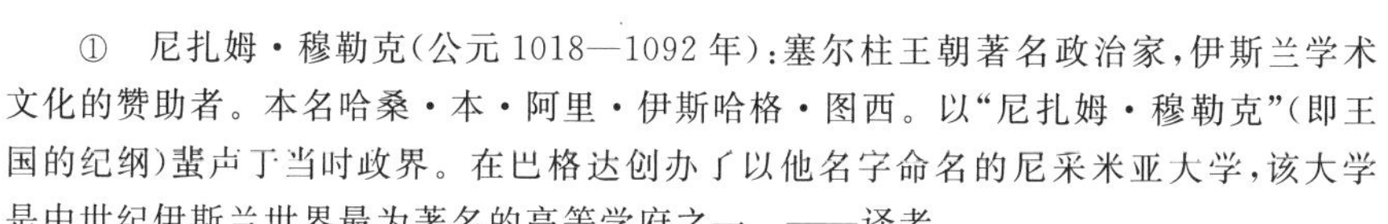

① 尼扎姆·穆勒克(公元1018—1092年):塞尔柱王朝著名政治家,伊斯兰学术文化的赞助者。本名哈桑·本·阿里·伊斯哈格·图西。以“尼扎姆·穆勒克”(即王国的纪纲)蜚声于当时政界。在巴格达创办了以他名字命名的尼采米亚大学,该大学是中世纪伊斯兰世界最为著名的高等学府之一。——译者

② 欧麦尔·赫亚姆(约公元1132年卒):中世纪伊斯兰哲学家、数学家、天文学家,著名诗人。——译者

③ 内沙布尔:伊朗境内一城市。旧为呼罗珊地区首府。——译者

不同见解者，如安德鲁斯的伊本·哈兹姆[①]，甚至还使用了侮辱性的语言。此外，扎海比教长也不同意他的观点。

*　　　*　　　*

艾什尔里曾闭门静思十五天，对所学到的穆阿台及勒派学说进行了深入的思考。据说，他静思十五天后，来到清真寺，登上宣讲台宣布道：人们啊，这些日子我闭门谢客，是因为我在冥思苦想，我掌握了足够的证据，我不再摇摆不定。我向真主请教，真主果真引我走上正道，向我指明了我在书中阐述的信念，并使我扬弃了先前的一切信仰，如同我脱去这件长袍一样。说着他从身上脱下长袍，弃置于地。

艾什尔里对穆阿台及勒派的疑惑，并最终脱离该派，源于他和他的老师祝巴伊的一次辩论。艾什尔里征询老师对信士、叛教者和儿童在来世处境的看法。祝巴伊说：信士乃是在天园有品级之人，叛教者属毁灭之人，儿童则为得救之人。艾什尔里问：假如儿童要求上升至有品级之人，可能吗？祝巴伊答：不可能。真主会对儿童讲，信士之所以是有品级之人，是因为他们顺从真主，而你没有。问：假如儿童说，夭折并不是我的意愿。如果你让我长大成人，我也能像信士那样做到顺从真主。答：真主会对儿童说，我早知道假如你继续成长，必会悖逆真主而遭受惩罚，我为你着想才让你在成年之前夭折……问：如果叛教者说：真主啊！如同对儿童一样，你早就知道我的命运，你为何没有像对儿童一样照顾我呀？祝

① 伊本·哈兹姆（公元994—1064年）：阿拉伯安德鲁斯哲学家、教义和教法学家、文史学家和诗人。其代表作为《关于教派和异端的批判》、《斑鸠的项圈》。——译者

巴伊一时语塞，无言以对。这样的讨论是基于穆阿台及勒派的观点——真主应该照顾人，使其得到最完善的结果，艾什尔里与其师辩论的就是这个问题。

据传，还有另外一次辩论，其主要内容是：有一个人问祝巴伊："可以称真主是有理性的主吗？"答："不可以。因为'理性'一词是'羁绊'一词的派生词，而'羁绊'意为'阻碍'，这对真主来说是不可能的。"艾什尔里对祝巴伊说："按照你的说法，也不能称真主为'至睿的'主了，因为这个词是'马嚼子'——防止牲畜咬人的铁制品——的派生词。"祝巴伊不知如何作答。艾什尔里又问："你有何说法？"答："我允许称至睿的主，但不允许称有理性的主……因为我选取对真主美名的称呼，其根据是教法的习惯用法，而不是语言的类比、派生规则。因此，我称真主为至睿的主，因为教法就是这样称呼的；我不让称真主为有理性的主，是因为教法不允许；如果教法允许，我就称真主是有理性的主。"师徒二人就是这样进行辩论的，直至艾什尔里脱离穆阿台及勒派。

一、艾什尔里派的胜利

由于穆阿台及勒派学者的抵制和人们心中的困惑，艾什尔里派最初的发展并不顺利。人们曾目睹了艾什尔里派学者艾布·伊斯哈格·伊斯法拉伊尼和穆阿台及勒派学者阿卜杜·贾巴尔法官之间进行的辩论。阿卜杜·贾巴尔的开场白是，"赞颂与丑恶行为毫无粘连的真主"。艾布·伊斯哈格·伊斯法拉伊尼则说："赞颂志在必得的真主。"阿卜杜·贾巴尔质问："难道真主志在要人们悖逆他吗?”伊斯法拉伊尼反问:“难道人们胆敢悖逆真主吗?”阿卜杜·贾巴尔问:“假若真主既阻止我走上正道,又不让我得到善终,这于我,是裨益还是阴损?”伊斯法拉伊尼答:“该得道者而未得,便是阴损,不该得道者而未得,表明真主把慈恩赐给了他所意欲之人。”至此阿卜杜·贾巴尔便不再发问。这场辩论基于穆阿台及勒派的观点——真主无意让悖逆者悖逆,而是让其按照自己的意欲选择自己的行为。艾什尔里及其追随者则认为,人的行为都是真主的造化。

这样的论争有时异常激烈。据传,塞尔柱王朝素丹图格鲁勒·贝克(公元990—1063)帐下曾有一位名叫肯德里的大臣,他是一位极端什叶派中的穆阿台及勒派人。他像其他显贵一样,经常在家中举行辩论会。他唆使素丹图格鲁勒·贝克在讲坛上谴责异端,并诬陷艾什尔里派为异端派别,以此作为侮辱艾什尔里派人,阻止他们讲道、授课,剥夺他们在清真寺宣教的借口。由于大多数沙斐仪教法学派的信众都信奉艾什尔里派的教义,肯德里便借助哈乃斐教法学派来打击沙斐仪教法学派。据说其惨烈程度丝毫不亚于当初倭马亚人对阿里追随者的残酷迫害。在这场灾难中,素丹图格鲁勒·贝克因听信谗言,下令抓捕许多艾什尔里派的著名人物,如两圣地教长、艾布·卡西姆·古沙里[①]、艾布·赛赫勒·本·穆瓦法格等。当宣读流放的裁决时,无论是普通百姓还是地痞流氓,都对艾什尔里派人进行围追堵截。艾什尔里派人有

① 艾布·卡西姆·古沙里(公元1072年卒):著名苏菲主义者、沙斐仪派教法学家,著有《古沙里书》。——译者

的被抓,有的逃亡,其中就有两圣地教长,他逃往希贾兹,幸免于难。不久,这场灾难的走向发生了变化:肯德里被杀,素丹图格鲁勒·贝克任命艾勒卜·艾尔斯兰接任大臣。

当时,人们纷纷请他们所信任的教法学家对他们感到困惑和忧虑的问题做出符合教律的决定。如艾布·卡西姆·古沙里发表的关于逊尼派人的遭遇和所经历的磨难的法特瓦[①],以及哈菲兹·拜海基[②]发表的法特瓦等等。让我们举例说明当时人们的疑虑及教法学家的回答。如巴格达一些民众向一些教法学家询问:"对那些合伙诅咒艾什尔里派,并将他们视为叛教者的人,尊敬的伊玛目先生们有何说法?对他们应如何处置?"哈乃斐派大法官艾布·阿卜杜拉·达姆汗尼在其签署的文告中回答说:"那是一种异端行为,是伊斯兰教法所不允许的。穆斯林长官(真主使他得道多助)应对此事严加训诫和杜绝。"之后,艾布·伊斯哈格·设拉齐[③]也发表了他的法特瓦:"艾什尔里派人是逊尼派的精华,是伊斯兰教法的守护者,他们挺身而出,反击宿命论派和拒绝派等异端派别,因此诅咒艾什尔里派,就是诅咒逊尼派。穆斯林长官如获悉有人诅咒艾什尔里派,应该加以训诫和杜绝。"类似的法特瓦不胜枚举。

① 法特瓦:伊斯兰教法用语,阿拉伯语音译,意为"法律意见"。指教法学家就某些疑难问题发表的正式法律意见或判断,它具有法律效力,通常以文告的形式公诸于众。——译者

② 哈菲兹·拜海基(公元 1066 年卒):沙斐仪教法学派教法学家、著名圣训学家。——译者

③ 艾布·伊斯哈格·设拉齐(公元 1083 年卒):沙斐仪教法学派著名教法学家。——译者

又如古沙里发表的法特瓦:"奉至仁至慈的真主之名,圣训派学者一致认为,艾什尔里是圣训派的领袖之一,他的教义学派就是圣训派,他是按照逊尼派的观点阐述宗教原理的,他对异端邪说厉言驳斥,对穆阿台及勒派、拒绝派和教内信奉异端邪说的人,甚至那些叛教者,艾什尔里都是一把出鞘的利剑。谁中伤、诋毁、贬低、谩骂艾什尔里,就是把恶毒的舌头伸向了所有逊尼派人。"这一法特瓦是由阿卜杜·克里姆·本·哈瓦兹·古沙里执笔,与哈巴兹、朱韦尼等人于伊历 436 年 11 月共同签发的。[①]

阿卜杜·贾巴尔·伊斯法拉伊尼曾用波斯文发表了内容相似的法特瓦。其大意为:"艾什尔里是伊玛目。《古兰经》云'……真主喜爱那些民众,他们也喜爱真主……'[②]艾布·穆萨·艾什尔里就是真主喜爱的人。"[③]

当时及其以后一段时间,出现了很多有关艾什尔里的文章和著作,大家见仁见智,各执其词,褒贬不一。其中,大伊玛目伊本·阿萨克里为保卫艾什尔里,专门写了一本题为《揭穿诽谤者对艾什尔里的谎言》的书。以上种种,足以说明在艾什尔里的支持者及其论敌之间展开的论争波及之广泛、影响之深远。

正如前文所述,艾什尔里的追随者中有许多沙斐仪、马立克、哈乃斐和罕百里四大教法学派中的著名教法学家。如艾布·伊斯

① 参看伊本·阿萨克里:《揭穿诽谤者对艾什尔里的谎言》,陶菲克出版社,大马士革,伊历 1347 年/公元 1928 年,第 112—114 页。

② 马坚译:《古兰经》,5:54。——译者

③ 亦即艾什尔里的追随者,参看伊本·阿萨克里:《揭穿诽谤者对艾什尔里的谎言》,第 114 页。

哈格·伊斯法拉伊尼、谢赫·艾布·伯克尔·盖法勒、哈菲兹·朱尔加尼、谢赫·艾布·穆罕默德·塔巴里·伊拉基,他们大都与艾什尔里坐而论道,当面请教。第二代的弟子有萨阿鲁基、达拉尼、艾布·伯克尔·巴吉拉尼、艾布·伯克尔·本·夫尔克。第三代则有艾布·哈桑·苏克里、艾布·曼苏尔·尼沙普里、艾布·曼苏尔·巴格达迪、哈菲兹·哈尔威等。赫忒布·巴格达迪、艾布·卡西姆·古沙里及两圣地教长为第四代弟子。安萨里、法赫尔·伊斯兰·沙希、艾布·奈斯尔·古沙里、伊本·阿萨克里、赛姆阿尼、艾布·塔希尔·赛莱菲都是第五代弟子。第六代弟子有法赫鲁丁·拉齐、赛福丁·阿麦迪、伊兹丁·本·阿卜杜·赛拉姆、伊本·哈吉布·马立基等。这些人利用他们拥有的地位和权势,与艾什尔里相互支持、相互效忠,使艾什尔里派的学说得到广泛传播,反对派销声匿迹。

二、艾什尔里派的基本观点及其与穆阿台及勒派的分歧

1. 关于真主属性的分歧

"认主独一"不仅是全体穆斯林的第一信条,而且"万物非主,唯有真主"更是伊斯兰教信仰的标志。但穆阿台及勒派用哲学思辨的方法,从教义学的角度,对认主独一进行了深入研究,他们认为:

《古兰经》和圣训中的许多章节都赋予真主以意志、能力、知

识、生命、言语等诸多属性。问题是,真主的这些属性究竟是真主的本体属性还是非本体属性,或两者都不是,这是前辈学者往往回避深入探讨的问题。因为如果说真主在一切方面都是独一无二的,那么,真主的本体就是单一无偶的。如果这些属性不是真主的本体,那它就是偶性的,既然是偶性的,那每个属性都需要与其他属性连在一起。况且,假若真有真主本体之外的属性存在,那它的存在与真主本体的存在同样是无始的,而且是多重无始的存在,多重无始的存在,就是多重真主的存在。这样的结论与真主独一无二的信仰理念大相径庭。

他们说,真主的本体是永生者、彻知者、全能者、意欲者,除此之外,没有知识、能力、生命等附加属性。因为如若真主除是彻知者的本体外,还有知识的属性,以及其他属性,那就会像人一样,出现形容与被形容、载体与被载体的情况。这是人的肉体的属性,而真主是没有肉体的。穆阿台及勒派的领袖艾布·胡载勒·阿拉夫说:“真主是以其知识成为彻知者,以其能力成为全能者,以其生命成为永生者的。本体和属性是一致的,只是表述不同。即如果你说真主是彻知的,那你就是肯定知识是真主的本体,否定无知是真主的本体。”

穆阿台及勒派思想家奈萨姆说:“真主的属性具有正负对消的意义。比如,如果你说真主是彻知者,那你就肯定了‘知’是真主的本体,否定了‘无知’是真主的本体,并证明了被发现的知识是属于真主的;如果你说真主是全能者,那你就肯定了‘能’是真主的本体,否定了‘无能’是真主的本体,并证明了能力是属于真主的。依此类推。”有些穆阿台及勒派人认为,这些可指称的属性,其目的是向人们表明这些属性指称的意义。比如，我们说真主是彻知者，其目的是告知人们真主并不“无知”。其他属性也是如此。

艾什尔里出现后，他与穆阿台及勒派最重要的分歧是他肯定真主具有知识、能力、意志等属性，但这些属性又是独特的。因为只有具有知识者，方可成为知者；具有能力者，方可成为能者。如果我们说真主是彻知者、全能者，说明两种属性表达的是既有一致，又有区别的两个概念。一致，是因为真主是因“能”而“知”，“知”便是“能”；真主因“知”而“能”，“能”亦是“知”。这里，“知”和“能”是两种不同的属性，而真主是两种属性的统一体。

艾什尔里还认为，把“知”和“能”的属性，归属真主，既有其字面概念，又有其内在变化。仅字面概念是不成立的，因为理性推断出的是两个理性化的概念，即知者和能者，是两个不同的概念。这两个概念必然导致除真主以外，“知”和“能”两种属性的载体的存在，即知者和能者。因此，艾什尔里说：“真主具有知识、能力、生命、意志、言语、听觉、视觉诸属性，真主因这些属性而成为彻知者、全能者、永生者、意欲者、发话者、全聪者、明察者。这些属性是永存无始的，是属于真主本体的，既非真主本体，亦非其他。”他认为：“真主的‘知’，与一切知识相关联，真主的‘能’与一切能力相关联，真主的意志与一切接受裁判者相关联。”

艾什尔里和穆阿台及勒派关于“《古兰经》被造说”的分歧亦由此而生。艾什尔里认为，经天使之口降世给先知的文字，是真主的无始言语，而表述它的语言形式是被造的、新生的，但内容是无始的、永恒的。穆阿台及勒派基于其真主除本体外别无属性的观点认为，经天使之口降世给先知的文字，只能是言语，言语是被造的。

研究者很容易发现，艾什尔里派和穆阿台及勒派之间的分歧，均超越了应有的界限，陷入了无休止的诡辩之中。人的理性对此是无能为力的。我们对自己尚未充分了解，且不知“知”与“能”同我们本体的关系，怎么能对真主妄加议论呢。我们的智力是有限的，仅仅能够应付现实生活的需要。想要弄清楚上述问题是人类智力所不及的。人类的智力不可能完全了解一切事物的真相，它所能了解的，不过是事物的某些属性。

我们无法解答“是什么”的问题，但经过努力，我们或许可以回答“怎么样”的问题。我们虽然不知道电、引力、磁、光、热等事物的本质，但我们知道怎样利用它们。既然如此，教义学家怎能斗胆去研究真主的诸多属性究竟是不是真主的本体，并妄想得出结论呢？这是超出人类的智慧和能力的。这一领域的研究者，就好比在太空中寻找小星星的人，事后他们才知道从眼前的小石块开始找起，尽管眼前的小石块比太空中的小星星更小。

如此说来，无论是穆阿台及勒派、艾什尔里派，还是什叶派在这个问题上的言论，都是些没有结果的诡辩和徒有语言逻辑而无实质内容的文字游戏。他们都一无所获。他们把宝贵的时间和精力，都消耗在了不切实际的理智的贪婪和幻想之中。圣门弟子和再传弟子等先贤们的观点和做法是最正确和最现实的。他们谨防陷入上述误区，并且认为：“真主不似万物，万物也不似真主。”

我们都知道，真主说过：“至仁主已升上宝座了。”[①]圣训中也有“我（真主）亲手创造了”之类的言语。我们认为，我们应相信这

---

① 马坚译：《古兰经》，20：5。——译者

些言语，不对其作任何解释，将它交付真主。过分思考其中的意思，并对其作出解释并不是我们要做的事。有人问圣训学家马立克·本·艾奈斯(公元715—795年)对“至仁主已升上宝座了”的经文的看法，他回答说：“‘升上’一词，其意可悉，其式不详。信仰是义务、询问是异端。”教法学家艾哈迈德·本·罕百里(公元780—855年)和圣训学家苏福杨·萨乌里(公元778年卒)也发表过类似的见解。

2. 关于公正说

穆阿台及勒派认为真主是公正的，并把公正当作穆阿台及勒派信仰基础的重要组成部分，他们甚至自称为公正派和认主独一派，并为此建立了完整的理论体系。首先，穆阿台及勒派认为，事物均有善恶之分，人的理智可以分辨。因此，在真主派遣的使者出现之前或之后，人均应该对自己的行为负责。正义、诚实和勇敢的品质是人的理智可以识别的。其次，穆阿台及勒派认为，真主创造了贤哲之士，并指引他们完成真主的意愿。因为贤哲之士的功修正是真主所意愿的，真主是至贤者。最后，只有在人行动自由，并对自己的行为负责的前提下，才能体现真主对人们的功过进行赏罚的公正性。因为人的行为是自己创造的，人有选择或放弃行为的能力，与真主无关。否则，人就不必为自己的行为承担责任。因为，人如果不能决定做或不做某事，就没有必要去告诉他该干什么，不该干什么，也没必要对其行为进行褒贬，先知们的意义也不复存在了。这是一个困扰着所有犹太教徒、基督教徒和穆斯林，乃至先哲们的棘手问题。

伊斯兰教问世后，这一问题曾一度引起人们的关注，但不久便悄无声息了。相传在伊斯兰教初期，有一次阿慕尔·本·阿绥（公元572—663年）问艾布·穆萨·艾什尔里："我的主啊！哪里才能找到命中注定我向他起诉的人？"答："我就是。"问："如若某事是我命中注定的，难道还要为此惩罚我吗？"答："当然。"问："为何？"答："因为真主不会冤枉你。"

穆阿台及勒派拓展了对上述问题的研究，并对其加以哲学论证，选择了唯理论的立场。他们发现《古兰经》中有些经文是符合他们思想主张的，有些经文则与之相抵触。于是他们用符合自己观点的经文来支持自己的理论，对那些与之相抵触的经文则按照自己的观点加以注释，直到艾什尔里的出现。

艾什尔里提出了新的见解，他说："真主是人的行为的造化者。真主的意愿，包含了人行为中善恶两个方面。真主的知识、意志、能力等属性都与人的一切行为息息相关。"或许有人会问："这是强人所难，因为人无力改变命中注定之事。"艾什尔里回答说："那也无妨。即使人觉得自己有能力做某事，但其能力对其行为并无影响。真主的法度是以人的能力为前提造化事物。如果人有意做某件事，并决心全力去做，真主就会为他造化这件事。"这中间实际上存在一个"谋取"问题。艾什尔里派人把这种"谋取"解释为"人的能力与行为之间的普遍联系"。真主只在人具有能力和意愿的前提下才造化行为，而不是以人的能力和意愿去造化。这种联系就是"谋取"。更确切地说，这种"谋取"就是选择的感觉，因此，"谋取"问题是艾什尔里派关注的最重要的问题之一。真主的赏罚以"谋取"为依据。

伊本·哈兹姆(公元994—1064年)曾与艾什尔里讨论过这个问题。伊本·哈兹姆问:“请你告诉我‘谋取’是人的行为还是真主的行为?假如‘谋取’是人的行为,便说明人是创造者,这是你所否认的;假如‘谋取’是真主的行为,你的研究等于零。”伊本·哈兹姆的话是对的。因此,尽管艾什尔里派对“谋取”有诸多解释,但最终都没有一个明确的结论。艾什尔里之后,有人对此提出了新的解释:既然否定人的能力是理性难以接受的,因此,一定要把人的行为归于其能力,正确的说法是,人既是行为的发起者,又是行为的创造者。人在感觉到自己具有能力的同时,也会感觉到自己是不能独立自主的。人的行为的生成依赖于他的能力,而能力的发挥又取决于其他因素。任何事务的生成除自身外都要依赖其他因素,乃至形成一个因果链,其最终的原因便是真主。笔者认为,这实际上是拐弯抹角地回到了穆阿台及勒派的观点。

总之,艾什尔里派试图在宿命与自由选择之间进行调和,即真主使人具有能力与意愿。人的能力与意愿又是人自己行为的起点,所以世上万物都是真主的造化,只不过有些是直接的,有些是间接的。人作为中介,应该承担责任和接受指责。

正如艾什尔里派和穆阿台及勒派在真主是否要世间万物都具有善与恶、信奉与悖逆的问题上存有分歧一样,他们还就不信道者的不信问题与穆阿台及勒派进行了长期争论。穆阿台及勒派认为:“不信正道者的不信并不是真主的意愿,否则便不会命其皈依。更何况,假若他们的不信是真主的意愿,那真主应该感到满意。但真主并不喜悦人们不信正道。”艾什尔里派人则认为:“此事与意愿无关,它如同接受命令的问题一样:服从并不等于意愿。对真主而言，喜悦仅仅意味着赏赐或不予反对……”

艾什尔里派和穆阿台及勒派之间最重要的分歧在于对真主公正性的描述。穆阿台及勒派认为：“真主为自己设定了公正，所以他做事都是有哲理的，有目的的。真主公正对待顺从者、反叛者、信士和不信正道者。人在行为上必然是自由的，做或不做是出于他的意愿。真主一定会赏赐顺从者，惩罚反叛者。”艾什尔里派的主要观点是：“真主绝不会为自己的行为自责。使顺从者顺服是美德，对反叛者惩罚是定然，真主的行为并不受意图的约束……”

也许，穆阿台及勒派及其追随者的错误，在于他们按照人类中的统治者，如哈里发、素丹的公正形象，来想象真主的公正。于是，他们把这些统治者表现出的公正运用到真主身上。殊不知，公正的内涵是不同的，就像人与人之间有差别一样，文明人和原始人所持的正义观就各不相同。在亚里士多德看来，奴隶制是公正的，但在今天，我们却把它视为惨无人道的迫害。我们何以试图揣度真主的公正？这是我们人的智慧不可企及的。我们的正义观，必然要和我们自身所处的环境相联系，某一环境下的公正，不能等同于全世界的公正。真主是宇宙万物的主宰，他的公正立足于宇宙万物。人类及其生存的地球，在宇宙万物中不过是沧海一粟。相对于真主，我们所看到的世界，就像一只蚂蚁对其周围狭小天地的认识。我们对宇宙及其万物尚不了解，更不知真主的公正等其他属性究竟为何物，何以试图对真主的公正妄加评论。在这里，他们还是陷入了前文中所阐述的有关真主属性的误区。

3. 关于奖赏的允诺和惩罚的威胁

相信奖赏的允诺和惩罚的威胁是穆阿台及勒派的基本信条之一，即不信正道者或犯大罪而不悔改者，死后将永居火狱；凡是信士死后定会升入天园。艾什尔里及其追随者的观点与此不同，他们认为不信正道者才永居火狱，但真主能够赦免他意欲的任何人。此外，艾什尔里还增加了“说情”的内容。艾什尔里派的思想基础是，真主掌管着宇宙万物，他可以按照自己的意愿任意处置或操控。假若他让众生全部升入天园，并不等于对他们的不公；假若他把众生全部打入火狱，也并不意味着对他们的侵害。因为所谓侵害，是指施害者做了自己无权实施的行为，或置某物于非其所。真主拥有的是绝对的权利，不能与冤枉或侵害等行为相联系。

两圣地教长在《指导》一书中说：“《古兰经》和圣训中有许多证据表明确有赦免之说。由此引出说情者为罪犯说情，以减轻其罪过之事。”

正统派(即逊尼派)认为，说情之说是真实可信的，尽管对宽恕赦免之说持否定态度者对此加以否定。首先是真主允许宽恕、赦免的，允许宽恕、赦免，自然不会反对说情。

艾什尔里在其《闪光》一书中，对“奖赏的允诺和惩罚的威胁”的解释另辟蹊径，他将《古兰经》中“恶人们，必在烈火中”[①]等经文解释为：“真主的言语可能涵盖全部恶人，也可能仅指一部分，从语言学的角度是可以这样理解的。如有人说：‘我的邻居来了。’这句

① 马坚译:《古兰经》,82:14。——译者

话并不意味着所有邻居都来了。”

4. 关于后世是否能够看见真主的问题

穆阿台及勒派认为，人在后世看不见真主。《古兰经》云：“众目不能见他，他却能见众目。”[①]艾什尔里派的观点与此相反，他们认为，人在后世能够看见真主，《古兰经》云：“在那日，许多面目是光华的，是仰视着他们的主的。”[②]

穆阿台及勒派认为，看见，必然要求被见者具有方向、位置、形状、光线等条件，这一切对真主来说都是不可能的。艾什尔里派则认为，一切存在均是可见的；能够看见的，必然是存在的。真主是存在的，因此是可见的。方向、位置、光线等都是尘世看见事物的条件。我们尚不知自己在后世是什么样子，如何能想象以何种形式看见真主。笔者认为，在这方面，艾什尔里派的观点更正确。

艾什尔里派一致认为，在后世人能够看见真主，并使这一观点成为逊尼派人的信条之一。伊斯法拉伊尼在《开导》一书中写道：“永恒的真主是可见的，并能用肉眼目睹。因为不可见的，是那些不能确定其存在的；一切确实存在的，必然像其他存在物一样是可见的。《古兰经》中有许多经文能证明这一观点，如‘他们与真主会见的那天，真主对他们的祝词是：祝你们平安。’[③]此处‘会见’一词，从语言学角度分析就是看见，尤其是指非物体接触的见。关于先知穆萨（摩西），《古兰经》中有这样几句经文：‘他说：我的主啊！

---

① 马坚译：《古兰经》，6：103。——译者

② 同上书，75：22—23。——译者

③ 同上书，33：44。——译者

求你昭示我，以便我看见你。'主说：'你不能看见我，但你看那座山吧。'[①]假如真主是不能够见到的，被称为先知者绝不会有那样的愿望。何况，真主回答说'你不能看见我'，但没有说我绝不可见，这足以说明真主是能够看见的。”

5. 关于人的行为的创造

人的行为的创造问题也是艾什尔里派和穆阿台及勒派之间的重要分歧之一。穆阿台及勒派认为，人的行为是由人自己创造的，故人应对自己的行为负责，并根据行为的善恶公正地接受赏罚。艾什尔里派则认为，人具有选择自己行为的能力，但其能力是被真主发出的指令控制的。人可以进行选择，但其选择是命定的，人的能力从根本上说不具有影响力，就像是一只瘫痪的手。这实际上否定了人具有自我选择的能力，这与该派的真主是一切事物的主宰，真主创造他所意欲的观点是一致的。

艾什尔里派和穆阿台及勒派之间最细微的分歧之一是与真主意欲有关的《古兰经》经文，如“你们不欲循规蹈矩，除非真主——全世界的主——意欲的时候。”[②]又如“不然，他们说：'我们确已发现我们的祖先是信奉一种宗教的，我们确是遵循他们的遗迹而得正道的。'”[③]穆阿台及勒派的经注学家宰麦赫舍里据此认为，不信正道者的迷误并不是真主的意欲，他把那些断言一切命定都是真主的意欲的逊尼派人都扣上了不信正道的罪名。他举例说，当不

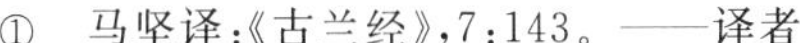

① 马坚译：《古兰经》，7:143。——译者

② 同上书，81:29。——译者

③ 同上书，43:22。——译者

信正道者声称是真主意欲他们迷误时，“他们说：假若至仁主意欲，我们是不会崇拜他们的。”[①]即假若崇高的真主意欲我们抛弃偶像崇拜，我们一定会抛弃它。真主揭穿了他们的伪信，并回答他们说：“他们对于此说，毫无认识；他们只是在说谎话。”[②]宰麦赫舍里坚持自己观点。而那些认为不信正道者的迷误是真主意欲的人，则引用经文：“他们把他的一部分仆人，当作他的分子……”[③]他们认为这段经文指的是另一种形式的迷误。他们坚持所有的一切都是真主意欲的主张。有些宿命论者认为，不信正道者之所以迷误，是因为他们以嘲讽的方式和真主谈话。对此，宰麦赫舍里回答说，从经文的上下文看，并不能说明他们是以嘲讽的口吻在谈话，他们应该是认真的。

如同对“说情”说，穆阿台及勒派持否定态度，逊尼派则加以肯定一样，两派对火狱和天园之间的天桥、天秤，以及天池等问题的看法也不一样，穆阿台及勒派认为那只是象征意义的，逊尼派则认为那是真实存在的。两派之间类似的分歧不胜枚举，此处不再赘述。

三、艾布·哈米德·安萨里和法赫鲁丁·拉齐

两位大学者的加盟，使艾什尔里派如虎添翼，并使该派得到了广泛的传播。这两位大学者就是艾布·哈米德·安萨里和法赫鲁丁·拉齐，二者在穆斯林心目中均享有崇高的地位，其丰硕的著述

① 马坚译：《古兰经》，43:20。——译者

② 同上书，43:20。——译者

③ 同上书，43:15。——译者

广为流传。

1. 艾布·哈米德·安萨里

艾布·哈米德·安萨里(公元1058—1111年)(以下简称安萨里)是波斯人,于伊历450年/公元1058年生于波斯图斯城一个贫苦人家。小时候,他父亲用家中的一点点钱,将他托付给一位苏菲派学者,让他学习苏菲派的启蒙知识。钱用完后,他进入学校,靠学校提供的生活费继续学业。他学习伊斯兰教法,成为伊斯兰教法界的泰斗,同时代人的领袖。他曾师从两圣地教长朱韦尼(公元1028—1085年),长期向他学习伊斯兰信仰的基础。教长归真后,他投奔塞尔柱王朝宰相尼扎姆·穆勒克(公元1018—1092年)。在那里,他设座讲学,吸引了众多学者。在与这些学者的辩论中,安萨里脱颖而出。于是,尼扎姆·穆勒克请他在自己开办的巴格达尼采米亚大学任教。伊历474年/公元1081年,安萨里开始执教。从此,他名声远扬,地位日升。后来,他对自己当时从事的事务产生了怀疑,遂辞去教职,抛弃名利。伊历488年/公元1095年,他完成朝觐功修后回到大马士革,在大马士革清真寺宣礼塔内隐居了近十年。在此期间,他潜心思考、阅读、著述,最终学通百科,修炼成苏菲派的一代大师。

安萨里对多种文化都有涉猎。他精通伊斯兰教法学及其原理,并有著述问世。他还潜心钻研哲学,阅读了伊本·西那[①]的大

① 伊本·西那(公元980—1037年):中世纪阿拉伯著名哲学家、医学家、自然科学家和文学家。亚里士多德学派的主要代表之一。拉丁名阿维森纳。——译者

批著作和精诚兄弟社[1]的论文集。此外，他还研究了伊斯兰教巴颓尼叶派[2]的教义，并加以批驳。上述这一切，都深深地影响了他。他在《宗教学科的复兴》一书中，将教法学、苏菲主义和哲学奇妙地融合在一起。

我们感兴趣的是，安萨里在伊斯兰教四大教法学派中属于沙斐仪教法学派，在伊斯兰教教义学派中，他又属于艾什尔里派。他在内容和论述方法上都对艾什尔里派的学说作了补充，他用希腊逻辑思辨的方法论证了正统教义。他还使艾什尔里派的学说染上了哲学和苏菲的双重色彩。他对广大穆斯林的影响深远，甚至许多东方学家认为，很多人想象中的伊斯兰教就是带有安萨里学说色彩的伊斯兰教。安萨里根据艾什尔里派的学说，写了许多有关逊尼派信仰的书籍和论文。其中，《逊尼派穆斯林的信条》[3]这篇小论文，就涵盖了逊尼派穆斯林应坚持的最基本的信条。另一篇论文名为《永恒论》，现节选如下：

“一切赞颂，全归真主，他是创造者、恢复者；他是行其所欲者、宝座和尊严的拥有者、严厉惩治的实施者；他是唯一的，没有伙伴；

① 精诚兄弟会：公元10世纪阿拉伯宗教哲学学术团体。亦译“精诚同志社”，又称公道派、百科全书派。他们编纂了一部百科全书式的“论文集”，内容涵盖了数学、物理学、形而上学和宗教教义学等哲学和自然科学的各个领域，并用隐喻方式发表政论。——译者

② 巴颓尼叶派：阿拉伯文（Bāṭiniyah）音译，指寻求《古兰经》内在含义的人，又称“内学派”。其教义学深受新柏拉图派“流溢”学说影响，系逊尼派对卡尔马特派、伊斯玛仪派等派的贬称，有时也指苏菲派。参看金宜久主编《伊斯兰教小辞典》，上海辞书出版社2001年版，第18页。——译者

③ 根据艾资哈尔大学校管委员会将这两篇论文确定为该校伊斯兰学院宗教学专业一、二年级教材的决定，亚历山大学者委员会印刷了这两篇论文。

他是无可比拟的，没有形似者；他是万物所仰赖者，没有敌对者；他是独一的，没有神似者；他是元一，没有次第；他是永恒的，没有起始；他是永存的，没有末日……他不是想象中的形体，也不是可确定或估量的实体；他不同于形体，不可揣摩，不可形容；他不是本质，不可阐释；他不是现象，不可分析……他超方位，超天地，不可计量；他按照自己所讲和所意欲的那样升上宝座，无感触、无定所……这里的升，是超宝座、超天空、超星宿的；这里的上，并不意味着他与宝座和天空之间的距离近，也不意味着他与大地和星宿之间的距离远……他就在任何存在的近前，他与人的距离，比颈静脉还近，他是任何事物的见证人；他的近，不同于形体之间的接近；他的本体，也不同于任何形体……他不被任何器物包纳，也不包纳任何器物，空间不能包纳他，时间不能限制他。在创造时空之前，他便自有了，现在，他依然如故……他是永生者、万能者、强大者、不可战胜者；他无所不能，永不困顿，永不瞌睡；他永不消失、永不死亡……他独自创造、独自发明；他独自设计、独自创新；他创造了宇宙万物及其行为；他规定了万物的命运和寿限，没有谁能逃脱他的命定，没有什么事物能离开他的掌握……他是全知的，可洞察天地，且知之无不微，无微不知之，他知道漆黑的夜晚岩石上黑蚁悄无声息的活动，也了解宇宙中每一粒尘埃的动静；他是谋事者，也是成事者。苍穹间的万物，少或多、小或大、善或恶、好或坏、信奉或迷误、感恩或忘恩负义，均在他的定然和操控之中；他所意欲的，则有，无所意欲的，则无；无论是看得见的，还是意念之中的，均在他的意欲之中。若非他的意志和意欲，即使集人与精灵、天使与恶魔全部之力，也无法撼动或停止宇宙间的一粒尘埃，他的意志如同

他的其他属性一样依附于他的本体……至高无上的主，只有他是行为的创造者，并洞悉自己的所作所为；他是公正的维护者，但他的公正不同于人的公正，因为人们想象中的不义，是指侵占别人的权益，不会联想到真主。真主是管理者，他的作为岂能不义……真主的创造、发明、委托是出于对万物的关照，不是义务，他的赠与和矫正是对万物的恩惠，绝非必然。他是能够惩罚人的，但总以仁、善、恩、惠之举来替代惩罚，他以痛苦和疾病磨砺人的意志。他的所作所为，定是公正无偏的，绝无半点不义；他对虔诚悦服的信士的回赐，皆为慷慨和许诺，而不是权利和义务，因为他没有义务为任何人办事，更谈不到不义。”

“真主确已差遣了众多使者，唯独差遣穆罕默德，作为封印先知和犹太教、基督教以及萨比教律法的复原者。真主以明显的奇迹和光辉的经文支持他：奇迹如月亮绽裂、石砾赞颂、牲畜说话、手指喷水等；经文就是《古兰经》。这是对阿拉伯人的挑战，尽管他们以能言善辩自居，但面对《古兰经》却无言以对。应该相信死后复生，那是真主的教律，真主既然能使从无到有，便可使朽而复生；应相信两位天使的审讯，相信坟墓中的痛苦和天秤的衡量；真主将根据功过簿论功行赏……应相信天桥，它悬于火狱之上，细如发丝，利似剑刃……应相信天园与火狱的存在……应承认先知穆罕默德之后，艾布·伯克尔、欧麦尔、奥斯曼、阿里四人的伊玛目地位。先知穆罕默德没有明示谁为伊玛目，艾布·伯克尔是经过推举和宣誓效忠成为伊玛目的……逊尼派穆斯林相信所有的圣门弟子都清白高尚，并应如同真主及其使者穆罕默德颂扬他们那样对他们加以颂扬；相信穆阿威叶和阿里之间的纷争都是基于忠义之举，并非为了争夺伊玛目地位。因为阿里认为，由于杀害奥斯曼的凶手及其同伙人数众多，且混杂在军队之中，如立即清查，必将使刚刚确立伊始的伊玛目地位陷入困境，所以迟迟没有交出凶手；而穆阿威叶认为，那些人罪大恶极，迟迟不交出凶手，无异于怂恿刺杀伊玛目和鼓励滥杀无辜。学者们则说，每一位忠义之士都是正确的，圣门弟子品级的高低，并不取决于担任哈里发的顺序，而是在真主那里的地位。这样的玄机只有先知穆罕默德知晓。颂扬众圣门弟子的《古兰经》经文和圣训比比皆是……"

如想有更多的了解，请查阅这两篇论文。

2. 法赫鲁丁·拉齐

法赫鲁丁·拉齐（公元1149—1209年），即穆罕默德·本·欧麦尔·泰米叶·拜克里（以下称拉齐）。他和安萨里一样也是波斯人，同样能言善辩、巧舌如簧，擅长论证，且著述颇丰。他曾向除逊尼派以外的所有派系发起挑战。他不但德高望重，而且富甲四方。据说他拥有八万第纳尔（金币），还有车马、家具、什物无数。

拉齐生于伊历543年/公元1149年，曾系统学习钻研宗教学、哲学、教法学，并精通阿拉伯语和波斯语，能够流利自如地用两种语言进行宣教。他的《古兰经》注释及各种阿文著作，都表明他学识渊博。学有所长后，拉齐前往花拉子模，在那里，他遇到了很多穆阿台及勒派人，并同他们展开辩论。后因受到穆阿台及勒派人的迫害，他被迫离开花拉子模，前往中亚河外地区[1]。

① 即阿姆河以北的地方。——译者

在那里,他又陷入了同样的处境。这说明穆阿台及勒派的势力并未消失殆尽。后来,他辗转前往赖伊,在那里,他得到素丹阿拉乌丁·花拉子模·沙的赏识,成为其近臣,并得到丰厚的俸禄。后在呼罗珊定居,其著作名扬四方,倍受欢迎。拉齐深得学界同行的敬仰,每当他外出时,包括教法学家在内的随行人员多达三百余人。

拉齐在《古兰经》注释和教义学方面的著述颇丰。和安萨里一样,拉齐不仅对艾什尔里派有所增补,而且为其维护。总之,二者堪称艾什尔里派的中流砥柱。拉齐传世的一些书籍,如《拉齐古兰经注》、《信仰的基础》,就足以展现其广阔的视野、有力的论证。

拉齐和安萨里的研究结论是一致的,即降低教义学的价值。拉齐在其晚年的遗训中告诫说:“我尝试了教义学和哲学的方法,其收获远不及我从《古兰经》中获得的收益,因为《古兰经》倡导的是真主的威严和崇高,并禁止刻意制造分歧和矛盾。要知道,人类的智慧将在那些深不可测的困境和玄奥的方法中消耗殆尽。

因此,我认为,凡是有明确经文确定的,如真主的实有性、唯一性、无偶性等等,我们都加以承认;凡是隐晦的内容,应该依照《古兰经》和布哈里、穆斯林两大圣训实录中统一的内容加以承认;如有不统一之处,我们应该说:‘宇宙万物的主啊!一切造化,全都符合你的意愿,你是至仁至慈的。’”①

① 此段文字含糊不清,其意为:《古兰经》和圣训中都有内容一致的文字,我们应该信之、奉之;那些隐晦含糊且有多重含义的经文,不分析,不解释,仅将其看作是真主的玄机。因为真主是至仁至慈的。据说拉齐晚年由教义学派转向了塞莱菲派。他说:“坚守奇迹学派者,实为成功者。”

拉齐吟诗道：

理性勇气成羁绊，学者努力多失迷；

精神寂寞源自身，尘世所获皆有损；

一生研究均无益，街谈巷议聚一起。

对于教义学的价值，安萨里也持类似的观点。后文再作介绍。

马图里迪学派

逊尼派中还有一个与艾什尔里派齐名的派别，为马图里迪学派。该派源自艾布·曼苏尔·马图里迪(以下称马图里迪)。此人来自撒马尔罕，也是波斯人。艾什尔里属于沙斐仪教法学派，马图里迪则属于哈乃斐教法学派。因此，艾什尔里派和马图里迪派之间的少数分歧源于沙斐仪和哈乃斐两人之间的理论差异。故马图里迪派的大部分追随者属于哈乃斐教法学派，而艾什尔里派的大部分追随者则属于沙斐仪教法学派。马图里迪与艾什尔里是同时代的人，前者在撒马尔罕，后者在巴士拉。二者生逢宗教活动异常活跃的年代，如苏菲运动，主要人物有艾布·叶齐德·比斯塔米(伊历 261 年/公元 874 年卒)、祝奈德(910 年卒)、哈拉智(857—922)等，以及什叶派运动，而穆阿台及勒派却萧然直落，声势渐微。每个派别都有学者为其摇旗呐喊，争取民众的支持。在巴士拉有艾什尔里(伊历 330 年/公元 941 年卒)，而在撒马尔罕，则有马图里迪(伊历 332 年/公元 943 年卒)。对马图里迪学派我们固然了解颇多，但对马图里迪本人，却知之甚少。

马图里迪和艾什尔里对许多基本问题的观点是一致的，这从前文所述的安萨里的观点中可窥一斑。介绍二人思想观点的著作很多，有的阐述马图里迪的主张，如奈吉姆丁·奈赛菲的《奈赛菲教典》;有的介绍艾什尔里的信仰,如《赛努希叶》、《焦海里经注》等;还有一些著作,专门论述马图里迪和艾什尔里之间的分歧,有人将其归纳为四十个问题。

研究者认为这些分歧都无关紧要,如永恒是不是实存、实在是真主的本体还是其属性?又如他们在真主的能力、意志、言语等属性,以及真主的行为必有玄机等方面存有分歧:如是否允许宽恕不信正道者?信仰真主是否靠理性履行?信仰的实质是什么?信仰是否会有增减,信仰与顺从是否是一回事?人的幸福与不幸是否交替出现等等一些非原则性的问题。在此,将他们争论的一些问题举例如下:

"天命"与"命定"两词含义的分歧。马图里迪派说,"天命"是指真主早就为每种事物规定好的存在的定数、存留的时空;而"命定"则指每个定数被付诸实践时的行为。艾什尔里派说,"命定"是真主先天的意志,旨在按特定的序列安排宇宙万物的秩序;而"天命"则是把真主的意志和宇宙万物的特定的时间联系在一起。马图里迪派引用"他创造万物,并加以精密的注定"[①]这段经文来支持自己的观点,即真主对宇宙万物的注定都会有玄机,然后再加以造化。"圣训"云:"真主在造化天地之前,就对宇宙万物加以精密的注定。"即在造化万物之前,先加以注定再付诸造化,并使其在注定的时间内出现,这便是"天命"。艾什尔里派则引用《布哈里圣训实录》加以反驳:"两个来自穆宰奈的男子问:先知啊!你看人们正在辛勤地劳作,是前定让他们如此,还是先知让他们这样做的?先

① 马坚译:《古兰经》,25:2。——译者

知回答:不是后者,而是他们命中注定的……"

笔者认为,他们之间的分歧似乎只是文字表述上的差异。

另一个例子是关于信仰的分歧。马图里迪派认为,即便真主没有向人间派遣使者,人们也有责任和义务通过自己的理性认知真主,承认真主的唯一性及其相应的属性,承认真主是宇宙万物的创造者。这与哈乃斐教法学派创始人艾布·哈尼法(公元700—767年)的观点是一致的。艾什尔里派则认为,真主派遣使者之前,信仰真主不是人的责任和义务,不信正道也不算大罪。马图里迪派用经文加以驳斥,经文说:"我确已派遣努哈去教化他的宗族,我说:'在痛苦的刑罚降临你的宗族之前,你当警告他们'。"[①]他们以此证明,在警告者(先知)到来之前,信仰真主就是每个人的责任和义务。否则,在警告者到来之前,人们会安然无恙,不用担心痛苦的刑罚会降临在他们身上。既然真主以降临痛苦的刑罚来威慑人们,这足以证明,信仰是每个人的责任和义务。即便真主没有向人们派遣使者,只要人们抛弃了认主独一的信仰,真主就会惩罚他们。艾什尔里派也用同样的经文进行论证:"派遣使者之前,我不惩罚〔任何人〕。"[②]这段经文表明,在教法实施之前,真主绝对不会降临惩罚。马图里迪派回答说,根据上下文,此段经文指的是特定环境下毁灭市镇的惩罚,并不是指上段经文中提及的痛苦的惩罚。因为真主在下文中接着说:"当我要毁灭一个市镇的时候,我命令其中过安乐生活者服从我,但他们放荡不检,所以应受刑罚的判

① 马坚译:《古兰经》,71:1。——译者

② 同上书,17:15。——译者

决。于是我毁灭他们。”[①]

同时，两派在信仰的本质问题上也存在分歧。马图里迪派认为，信仰既要求口头宣誓，也要求内心承认，也就是说口头宣誓是信仰的基础之一。艾什尔里派则认为，对有语言表达能力的人而言，念清真言是信仰的条件，但不是信仰的本质，信仰的本质是内心承认。马图里迪派进一步论证说，信仰即内心承认的语言表述，它既是心灵的，也是口头的；无论是心灵还是口头的承认，都是信仰概念的组成部分。艾什尔里派则用经文为自己的观点辩护：“这等人，真主曾将正信铭刻在他们的心上……”[②]“除非被迫宣称不信、内心却为信仰而坚定者……”[③]这些经文都证明信仰的位置是心灵，从而断定信仰是内心的承认，仅此而已。

在《古兰经》隐微的节文方面，他们也存在分歧，其原因在于对以下经文的理解：“他降世你这部经典，其中有许多明确的节文，是全经的基本；还有别的许多隐微的节文。心存邪念的人，遵从隐微的节文，企图淆惑人心，探求经义的究竟。只有真主和学问精通的人，才知道经义的究竟。他们说：‘我们已确信它，明确的和隐微的，都是从我们的主那里降示的。唯有理智的人，才会觉悟。’”[④]马图里迪派将这节经文中“只有真主和学问精通的人，才知道经义的究竟”这句话中的“真主”和“学问精通的人”断开理解，认为只有真主才知道经义的究竟。艾什尔里派则把“真主”和“学问精通的

① 马坚译：《古兰经》，17：16。——译者

② 同上书，58：22。——译者

③ 同上书，16：106。——译者

④ 同上书，3：7。——译者

人”并列起来理解，认为只有真主和学问精通的人才知道经义的究竟。基于这种理解上的差异，马图里迪派主张，对于《古兰经》中出现的“手”、“脸”等经文，只信其真，不求其解，只有真主才知其究竟。而艾什尔里派却认为，那只是一种比喻，如将“手”比喻为能力、将“脸”比喻为实在、将“眼睛”比喻为目光、将“升上(宝座)”比喻为统治、将“双手”比喻为全能、将“降示”比喻为善举和恩赐、将“笑”比喻为宽恕，等等。

马图里迪派还从修辞学的角度来论证将上述经文中“真主”和“学问精通的人”断开理解的合理性。因为在他们看来，《古兰经》中隐微的节文使研究者分成两派，即心存邪念者和学问精通者。他们把那些对隐微的节文刨根究底的人，划归为心存邪念者，并以经文为证：“心存邪念的人，遵从隐微的节文，企图淆惑人心，探求经义的究竟。”[①]他们把那些只信其真，不求其解的人，划归为学问精通者，并同样以经文为证：“只有学问精通的人说：‘我们已确信它，明确的和隐微的，都是从我们的主那里降示的。’[②]”他们认为，如果把“学问精通的人”和“真主”都当作主语，那后面的“他们说”就成了省略起语的句子，这样的省略，不符合语法规则。

两派的分歧还在于男性是否是成为先知的条件。马图里迪派认为：男性是成为先知的条件。艾什尔里派则认为不是，他们说女性成为先知也是可以的。马图里迪派用经文为自己的观点辩护：“在你之前，我只派遣了城市居民中的若干男子，我启示他们。”[③]

---

① 马坚译：《古兰经》，3:7。——译者

② 同上书，3:7。——译者

③ 同上书，12:109。——译者

这节经文表明真主只降命于男性，因而否认了女性先知的说法。艾什尔里派则用“我曾启示穆萨的母亲〔说〕：……”[①]这样的经文证明真主确已给女性降示了“启示”，而“启示”则是众先知享有的特权。马图里迪派反驳道：此处的“启示”具有广泛的含义，即启迪、开导、感化、给以灵感之意。类似的启示还有真主对蜜蜂说：“你的主曾启示蜜蜂……”[②]等经文。据此可知，对穆萨母亲的启示，是促使她下定决心，将穆萨装进匣子，再把匣子连同穆萨一起投进海里。

对马图里迪派的《奈赛菲教典》和阐述艾什尔里派的论文进行比较的人，会发现两派的分歧大多如此。如欲了解详情，请查阅上述著述。[③]

如果我们仔细思考一下两派之间的分歧，就不难发现艾什尔里派带有明显的穆阿台及勒派色彩。如前文中提到的用理性感知信仰，以及在真主派遣使者之前，人们就应承担信仰的责任等观点。

马图里迪派虽因拥有法赫尔·伊斯兰·拜兹代韦、塔夫塔扎尼（公元1312—1390年）、奈赛菲（公元1142年卒）、伊本·胡玛姆（公元1457年卒）等众多哈乃斐派学者而占有一定的优势，但实际上，他们并没有取得艾什尔里派的追随者所取得的成绩。因而，艾什尔里派逐渐占据上风，得到广泛传播，引来了众多的追随者。

① 马坚译：《古兰经》，28:7。——译者

② 同上书，16:68。——译者

③ 读者若欲查询详细内容，请参看穆斯塔法·哈勒比印书馆1949年出版的谢赫·扎德著《佚文·荟萃》和凯马鲁丁·拜亚兑·哈奈菲著《伊玛目教诲》两本书。

逊尼派终成主流派别

艾什尔里派和马图里迪派的追随者都被称为逊尼大众派人。他们使用“大众”一词，取代“宗派”，称为逊尼大众派或遵守逊尼者。他们也称为遵守圣训者。穆阿台及勒派自称为公正与认主独一者，异端派被称为偏执狂，犹太教徒和基督徒被称为有经典之人，《古兰经》将“七眠子”（七人一狗）典故中的主人公称为洞中人。

逊尼派的“逊尼”一词有两层含义：其一为“道”，即逊尼派人遵循圣门弟子和再传弟子之道，对《古兰经》中隐微的节文不予深究，也不作详解，而是将其知悉权完全交付给真主。其二为“圣训”，即逊尼派人相信并认为“圣训”的真实性，他们如同穆阿台及勒派一样，不对“圣训”进行过多的探究和注释。

逊尼派人也指艾什尔里派和马图里迪派出现之前的信众，当时逊尼派就已存在了。他们先于艾什尔里向穆阿台及勒派发起挑战。艾什尔里出现后，他在学习穆阿台及勒派教义的同时，也研究逊尼派的主张，在经过对两派长时间的权衡之后，最终脱离穆阿台及勒派，宣布加入逊尼派的行列。

逊尼派的获胜与许多伊斯兰政权的扶持有很大关系。一般来说，每当一个政权强大并扶持某一宗教派别时，人们往往会不约而同地追随其后，该派便会成为该政权存在的靠山。历史上支持过逊尼派的政权有很多，其中有萨拉丁（公元1138—1193年）建立的疆域包括埃及和沙姆全境的阿尤布王朝（公元1171—1250年）、以穆罕默德·本·突麦尔特（公元1078—1130年）为首的穆瓦希德王朝（公元1147—1269年）以及伽兹尼王朝（公元962—1186年）。

萨拉丁·阿尤布建立的阿尤布王朝推翻了什叶派的法蒂玛王朝。法蒂玛王朝（公元909—1171年）曾使什叶派教义深入到埃及和沙姆地区的社会生活中，如按照什叶派教义将宣礼辞中“大家快来礼拜”改为“大家快来行善”，王朝重臣都宣传什叶派教义，节假日等庆典也按照什叶派的礼仪举行，《古兰经》注释、圣训、教律等学科的研究和教授也按照什叶派思想进行。如有人私藏圣训学家马立克著的《穆宛塔圣训集》，便会招致严厉惩罚。萨拉丁·阿尤布在大臣兼法官法杜勒的协助下，推翻了法蒂玛王朝，并用逊尼派教义取代了什叶派教义，在学校里教授沙斐仪和马立克等逊尼派教法学派的学说，继而撤销了法蒂玛王朝的哈里发职位，下令在周五聚礼的祈祷辞中，恢复对阿拔斯王朝哈里发的祝福。由于法蒂玛王朝推行的什叶派教义根深蒂固和人们的怀旧情绪，许多宣教士对在周五聚礼的祈祷词中颂扬阿拔斯王朝哈里发一事总是疑虑重重，埃及老百姓则持观望态度。萨拉丁果断而坚定地坚持自己的路线，他发布通告，严禁对穆阿台及勒派发起的“《古兰经》被造说”和真主的言语等问题进行讨论。通告说：“现责令每一位人士，不论职业、不分尊卑，一律严禁讨论声音与文字、文字与声音的问题。[①] 从今往后，如若有人坚持讨论这些问题，理当问责。违者轻

① 即不许深入讨论《古兰经》文字与诵经师的声音，以及强调诵经师读出的内容是真主的言语等穆阿台及勒派曾提出的问题。

则面临谴责，重则遭受惩罚。各地代理长官应逮捕违令者，并加以惩罚；教法学家不许推托、不许找借口拒不执行。此令应在宣讲台上公开宣读，使游牧人、定居人人人皆知。真主所言必是真理，指引之道必为正途。”从文风上判断，这篇通告显然出自法杜勒法官之手。

总之，埃及和沙姆地区的社会生活在受到什叶派的熏染之后，又被打上了逊尼派的印记，尤其在学术、文化及宗教思想等方面。

至于在摩洛哥和安德鲁斯建立的穆瓦希德王朝，其奠基人穆罕默德·本·突麦尔特曾赴阿拉伯东部学习宗教知识，师承安萨里教长。他建立穆瓦希德王朝后，要求人们接受其师安萨里所阐释的艾什尔里派教义和学说。[①]

穆拉比特王朝（公元1061—1147年）时期，安萨里教长等逊尼派学者的著作均为禁书，安萨里的《宗教学科的复兴》甚至被当众焚毁。直到穆瓦希德人来了之后，才为其恢复了昔日的荣耀。

伽兹尼王朝（公元962—1186年）为突厥王朝，该王朝最伟大的君主是麦哈姆德·伽兹奈威·本·苏布克特金（公元998—1130年在位），首都位于印度的伽兹尼城[②]。麦哈姆德对印度发动了十七次侵袭，占领了旁遮普省及其首府拉合尔，继而占领了木尔坦及信德省的一部分，其势力范围向西一直延伸到雷伊、伊斯法罕。信奉什叶派的布韦希人被赶出了这一地区。麦哈姆德和萨拉丁一样，承认巴格达阿拔斯王朝哈里发的宗主权。至此，突厥势力

① 参看《阿拉伯伊斯兰文化史》（正午时期），第三册，关于穆瓦希德王朝的段落。

② 伽兹尼城：位于今阿富汗首都喀布尔西南。——译者

战胜了波斯势力。与绝大多数波斯人属于什叶派相反，绝大多数突厥人信奉逊尼派。麦哈姆德在位时期的逊尼派学术可谓繁荣兴盛，其著名学者如历史学家欧泰比（公元 1036 年卒）、著名学者比鲁尼（公元 973—1048 年）、诗人菲尔多西（公元 940—1020 年）等。根据这些学者的判断，麦哈姆德最初遵循的是逊尼派哈乃斐教法学派，后因受同属逊尼派的沙斐仪教法学派大教法学家盖法勒的影响，而改奉沙斐仪教法学派。

由此可见，伊斯兰国家的教派信仰往往伴随着政权的更迭而发生变化。什叶派政权，或者说波斯政权，只要在政治上取得了胜利，便会迫使人们改奉什叶派教义，如法蒂玛王朝和布韦希王朝所为。同样，对逊尼派人来说，无论是突厥人还是库尔德人，只要在政治上取得了胜利，他们也同样会迫使人们信奉他们所遵奉的教派。

艾什尔里派和马图里迪派的逊尼派人认为，他们并没有带来新的东西，他们只是遵循先贤（赛莱菲）的主张，即圣门弟子和再传弟子所奉行的主张。实际上，每当面对内容隐微的《古兰经》节文或“圣训”时，总体上说他们是相信的，他们将知悉权交付真主，对节文不注释、不深究、不增加、不删减。每当他们听到关于真主的手或手指等字眼，如“真主亲手调制了制作阿丹的泥土”、“信士的心在普慈的真主的两指之间”等这样的字眼时，他们说，我们知道，手和手指是由肉、骨、筋组成的，而肉、骨、筋都是物体的，我们也确信，真主并不是物体的，也不是抽象的，因此真主的手和手指与物体绝无关联，我们将知悉权全部交付真主及其使者。每当听到“我亲眼见到了真主那完美的形象”之类的圣训语句时，他们说，形象是对物体的概括和描述，真主和物体绝无关联，因此，真主的形象，不能等同于物质层面的形象。每当他们听到“崇高的真主，每个夜晚都会降临于天地之间”等语句时，便会说，降临通常是指一个物体从高处落到低处，这对真主来说是不可能的。我们还是将对此的诠释交付真主及其使者吧。逊尼派中的艾什尔里派，如前文所述，有的学者允许自己阐释隐微的经文，如将手解释为能力，对其他经文也照此法解释。据说在圣门弟子和再传弟子中，也有人采用类似的注释方法，穆阿台及勒派则将其推向了另一个极端。

总之，伊斯兰世界充斥着所谓的“教义学”，争论纷起，学说繁杂，简直达到了令人惊骇的地步。这些繁杂的学说，不但引起纷争，而且导致政治的干预。每个政权都支持自己推崇的派别，于是相互攻击、诋毁，舌战往往演变成刀光剑影。其结果使有些学者对教义学的价值产生怀疑，如安萨里就写了一本题为《教义学——普通人不该涉足的学问》的书。在书中，安萨里认为，可证实的信仰具有不同的层次。其最高层次是内心诚服，口头确认。达到这一层次，要掌握所有符合信仰条件的证据，并对其前提条件及其表述文字逐字逐句进行考查，运用严密的逻辑推理，层层递进，直至恍然大悟，最终达到心口诚服的程度。最高级别的信仰，一般来说，只有那些潜心钻研的少数饱学之士才能够达到。

其次为盲从的信仰，即信士相信学者的话是真实的，不对其言辞或前提条件进行研究；或信士往往通过交谈、宣传等口头列举的证据便接受信仰。这是多数人的信仰。

再次为随波逐流的信仰，即仅仅听到自己敬仰的人（如父亲、老师)接受了信仰,自己便也跟着接受信仰。这等信仰,如同对自己敬仰的人带来的某人死亡或远足者归来的消息一样坚信不疑。

最后为间接的信仰。比如,他早已知悉某人病重的消息,而后又听自己信任的人说,那个病重者已经死亡,于是就联想到病重者的病情,便确认了其死亡消息的可靠性……

由此,安萨里得出结论:普通群众的思想深度、文化底蕴、个人能力都不能够使其达到教义学所要求的、建立在可靠证据基础之上的最高级信仰。为此,他撰写了《教义学——普通人不该涉足的学问》一书。他强调,由于普通人难以掌握大前提、小前提、正确进行逻辑推理的条件等基础知识,不能够正确进行验证,所以,实证的信仰,对他们不但无益,反而有害,往往使他们陷入种种顾虑之中而不能自拔。

安萨里认为,最适合普通人的信仰级别,是除实证信仰之外的其他三种级别的信仰。尤为重要的是,《古兰经》没有要求每个人都要达到那种经过逻辑推理的实证性的信仰,而是召唤人们参悟真主的迹象,要求的是人们心灵的感应。如"难道他们不观察吗?骆驼是怎样造成的,天是怎样升高的……"[①]又如"他的一种迹象是:天地的创造,以及你们的语言和肤色的差异……"[②]等经文,都是召唤人们参悟天地造化、风云变幻的奥秘。这样的召唤,对人的裨益远远超过经过思辨和逻辑推理的"教义学"。

安萨里本人不但精通逻辑学,而且学贯伊斯兰教法学、哲学,

---

① 马坚译:《古兰经》,88:17—18。——译者

② 同上书,30:22。——译者

并对什叶派、穆阿台及勒派、逊尼派的教义和学说有着深入的了解，这一切都没能使他踏实地面对他想得到的正确信仰，他是通过心灵修炼，通过向苏菲之道敞开心扉，通过倾听心声而不是理性，才真正相信并安心于其信仰的。

事实上，伊斯兰世界已分裂成了许多派系。其一，伊拉克、印度、沙姆、波斯等地区的什叶派，多为穆阿台及勒派。也门盛行的什叶派宰德派系，在许多基本理念上与穆阿台及勒派极为相似。其二，先贤（赛莱菲）派（或者说逊尼派）大多分布于纳季德地区，此外，逊尼派的各分支派别还分布于印度、伊拉克、希贾兹、沙姆、埃及地区。其三，分布于西班牙大部分地区的穆斯林，属艾什尔里派。笔者在这里有两点看法：

第一，各种派别的产生，最终使伊斯兰世界分崩离析，纷争四起。许多学者在引述敌对派别的观点时并不十分严肃认真。我们首先看到的是巴格达穆阿台及勒派的首领赫雅特（公元912年卒）所著的《胜利集》，在该书中，赫雅特将伊本·拉旺迪曾引述的许多关于穆阿台及勒派的内容斥为捏造的谎言。后来，巴格达迪（公元1002—1072年）在自己的著作《教派之分歧》中却将大量伊本·拉旺迪有关穆阿台及勒派的言论，并被赫雅特斥为捏造的谎言的内容算在穆阿台及勒派的头上。再如，有人把否认坟墓内惩罚的言论算在穆阿台及勒派头上。而事实上，穆阿台及勒派对此说并没有否认，只是将其注释为精神的惩罚，而非肉体的惩罚。否认与诠释，两者之间有很大的区别。

这些著述中充满了敌对派别间的相互指控、谴责，但这些指控和谴责往往都未经过审查和核实。穆阿台及勒派给什叶派列出了许多子虚乌有的言论，然后加以批判；逊尼派对什叶派和穆阿台及勒派也照此办理，如此而已。

法赫鲁丁·拉齐被认为是在引证论敌言论时最严肃、认真的学者之一。他引证论敌言论时，必加以核实，找出分歧所在，他的著作《信仰的基础》充分反映了作者的治学态度和风格。

第二，沙斐仪教法学派与哈乃斐教法学派，马图里迪派与艾什尔里派，逊尼派与穆阿台及勒派、什叶派之间的分歧和争论发展到了狂热甚至极端的地步，这无疑是造成穆斯林社会衰落的重要因素之一。读过麦格迪西（公元945—990年）游记和雅古特（公元1179—1229年）《地理辞典》的人，就会发现上述说法是正确的。穆斯林内部的分歧和论战正是造成国家分裂、生灵涂炭、矛盾激化、局势混乱的罪魁祸首之一。每个派别都会不遗余力地表白自己，丑化对方。假如真的相信他们所说的话，恐怕全世界的穆斯林都成了不信正道的悖逆之徒了。

笔者在学生时代，曾读过《确凿无误》一书。每当该书作者提到穆阿台及勒派一词时，该书的注释者都会加上"真主诅咒他们"这样的插入语。尽管穆阿台及勒派犯过一些错误，但他们毕竟在支持和保卫伊斯兰教方面发挥了很大的作用。甚至一些书的书名都表现出一种仇恨与愤怒的情绪，如《燃烧的霹雳》、《不幸的伤口》等等。圣训学家曾痛斥杰赫姆派。杰赫姆派原本仅指在倭马亚王朝时期出现的杰赫姆·本·绥福旺（公元745年卒）的追随者，后来他们把穆阿台及勒派也称为杰赫姆派，因为他们与杰赫姆派都认为真主的本体是独一无二的，否认真主的属性。穆阿台及勒派还认为，真主的属性即真主的本体。他们除受到指责和非难以外，还被视为不信正道的悖逆之徒。

这种几近疯狂、极端的事例在苏卜基(公元1370年卒)撰写的《沙斐仪派弟子传》一书也有描述:布韦希王朝大臣萨希布·本·阿巴德打算让穆罕默德·本·哈桑担任法官,但前提条件是后者必须遵奉前者倡导的穆阿台及勒派教义和主张,结果后者严词拒绝,并说:"我绝不以宗教之净土,求得今世之荣华"。苏布基说,这也正是萨希布屡遭指责的原因之一。

查希兹(公元775—868年)说:"与其让你们污蔑我们为不信正道的人,不如我们先将你们称为悖逆之徒。"各派之间的敌对情绪之尖锐,相互否定之草率由此可见一斑。查希兹还说:"我们只将那些叛教证据确凿的人定为悖逆之徒,仅指控那些有罪状的人。查证被告并不是探秘,验证猜疑不等于撕破颜面。如果说所有的查证、揭露都是无耻,所有的考查都是探秘,那法官便是最无耻、最善于揭露别人秘密和隐私的人。"面对那些将安萨里打成悖逆之徒并烧毁《宗教学科的复兴》一书的人,读者作何感想呢?除了以狂热对极端,冤冤相报外,还有什么呢?

托真主的恩赐,幸好还有许多大学者,如安萨里、法赫鲁丁·拉齐、伊本·泰米叶①和《崇高的学问》一书的作者萨利赫·麦格拜利等,他们并没有同流合污,也没有把任何朝拜天房者说成是不信正道的人。他们在推崇自己的教派派系的同时,也宽宥那些持不同意见者。

① 伊本·泰米叶(公元1263—1328年):公元14世纪伊斯兰教义学家、教法学家、原教旨主义的倡导者。——译者

艾哈迈德·本·穆赫塔尔·拉齐在其著作《古兰经中的证据》中说："每个教派都能从《古兰经》中找到支持自己观点的依据；每个学派都拥有一批德高望重的学者，他们按照各自教派的信条著书，按照各自学派的教义立说，或为自己同伴举出的证据做出注释；每个人都认为自己是正确的，认为对手陷入了深深的迷误之中，每个派别都为自己拥有的一切感到欢欣鼓舞。"作者在书中不但为各派进行了辩护，而且为他们开脱。毕竟，每个派别的理论源泉均来自《古兰经》和圣训。同时，他还严禁将朝拜天房者轻率地打入不信正道者的行列，也禁止羞辱人数少的教派，更不允许因为标新立异就将其逐出伊斯兰教。伊本·泰米叶说："不信正道就是否定穆罕默德先知的地位及其传播的经典，就是拒绝追随和顺从先知。"他还专门著文批判那些以伪信罪名造成穆斯林大众分裂者所犯的过错。

当安萨里亲眼目睹了当时的教派狂热，并发现自己也被打成伪信者时，撰写了《伊斯兰教与伪信的根本区别》一书。他在书中倡导最大限度的宽容和谅解。《崇高的学问》的作者说："分歧、狂热、各派之争致使穆斯林将宝剑架在自己兄弟的脖子上，大开杀戒，肆意抢掠，任意曲解《古兰经》和圣训，甚至将其弃之不用，创制（伊智提哈德）的大门也被关闭。"他还说："每一派都能为自己的分裂活动举出充足的理由，都为自己派别中那些击败论敌，赢得帝王支持的人而骄傲自豪。"

艾什尔里在《伊斯兰人论文集》一书中开宗明义写道："穆罕默德先知离世后，穆斯林在许多事务中产生了分歧，他们或相互攻击，或自我标榜，形成了旗帜鲜明的派别。但是伊斯兰教把他们凝聚在一起，使他们彼此认同。”

事实上，当时一些大学者在研究学问时，并不介意引用论敌的观点。安萨里在《穆斯塔斯法》一书中传述道：阿里任哈里发时，巴士拉的法官向他请示，是否可以接受巴士拉哈瓦立及派等教派的证词。阿里下令：如同在他们起兵反对他之前一样，可以接受那些人的证词，因为他们反对的是用《古兰经》进行裁决的做法。如拒绝他们的证词，会导致新的极端行为，造成新的分裂。还有，尽管圣训学家布哈里（公元810—870年）和穆斯林（公元821—874年）对圣训传述者身份的审查十分严格和谨慎，但两位圣训学家并未就此将穆阿台及勒派等派学者传述的圣训完全弃之不用。伊本·哈杰尔（公元1449年卒）列举了许多被两位圣训学家或至少被两人中的一位引用的圣训，这些圣训皆出自穆阿台及勒派、麦尔吉阿派、什叶派、哈瓦立及派等教派学者的传述。

笔者最欣赏《崇高的学问》的作者说的一句话：“我既不是穆阿台及勒派人，也不是艾什尔里派人，我只以置身伊斯兰教和能成为先知穆罕默德的门徒而感到欣慰，我将所有的人都视为兄弟，并将他们当作真理的护卫者。”这才是正确的观点，笔者完全支持。

如果说，宽容和谅解在当时是必要的话，那么在今天，它就更有必要了，其原因有二：

第一，许多分歧的产生，原本就是历史造成的，并且已经成为了历史。譬如，关于四大哈里发品级次序的分歧，以及关于圣门弟子行军打仗和行为举止方面的分歧。这一切都已成为过去，都已被埋在历史的尘埃之中，我们为什么要翻开被真主封存的历史呢?!

第二，今天的穆斯林更加需要团结。面对欧洲列强制造的种种事端，处于内外交困中的穆斯林大众，只有团结一致才是拯救自己的唯一出路。哪怕无法俘获敌人，何以还要自相残杀，让敌人因我们的分裂而窃喜呢？真主说："你们当全体坚持真主的绳索，不要自己分裂。你们当铭记真主所赐你们的恩典，当时，你们原是仇敌，而真主联合你们的心，你们借他的恩典才变成教胞。"①

① 马坚译：《古兰经》，3：103。——译者

第 三 篇

什 叶 派[①]

① 见该书“黎明时期”及“近午时期”第三册。

什叶派派别林立，信者众多，其学者与穆阿台及勒派及逊尼派进行了长期的论争，历史学家们对此多有著述。这些派别各有不同，有的激进，有的温和。

穆阿台及勒派和拒绝派之间的论争是最为激烈的论争之一。据传，一大批人找到宰德·本·阿里[①]，想向他宣誓效忠，他们一再要求宰德接受他们的宣誓，并与麦尔旺人开战。正当宰德想公开表示接受他们的效忠时，他们中的一些头领找到宰德，问他："你怎么看艾布·伯克尔和欧麦尔？"宰德答："愿真主怜悯宽恕他们。我从未听说我家族中有人否认过他们，也没有人说过他们不好。我严正申明：我们家族是所有人中最有资格继承真主使者权位的人。他们剥夺了我们的权利，将其据为己有。但这也不至于将他们归为叛教者，因为他们公允执政，以《古兰经》和'圣训'行事。"宰德的回答无法让这些头领满意，于是他们收回向他宣誓效忠的打

① 宰德·本·阿里(公元699—740年)：什叶派第四任伊玛目，阿里·宰因·阿比之子。早年曾师从穆阿台及勒派领袖瓦绥勒·本·阿塔，颇受该派"意志自由论"和"《古兰经》被造说"的影响。宣称阿里和法蒂玛的任何一个后裔都有权成为伊玛目，遵奉《古兰经》和先知的逊奈，反对不义的统治者，主张平均分配政府收入。被拥戴为库法的伊玛目。740年，在领导反对倭马亚王朝哈里发希沙姆的武装起义中阵亡。其后裔和追随者组成宰德派，他被奉为第五任伊玛目。——译者

算，并拒绝接受他的观点。宰德说："你们在最紧迫的时刻拒绝了我。"这样，这些人就被称为"拒绝者"，也被称为"拒绝派"，这是一个令人生厌的称呼。除拒绝派外，还有其他一些派别，或激进，或温和，其中最温和的派别是"宰德派"。

伊玛目教义

最温和的派别中还有那些融合了什叶派和穆阿台及勒派观点的人。穆斯林之间最大的分歧在于伊玛目问题：艾布·伯克尔、欧麦尔和奥斯曼是否最有资格担任哈里发职位？对此，逊尼派人认为：三人在功德上的排序，犹如他们在继任哈里发上的排序。他们并没有对阿里不公，也没有篡夺他的哈里发职位。当时，大部分圣门弟子更了解他们的情况和品行，故他们先后推选了艾布·伯克尔、欧麦尔和奥斯曼，因为他们认为这样做更有利于穆斯林大众。什叶派则认为：阿里最应出任哈里发，因为穆圣有明文指定，也因为阿里具有别人所不具备的品格。

鉴于伊玛目问题是最重要的分歧点，故什叶派将其视为基本信条之一，其最大的支派称为“伊玛目派”。他们认为，阿里为第一代伊玛目，之后依次传给他的后代。信仰并了解伊玛目是基本信条之一。对伊玛目的尊重和推崇，导致了伊玛目“免罪说”。事实上，《古兰经》经文没有说到先知免罪，比如“阿丹违背了他们的主，因而迷误了”[①]，“他曾皱眉，而且转身离去，因为那个盲人来到他

---

① 马坚译：《古兰经》，20：121。——译者

的面前。”[①]“如果他们不信这训辞，在他们背离之后，你或许为悲伤而自杀。”[②]由此，既然什叶派说伊玛目“免罪”，他们就不得不说先知亦是“免罪”的。该信仰在其他穆斯林中传播开来。法赫鲁丁·拉齐或许是最早持先知“免罪说”的人之一。

麦吉利西[③]在《心灵生活》一书中写道：“他们——即伊玛目们——无论错误大小，都不会犯。他们根本不会犯错，无论是出于故意、忘记、疏忽或是其他原因。他们在成圣之前，甚至在儿童时期，都不会犯错。”什叶派用真主对易卜拉欣的话来对此加以佐证：“我必定任命你为众人的师表。”易卜拉欣说：“我的一部分后裔，也得为人师表吗？”他（真主）说：“我的任命，不包括不义的人们。”[④]什叶派人说：据此，我们知道一切犯过错、不虔诚、不公的人都不适合出任伊玛目……所有那些曾崇拜过偶像，或以物配主的人，哪怕是瞬间之事，哪怕他们后来皈依了伊斯兰教，都不得出任伊玛目。真主说过：“以物配主，确是大逆不道的。”[⑤]凡有过错的人，无论罪过大小，哪怕之后向真主忏悔了，都不得出任伊玛目，因为伊玛目不是要发号施令，而是要无罪无过。什叶派对此援引了很多圣训，有时还可能就“免罪说”进行哲学推理，正如麦吉利西所说：要知道，持“免罪说”者对于“免罪的人”看法是不同的——他是否有犯错的能力？认为他没有这种能力的人会说，在他内心深处

① 马坚译：《古兰经》，80：1　2。　　译者

② 同上书，18：6。——译者

③ 麦吉利西（公元1659年卒）：17世纪伊朗什叶派长老。——译者

④ 马坚译：《古兰经》，2：124。——译者

⑤ 同上书，31：13。——译者

有一种特质，决定了他不可能敢于犯错；也有人说，“免罪”是一种心理本能，它不会生成任何过错；还有人则说，“免罪”是真主对他仆人的恩惠，仆人绝不会在此恩惠中找到背弃恭顺而去犯错的理由。

什叶派有时还用经文加以说明：“先知的家属啊！真主只欲消除你们的污秽，洗净你们的罪恶。”[①]

伊玛目派中最重要的派别是“十二伊玛目派”，因为该派遵奉十二位伊玛目，阿里为第一任伊玛目，它与另一称“七伊玛目派”的派别不同，七伊玛目派信奉伊玛目至第七任伊玛目，即伊斯玛仪为止，故又称“伊斯玛仪派”。他们认为伊斯玛仪之后伊玛目隐遁。

显然，伊玛目派都信奉世袭，即穆圣是世袭的，他的精神是可以继承的，就像人们的财产可继承一样。诗人们对此多有争论，什叶派诗人迪阿拜勒[②]说：

我看见，
他们的战利品被别人瓜分一空，
而他们却两手空空。
他们是先知的继承者，
有朝一日强大，
他们是最优秀的领导者和护卫者。

阿拔斯家族的诗人曼苏尔·奈迈里[③]说：

---

① 马坚译：《古兰经》，33：33。——译者

② 迪阿拜勒（公元765—860年）：对驳诗人，写诗攻击阿拔斯人。曾师从穆斯林·本·瓦利德。——译者

③ 曼苏尔·奈迈里（约公元805年卒）：阿拔斯王朝诗人，写诗颂扬阿拔斯人。——译者

人们啊，不要忘记梦想，不要让异端发狂。

听听忠告吧，叔叔总比侄儿强，

兼听则明正道上。

伊本·穆阿泰兹·阿拔斯写过一首关于阿拔斯的子嗣最有权继任哈里发的长诗，泰米穆·本·穆伊兹·法蒂米[①]则用同样的韵脚写诗加以反驳。

显然，什叶派的伊玛目思想是随历史而发展的。起初，“伊玛目”和“伊玛目职位”这个词指众所周知的伊斯兰含义。如圣门弟子说伊玛目，指的是艾布·伯克尔和欧麦尔，什叶派说伊玛目，指的是阿里。当时他们将伊玛目理解为“领袖”、“表率”，比如做礼拜时的领拜人。但后来，该词被赋予了另外一种含义，即具有了精神意义。于是伊玛目具有了与真主的精神联系，这种联系仅次于真主与先知间的精神联系。库赖尼[②]的《宗教学大全》一书是什叶派最可靠的经书之一，他在书中写道：哈桑·本·阿拔斯·马阿鲁菲写信给里达：我愿为你献身。请告诉我：使者、伊玛目和先知有什么区别？里达回信说：区别在于，使者是吉卜利勒降临于他，他见其容，闻其声，接受启示，他可能像易卜拉欣那样是在睡梦中见到吉卜利勒的；先知，可能闻其声，也可能见其人但未闻其声；而伊玛目，则仅闻其声，而未见其人。[③]

从这个意义上说，伊玛目是受启示的……什叶派人说：“真主

① 见该二人的诗集。

② 库赖尼（公元941年卒）：什叶派著名圣训学家，其代表作《宗教学大全》为什叶派四大圣训经之一，分上、下两卷，共30章。——译者

③ 库赖尼：《宗教学大全》，第82页。

至大,他让人间不乏公正的伊玛目。当信士们过分时,伊玛目引导他们折回,当他们有所欠缺时,他为他们弥补。他是真主仆人们的权威。世间不能没有伊玛目……他是真主派遣给他仆人的权威。若人世间只剩两人,其中必有一人为权威,即伊玛目。”库赖尼还写道:“谁不了解至尊至大的真主,谁不了解我们圣裔中的伊玛目,那么他了解、信奉的就不是真主。”[①]

艾布·贾法尔说:“我们是真主知识的储备,是真主启示的解读者,我们是天地之间的终极权威。伊玛目是真主之光,就像真主所说:‘故你们当信仰真主和使者,和他所降示的光明。’[②]信士心中的伊玛目之光,比白昼的阳光更为明亮,真主凭其喜好对一些人遮蔽了这种光芒,于是他们心中阴霾黑暗。”[③]什叶派人进一步说,真主为他们而创世,将人们的事务托付给他们,天地因他们的存在而稳固,万物因他们的吉庆而存活,时时刻刻都应有他们存在。人死而不知他当时的伊玛目,其死如蒙昧时代之人的死。《宗教学大全》一书称萨迪格[④]说过:“所有尘世都属于我们。”阿卜杜拉·本·伯克尔·艾尔贾尼谈到萨迪格时说:“我对萨迪格说,我愿为你献身。伊玛目会关注阿拉伯东、西部地区吗?”萨迪格说:“伊本·伯克尔啊,若他对他们不管不顾,他怎么是整个地区的权威呢?”在《宗教学大全》等书中,诸如此类的例子不胜枚举。

① 库赖尼:《宗教学大全》,第85页。

② 马坚译:《古兰经》,64:8。——译者

③ 库赖尼:《宗教学大全》,第92页。

④ 贾法尔·萨迪格(公元699—765年):什叶派十二伊玛目派第六任伊玛目,贾法里教法学派创始人。——译者

什叶派人把“信道的人们啊！你们当服从真主，应当服从使者和你们中的主事人”[①]这段经文解释为是降世给阿里的。他们还传述这样的圣训：“我遗赠给你们《古兰经》和圣裔，我祈求至尊至大的真主不要将这二者分开，让其归于同源。真主予以应允。”

据此，我们可以看到，在伊玛目问题上圣门弟子、逊尼派、穆阿台及勒派的信仰和什叶派的信仰存在分歧，前者不神化伊玛目，不认为他具有“免罪性”，而是认为伊玛目有可能犯错误，故应将他纳入正途；甚至，他有可能犯大错，亦应拨正。而什叶派则认为伊玛目与真主有联系，他具有“免罪性”，永不犯错。二者差别甚大。

笔者认为前者是正确的。相信伊玛目具有“免罪性”、精神性，并将其神圣化会麻痹心灵，助长伊玛目肆意玩弄臣民。圣门弟子曾指责伊玛目的某些行为，但他们的意见并不一致：欧麦尔与哈立德一起批评过艾布·伯克尔的行为；阿里在一些问题上与欧麦尔相违背；有些圣门弟子他们自己也指责过阿里的一些行为。

总之，伊玛目曾被视为常人，有错有对，犯错则应矫正之。这正是如今各民族评价他们领袖的方法，一旦发现他们犯错，就加以纠正。我们这样说是出于事实与理智，并非支持一派反对另一派。

---

① 马坚译：《古兰经》，4:59。——译者

伊玛目贾法尔·萨迪格

第一位被赋予这种精神意义的伊玛目是贾法尔·萨迪格，他是当时知识最为渊博、涉猎最为广泛的学者之一。他生于伊历 83 年/公元 702 年，卒于伊历 148 年/公元 765 年，因忠诚守信而获"萨迪格(诚实者)"的称号。其母系出艾布·伯克尔·绥迪格家族，培养了他温和中正的性格。目睹了之前的伊玛目因政治而引火烧身，他吸取教训，远离政坛。不属于什叶派的舍赫拉斯塔尼(公元 1086—1153 年)说："他宗教知识渊博，文学哲理修养全面，生活极其俭朴，无欲无求。"萨迪格在麦地那住了一段时间，对其门下的什叶派弟子教益良多，给其支持者揭示了许多学科的奥秘。之后，他前往伊拉克，在那里住了一段时间。在伊拉克的这段时间里，他根本不涉足伊玛目问题，也未与任何人就哈里发问题进行争论。其后，他遨游于知识的海洋，不求到达彼岸。攀登至真理巅峰的人，不会畏惧坠落悬崖。据说，与真主亲近的人，与众不同；与非真主亲近的人，心生邪念。他父辈系出穆圣家族，母辈系出艾布·伯克尔家族。但尽管如此，他还是没有逃脱哈里发艾布·贾法尔·曼苏尔的伤害。他在麦地那有一个美丽的花园，他在园内会见不同派别的人。据说，他的弟子包括著名教法学家艾布·哈尼法[①]和马立

---

① 艾布·哈尼法(公元 700—767 年)：伊斯兰教逊尼派哈乃斐教法学派创始人，教义学家。系伊斯兰教第一位和影响最大的教法学家。——译者

克·本·艾奈斯[①]、穆阿台及勒派的瓦绥勒·本·阿塔和化学家贾比尔·本·哈彦[②]，但有人对此说加以否认。关于人的意志和前定他有许多论述，比如关于人的意志，他说："真主对我们有所赐，亦有所求；所赐之事，他将其遮蔽；所求之事，他予以明示。那我们为什么仅做真主所赐之事，而不做真主所求之事呢？"关于前定，他说有两点，即"非宿命、有委任"。如我们所见，对这两个问题教法学家已有很多说法。贾法尔·萨迪格有很多言论散见于各类书籍之中，这些言论明证了他的聪明才智、真知灼见和广博学识。我们认为，他给信仰染上了一种独特的色彩。他的一些言论旨在证明，真主传给穆罕默德以光明，其后，光明再传至穆圣家族。如麦斯欧迪提到的一段圣训，贾法尔认为那是伊玛目阿里说的话，该圣训说："真主以其光带来光明，于是光辉四射，以其光点燃火炬，才有光芒闪耀……其后，真主的光聚集在隐秘的形象之中，那形象正与我们的先知穆罕默德相吻合。至尊至大的真主说：'你是被选的，你是我光明的储存，是我馈赠的宝库。我为你夷平沙河，激起波澜，架高天空。我使你的家族步入正道，我带给他们精妙知识的奥秘，不加隐义。我使他们成为天地万物的权威，成为我能力和独一性的预告者。'"以及诸如此类的一些话语。所有这些言论使我们给伊玛目贾法尔·萨迪格打上了先前所不为我们所知的伊玛目的印记。

① 马立克·本·艾奈斯(约公元715—795年)：伊斯兰教著名教法学家、圣训学家，逊尼派马立克教法学派创始人。——译者

② 贾比尔·本·哈彦(约公元720—815年)：中世纪阿拉伯著名化学家、医生。——译者

贾法尔·萨迪格子嗣众多，其中包括伊斯玛仪。伊斯玛仪为长子，他将继任伊玛目。但他却先其父去世，这在什叶派中引起了很大的分歧。伊斯玛仪是第七任伊玛目，有些人认为，他是最后一位伊玛目。有人否认他的辞世，称他隐遁了，说他没有真正死去，而是真主将其隐匿起来，需要他现身时他将重返人世。这些人被称为“七伊玛目派”，因为他们认为伊玛目止于第七任，这些人也因追随伊斯玛仪而被称为“伊斯玛仪派”。这种说法令人称奇。

另一些什叶派人则认为，伊斯玛仪确已死去，伊玛目职位已传给其弟弟穆萨·卡兹姆(公元745—799年)，他们认为伊玛目只传至第十二位，因此，被称为“十二伊玛目派”。之后的卡尔马特派、法蒂玛人、尼扎里耶派(阿萨辛派)均属伊斯玛仪派；印度、伊朗、中亚都信奉七伊玛目派即伊斯玛仪派。每位伊玛目都有一段漫长的历史，对此我们并不关心，且让感兴趣的人去研究吧。我们关心的是关于伊玛目的信仰。

第十一位伊玛目是哈桑·阿斯凯里。据库赖尼说，他生于伊历232年/公元846年，享有沉默者、指引者、高贵者、无罪者、纯洁者等别号，但称呼最多的是阿斯凯里。阿斯凯里年幼时于哈里发穆台瓦及勒(公元847—861年在位)时代随父亲迁往萨马拉，在那里学习，以精通印度语、突厥语、波斯语等多种语言著称，卒于伊历260年/公元874年，时值阿拔斯哈里发穆阿台米德[①]时代。伊历255或256年，其后的第十二任伊玛目穆罕默德在萨马拉继位，年仅四五岁(公元878年卒)。这位第十二任伊玛目神秘失踪，未再

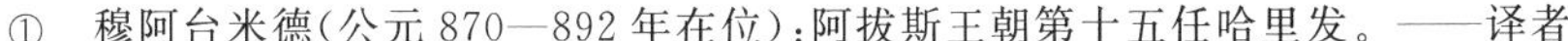

① 穆阿台米德(公元870—892年在位)：阿拔斯王朝第十五任哈里发。——译者

显现人世，被称为“期待的伊玛目”、“马赫迪”或“时代之主”。十二伊玛目派人称：“真主将其藏匿起来，人们无法看见。他凭真主的应允活着，不时有人见他与人们通信，处理其追随者的事务。隐遁的伊玛目将复临，等等。”①

在这种情况下，必须有人与隐遁的伊玛目保持联系，十二伊玛目派的人说：第十二任伊玛目有一特别代理代表他，此人即奥斯曼·本·赛伊德。奥斯曼·本·赛伊德死后，由另一位代理接替他，如此接替至第四任代理。② 这种思想促使众多从事政治活动、觊视王位的人声称自己就是“期待的马赫迪”③。

细想此说，有两点为奇。其一，将伊玛目职位授以一个年仅四五岁的小孩。既然伊玛目是一崇高的职位，主持穆斯林事务，那他就应是一个成年人，能够担负责任，通晓宗教事务和世间问题。年幼儿童，无论其天资多么聪颖，断不能胜任。或许，致使他们如此行事的，是他们认为每位伊玛目都能从其前任那里继承神光。这种看法有待探讨。从掌握的资料看，我们认为，名门望族能出高贵伟大之人，亦会出放荡荒淫之徒，此为真主造人之道。博学之士有可能生出无知之辈，无知之辈也可能造就博学之士；虔诚的信士有可能生出荒淫无耻之徒，荒淫无耻之徒也可能生出虔诚的信士。历史地看，什叶派的法蒂玛王朝和伊斯玛派的世系中，就有完全不够格的伊玛目，同样逊尼派的哈里发当中也有这种情况。

其二，他们声称这孩子已消失隐遁，待时代需要时再显世。这

① 麦吉利西：《光的海洋》。

② 同上。

③ 见拙著《马赫迪及马赫迪思想》。

将导致隐遁的伊玛目永生在世的说法，而真主在其对万物的定制中是规定了人的寿限的。

人寿有限，先知们也是如此。先知穆罕默德不过活了六十三岁，同样，阿里、哈桑和侯赛因，也终有一死。在已知的历史上，只有少数人能活过一百岁。总之，无论如何，没有人能长生不死。称第十二任伊玛目隐遁的说法，导致有人说他根本就不存在，伊玛目阿斯凯里死无后继，此说法是那些代理们捏造的，目的是贪图为伊玛目在各地征收的钱财。

什叶派与穆阿台及勒派的一致性

很多什叶派人在信仰问题上与穆阿台及勒派是一致的。很多什叶派人既属什叶派又属穆阿台及勒派。这种一致性表现在诸如对一些《古兰经》经文的解释，对在现世与后世都看不见真主的观点上，其依据是“众目不能见他，他却能见众目”[①]的经文。但什叶派在某些方面也与穆阿台及勒派的观点相左，如什叶派所持的先知和伊玛目求情说。穆阿台及勒派根据“各人犯罪，自己负责。一个负罪的人，不负别人的罪”[②]的经文否认求情说。因为他们完全相信个人的责任，认为每个人都应对自己的行为负责。逊尼派则不同意穆阿台及勒派的观点。什叶派之所以增添伊玛目求情说，是因为他们相信伊玛目巴基尔[③]传述的穆罕默德先知说过的一句话：“阿里啊，复活日来临时，我和你，还有吉卜利勒将端坐正道之中，只有那些手持你签署的免于地狱之火的证明的人才可以通过。”由此便引出了拜谒圣徒，求其说情，为其祈祷等诸要求。例如，有这样的祈祷词：“愿平安降临给他们。谁支持他们，就是支持真主；谁侵犯他们，就是侵犯真主；谁了解他们，就是了解真主；谁

① 马坚译：《古兰经》，6：103。——译者

② 同上书，6：164。——译者

③ 巴基尔（公元676—732年）：什叶派第五任伊玛目。——译者

无视他们，就是无视真主；谁遵循他们，就是遵循真主；谁放弃他们，就是放弃真主。我作证，我与和他们和平相处的人和平相处，与和他们作战的人作战。我相信你们的隐秘与公开之事，我把这一切都交付给你们。真主诅咒一切始终与穆圣家族为敌的精灵与人类。愿真主赐福于我们的领袖穆罕默德和他圣洁的族裔们。"[1]除此之外，什叶派与逊尼派在一些枝节问题上也有分歧[2]。

① 麦吉利西:《拜谒者礼仪》。

② 详见本书"近午时期"第三册。

当权者对什叶派的支持

如前所述，逊尼派有当权者的支持，同样，什叶派也有当权者的支持，如伊拉克及其周边地区的布韦希王朝，埃及、沙姆及马格里布地区的法蒂玛王朝[①]。遗憾的是，逊尼派和什叶派当权者之间的纷争远不仅仅是口舌之辩，而是到了刀剑相加、血流成河的地步。所谓的"马赫迪将复临人世说"，导致了多少流血牺牲！从伊斯玛仪派的伊玛目欧拜杜拉·法蒂米[②]征服非洲、埃及直至建立法蒂玛王朝，到其他的一些"马赫迪"，直到近代的苏丹马赫迪运动，都是如此。随后，鞑靼人（即蒙古人——译者）的侵袭带来了杀戮和毁坏等巨大灾难，这使得伊斯兰历史学家们在记述这些事件时扼腕长叹。造成这一切的重要原因之一是什叶派与逊尼派之间的分歧。

哈米希记载到："鞑靼人劫掠了阿米德[③]、瓦尔赞[④]、玛雅法尔

① 法蒂玛王朝：中世纪什叶派在北非及中东建立的王朝（公元909—1171年）。中国史书称"绿衣大食"，西方史称"南萨拉森帝国"。——译者

② 欧拜杜拉·法蒂米（公元934年卒）：法蒂玛王朝创建者，该王朝第一位哈里发，即赛义德·本·侯赛因。——译者

③ 阿米德：土耳其底格里斯河边一城市名，今称蒂亚尔伯克尔。——译者

④ 瓦尔赞：土耳其阿米德附近一地名。——译者

基[①]的居民后，杀往埃斯阿尔德[②]，遭到该城居民抗击。鞑靼人称如降可保全性命，居民信而降之。但进城后，他们却大开杀戒，除极少数隐藏者外，无一幸免。他们所向披靡，剑指无挡，攻下马尔丁[③]，将其掳掠一空。接着，鞑靼人挥师奈绥滨[④]和杰齐莱[⑤]，在那里抢掠、杀戮数日。据说一个鞑靼人踏入一村庄，或是庄园或是街巷，很多人被他一个一个地杀害，没人敢对这个'勇士'拔刀相向。鞑靼人占领了他们的土地，却没有人站出来反抗。这样的事件和灾难在人类历史上绝无仅有。伊历 656 年/公元 1258 年，暴君旭烈兀率军直抵巴格达城郊、卡尔赫和摩苏尔兵营。穆斯林人少势弱，溃不成军。旭烈兀与其部将分别从东西两个方向围攻巴格达。哈里发穆斯塔阿绥姆[⑥]率众官员和王公显贵出城投降，数天后全被处死，哈里发被赐死。鞑靼人进入巴格达，各据一方，屠城三十日[⑦]，鲜有幸免者。被杀害的人数达一百八十万[⑧]以上。其后，鞑靼人才宣告和平。"

据说，旭烈兀的到来是应大臣伊本·阿勒嘎米·拉斐迪之邀，

① 玛雅法尔基：土耳其阿米德东北部一古城。——译者

② 埃斯阿尔德：阿尔明尼亚一地名。——译者

③ 马尔丁：土耳其东南部一城市名。——译者

④ 奈绥滨：位于土耳其和叙利亚边境的古城。——译者

⑤ 杰齐莱：位于叙利亚、伊拉克、土耳其边境地带幼发拉底河与底格里斯河之间的沙漠高原。——译者

⑥ 穆斯塔阿绥姆(公元 1242—1258 年在位)：阿拔斯王朝最后一任哈里发。——译者

⑦ 数字有误，原文如此。大多数历史学家认为屠城七日，死居民八十余万。——译者

⑧ 同上。——译者

该大臣是属于拒绝派的什叶派人。他以为旭烈兀杀穆斯塔阿绥姆，将使情况对他有利。届时，他可以将哈里发职位移交给阿拉维派[①]的人。

又如伊历920年/公元1514年，发生在位于阿斯塔纳[②]周围的奥斯曼帝国和位于波斯周围的萨法维王朝[③]之间的冲突。当奥斯曼素丹萨利姆[④]得知很多奥斯曼帝国的臣民，经萨法维国王伊斯玛仪[⑤]派遣的德尔维什[⑥]之手而信奉什叶派的消息后，决定出兵干涉，向萨法维国王伊斯玛仪宣战。奥斯曼军队逐城向前推进，直抵斯瓦斯[⑦]。萨利姆一世在此集结了十四万大军，留四万人扼守通道，亲率其余部队向塔卜里兹[⑧]城推进。伊斯玛仪出城迎战。两军在人数上旗鼓相当，波斯一方有一支骑兵、数支锁子甲分队以及一支由各教派组成的敢死队。双方伤亡惨重。最终，奥斯曼人攻占了大片波斯领土，缴获了大批装备。伊斯玛仪受伤落马。素丹萨利姆进驻塔卜里兹。此战仅波斯一方就有四万将士阵亡。伊

① 阿拉维派：伊斯兰教什叶派的伊斯玛仪派分支派别之一。——译者

② 阿斯塔纳：今伊斯坦布尔，土耳其首都。——译者

③ 萨法维王朝：公元16世纪在伊朗建立的伊斯兰教什叶派王朝（公元1502—1736年）。——译者

④ 萨利姆：萨利姆一世（公元1512—1520年在位），奥斯曼帝国第九任素丹。——译者

⑤ 伊斯玛仪：伊斯玛仪一世（公元1487—1524年），萨法维王朝创建者。——译者

⑥ 德尔维什：伊斯兰教苏菲派教职称谓，波斯语音译，意为“寻找门户”者。西方译为“托钵僧”、“苦行僧”。——译者

⑦ 斯瓦斯：土耳其一城市名，位于安纳托利亚东部。——译者

⑧ 塔卜里兹：波斯西北部一城市名。——译者

斯玛仪派的敢死队、卡尔马特派[①]同样也干过杀戮、劫掠之事。这类事例屡见不鲜。

回顾穆斯林之间的教派纷争，特别是什叶派和逊尼派之间的争战所带来的生命财产损失，看看《乐府诗集》作者艾布·法拉吉·伊斯法哈尼[②]在《塔利卜人殉难记》中所记载的有关什叶派自阿里及其后代在各时期的经历，以及其后历史著作中的记载，令我们惊叹不已。要知道，所有这些消耗在穆斯林之间的力量，足以轻而易举地赶走十字军，不让他们在我们的土地上肆意胡为。若放弃这样的兄弟阋墙，则足以空前改革穆斯林的社会、经济状况。但这都是天命，已成往事。自四大正统哈里发时期至今，一切努力均付之东流，毁于破坏与涣散。这两派人若能细想，就会发现：他们之间有分歧的许多问题已成为历史，为此争论不休毫无意义。但若心胸狭隘、缺乏理智，我们又能奈何。总有这样的人，他们为争名夺利、意欲权势而掀起纷争。

① 卡尔马特派：伊斯兰教什叶派的伊斯玛仪分支派别之一。——译者

② 艾布·法拉吉·伊斯法哈尼(公元967年卒)：阿拔斯王朝文学家、诗人、历史学家。——译者

什叶派人的情感

如果说穆阿台及勒派和逊尼派的教义学家们倾心于理智权威、严密的逻辑规律的话，那么什叶派人则被情感所左右。他们从感情上深爱圣门家族，憎恶与其为敌之人，他们受迫害、杀戮和拘禁他们的人的影响极深。他们不仅仅感情用事，而且要向迫害他们的人复仇，并不断试图推翻他们的统治。这些都是情感使然。至于大小前提、演绎推理的各种形式则是穆阿台及勒派和逊尼派的特点。各派别都有自己的特色。

什叶派的这种情感、这种尊崇圣人以及请求他们说情的思想，导致出现了一个对所有穆斯林都有影响的明显现象。该现象表现为建造、看守、修缮、拜谒圣墓，以及请求圣人说情和频繁祈祷，并希望死后葬于一旁。如果说逊尼派人和其他穆斯林也有此习俗，那什叶派人则更为根深蒂固。比如伊玛目阿里在纳贾夫[①]的陵墓，它距库法约四英里。该陵墓汇集了古老的波斯艺术，如美妙的书法、花砖、金质艺术珍宝等等。来此谒陵者会看到布满坟冢的广阔庭园，以及数百个不同颜色的圆顶。该陵墓没有遭到旭烈兀的破坏，因为什叶派曾给他以帮助，利用他来打击曾迫害过他们的逊

① 纳贾夫：伊拉克中部城市。伊斯兰教什叶派圣地之一。——译者

尼派。伊本·白图泰[①]在他的游记中写道："我们接着启程，来到位于纳贾夫的阿里·本·艾比·塔利卜的陵墓。纳贾夫是一座美丽的城市……该城的所有居民都属于'拒绝派'……陵墓的围墙镶以花砖，圆顶覆以各色丝质或其他质地的帷幕，内有金银枝形吊灯……城内有一巨型仓库，存放着来自伊拉克及其他各地人们供奉的祭品。生病的人来陵园许愿，一旦痊愈就献上祭品……整个陵园显得庄严肃穆。"

什叶派的伊玛目们有很多关于拜谒阿里陵墓益处的言论，比如贾法尔·萨迪格说："谁拜谒信士们的长官(指阿里——译者)，承认他的权力，且不傲慢自大、目空一切，真主会为他记下百倍于烈士的报酬，并宽恕他先前或以后所犯的罪过。"有人来到伊玛目萨迪格面前，说他没有拜谒过信士们的长官的陵墓。萨迪格对他说："你是多么不幸啊！你要不是什叶派人，我连看都不会看你一眼。你难道不去拜谒真主、天使、先知以及信士们所拜谒的人吗？"这人说："我愿为你献身，我不知道这些。"萨迪格说："要知道，在真主那里，信士们的长官是所有伊玛目中最好的，真主那里有他们行为的报酬，他们因自己的行为而得恩宠。"[②]

谒陵者在拜谒时应念诵拜谒祷告，其祷文如下：

"愿平安降福于你！你是受真主宠爱的人，是真主的证明和代理人，是宗教的支柱、先知们的继承人，是天园与火狱的共享者，是权杖和火烙的主人。信士们的长官啊，我作证，你是虔信的代表和

① 伊本·白图泰(公元1304—1377年)：中世纪阿拉伯杰出的穆斯林旅行家、历史学家。——译者

② 麦吉利西：《拜谒者礼仪》。

正道之门，是岿然的根本、巍峨的山峰和正确的道路。我作证，你是真主创世的证明，众仆的见证；是真主知识的守护，奥秘的储存；是真主智慧的矿井、使者的兄弟。我作证，你是第一位蒙冤之人，第一位被篡夺权利的人，而你却坚忍等待。真主诅咒那些对你不公、篡夺你权利、与你为敌的人，所有天使、受派遣的使者和忠诚的信士都这样诅咒。信士们的长官，愿真主怜悯你，体恤你的灵魂和肉体，等等”。拜谒者就这样念诵一份由伊玛目指定的祷文。这段话使我们看到伊玛目贾法尔·萨迪格对什叶派的影响至深。

最著名的圣陵和圣地还有卡尔巴拉，该地距巴格达八十八公里，那里有侯赛因的陵墓，它是最宏伟富丽、拥有最多珍品和描金诗的圣地之一。伊本·白图泰对此描写道：“……高贵的门楣和门限是银质的，圣墓上有金银枝形吊灯，门上有丝质幔帐。拜谒者无数次诉说着侯赛因惨案……他们传述着有关这个圣地的种种奇异的传说。镀金的圆顶在阳光的照射下熠熠生辉。”

从巴格达西北方向进城的人会看见耸立在卡兹米耶陵墓上的四个金色宣礼塔，看见什叶派人前往这些圣陵，并在那里念诵祷告，祈求说情。

卡兹米耶陵墓修建的时间很早，后经伊斯玛仪一世翻新重建。阿伽·穆罕默德[①]命人给两个圆顶镀金，并对其中一个圆顶加以修复，宣礼塔塔尖也被披上了金装。什叶派人为谒陵制订了几个

① 阿伽·穆罕默德(公元1779—1797年在位)：伊朗卡扎尔王朝的创立者。——译者

条件，他们说："如果你想拜谒穆萨·卡兹姆[①]和穆罕默德·本·阿里·本·穆萨[②]的陵墓，则应沐浴焚香，穿两件洁净的衣服，然后在伊玛目穆萨的墓前说：'愿平安降临于你，你是受真主宠爱的人，你是真主的证明，真主的光明……我来拜谒你，我了解你的权利，我愿与你的敌人为敌，听从你的代理人。请为我在真主那里说情，我的主人。'"[③]

开罗的几个圣墓，如侯赛因、宰娜卜和娜菲萨等圣墓，与纳贾夫、卡尔巴拉和卡兹米耶陵墓相比，规模要小得多。

正如逊尼派以"六大圣训集"为根据，什叶派也有他们引以为据的专门的圣训集。这些圣训都是伊玛目和什叶派信任者传述的。库赖尼的《宗教学大全》是最著名的圣训集之一。库赖尼是什叶派最早、地位最高的圣训学家。在其所著的《宗教学大全》中，辑有一万六千条圣训，分为"真实的"、"良好的"、"可信的"、"充实的"、"薄弱的"五类[④]。库赖尼于伊历 328 或 329 年/公元 939 或 940 年卒于巴格达。圣训的汇编者还有萨杜格·库米，号伊本·巴拜韦[⑤]，他的圣训集辑录了 4496 条圣训；以及图西[⑥]，他在宣传

① 穆萨·卡兹姆（公元 745—799 年）：伊斯兰教什叶派十二伊玛目支派尊奉的第七任伊玛目，系第六任伊玛目贾法尔·萨迪格的次子。——译者

② 穆罕默德·本·阿里·本·穆萨（公元 811—835 年）：伊斯兰教什叶派十二伊玛目支派尊奉的第九任伊玛目，尊称艾布·贾法尔，系阿里次子侯赛因的直系后裔，第八任伊玛目阿里·里达之子。——译者

③ 此类祷告词在麦吉利西的《拜谒者珍闻》中数以百计。

④ 该书已在德黑兰出版。

⑤ 伊本·巴拜韦（公元 918—991 年）：什叶派著名圣训学家，其圣训集名为《教法学家不予光顾的人》。——译者

⑥ 图西（公元 995—1067 年）：什叶派著名经注学家、书目编纂家，其汇编的圣训集名为《教法修正》。——译者

什叶派方面有很大影响，拥有众多弟子。图西于伊历 385 年/公元 995 年生于图斯[①]，二十三岁时来到巴格达，后迁至纳贾夫。他在圣训、宗教本源、教法和传记方面多有著述。这些圣训集，读者开卷便知其什叶派色彩，这或许是因为在编排上与逊尼派的圣训集有所不同。此外，还有专门研究什叶派教法的穆智台希德[②]和教法学家。什叶派的教法与逊尼派的教法也有些不同。读者如果有意，可参阅《光的海洋》一书。总之，什叶派和逊尼派在信仰、圣训、教法上均有不同。什叶派的穆智台希德对什叶派的民意有很大的影响力，相比较逊尼派的乌里玛[③]，他们更受尊重和被神圣化，他们常常介入政治事务，废止某些政治法律。曾有一些什叶派统治者试图对他们的权力加以限制，但未能成功。

① 图斯：伊朗呼罗珊的一个古城。——译者

② 穆智台希德：伊斯兰教对有创制教法能力和资格的权威学者的称谓。阿拉伯语音译，原意为“勤奋者”。——译者

③ 乌里玛：伊斯兰学者的统称。指精通《古兰经》经注学、圣训学、教义学、教法学，并有系统的宗教知识的学者。——译者

什叶派的部分派别

什叶派派生出众多派别，在历史上发挥了重要作用，如伊斯玛仪派、卡尔马特派、赞吉派、宰德派。我们不妨逐一加以介绍。

一、伊斯玛仪派

如前所述，伊斯玛仪派源于第七任伊玛目伊斯玛仪（公元760年卒），该派认为伊玛目世系只有七位，故其追随者被称为“七伊玛目派”，其中有些人被称为“阿萨辛[1]派”，因他们在传道时服用大麻。有些人还被冠以“菲达因[2]”的称号。

该派在伊斯兰教的历史上势力强大，起过很大的作用，它曾是一个组织严密、消息灵通、势力强大的派别。阿卜杜拉·本·麦蒙·盖达哈（公元874年卒）是该派最早的首领之一，其追随者甚众。他和该派的其他领袖极为工于心计、善于谋略，他们为一个有史以来制度最为严密的秘密组织制定了原则，奠定了基础，主要表现在两个方面：

---

① 阿萨辛：阿拉伯语音译，意为“服用大麻的人”。——译者

② 菲达因：阿拉伯语音译，意为“敢死队”、“突击兵”。——译者

第一，利用一切对阿拔斯王朝的不满情绪，团结各方力量推翻阿拔斯王朝，由他们取而代之；用合适的语言和方式向每个人布道。

第二，根据人们的接受程度不同，严格区分布道的等级。对普通百姓是一种形式；对上层人士又是一种形式；对达官显贵又是另外一种布道方式。级别低的不知道级别高的布道内容[①]。他们根据接受程度不同，分级布道，该组织的秘密只有为数很少的首领才知道。

随着时间的推移，该派有些发展变化。伊斯玛仪派起初是一个温和的什叶派派别，其最大的特点是仅信奉前七位伊玛目。后来逐渐发生了变化，各种不同的教义掺杂进来，形成数个各有特定工作的团组，如敢死队、专门负责布道宣教的团组等等……。他们的领袖们十分了解布道受众的心理，知道如何向阿拉伯人、波斯人、库尔德人和突厥人宣教；知道如何向没有受过教育的普通大众、知识分子和哲学家等人宣教。了解该派组织秘密和目的的人为数极少。达到领袖级别之前，该派成员必须经过数个级别的考验，每个级别的考验都很严格。在经过层层考验之后还要发重誓忠于教义。艾布·曼苏尔·巴格达迪（公元1037年卒）在其《教派之分歧》一书中记述了盟誓仪式："至于他们的盟誓，则由宣道师说：'我要你在心中记住与真主的盟约、誓言与保证，记住与使者的誓言，以及真主从众先知处得到的盟约与誓言。我要你隐匿你从我处听到、了解到关于我，关于时代之主——伊玛目及其在此地和

① 麦格里基：《埃及志》。

其他地方的追随者，以及其男女信众们的事务。对此你不要透露分毫，无论是以书面形式还是以指示的方式，除非你得到时代之主伊玛目的许可，或者他允许你透露部分内容。对此他要你透露多少，你就透露多少。我要你在任何情况下都要信守诺言。我要你记住，以你与至高的真主与使者立下的盟约誓言拒绝我，拒绝所有我告知你的人，并以公开或不公开的形式告示他们。你不要背叛伊玛目和他的代理者，要让他们从内心，而不是从金钱上敬畏他的宣教。你不要去解释这种信仰，不要去想其解决之道。如果你这样做了，那么你在真主、使者和天使面前，在真主降世的所有天经中都是清白无罪的。如果你违背了我们提醒你的一切，那你必须徒步去真主那里做上百次的辩解。你施予贫穷及赤贫者的所有善行，你的一切财产，自你有所违背之日起，都将不属于你个人所有；你现在或违背之日所拥有的女人，或在此之后你与之结婚的女人，都将弃你而去……至高的真主见证你的意愿，见证你的盟约誓言。'此时宣誓者则说：'谨遵你命。'"[①]正如我们在敢死队的历史上所看到的，某人一旦被选定执行某个任务，他将极为认真地去执行，无论做出多大的牺牲。例如，有人被选定去刺杀尼扎姆·穆勒克（公元1018—1092年），该人就完成了刺杀任务。

伊斯玛仪派的敢死队在盖兹温城[②]东北有一座被称为"鹰巢"的城堡。该城堡是阿萨辛派人进行顺从和献身精神训练的中心，是由宣道师哈桑在伊历246年/公元860年建造的。他一直宣扬

① 《教派之分歧》，第182页。伊斯玛仪派的一些书中也有同样的记载。

② 盖兹温城：里海南部伊朗的一个城市。——译者

阿里最有权成为穆罕默德继承人。该中心在哈桑·萨巴赫[①]时期名声大噪，其追随者的暗杀使当局心惊胆战。哈桑接受埃及的法蒂玛人的宗教主张。他自称是希木叶尔王朝的王族后裔，据说，他于伊历464年/公元1071年在埃及时曾反对法蒂玛人，与欧麦尔·赫亚姆(约公元1040—1132年)和尼扎姆·穆勒克颇为亲密，还传说是他的一个追随者用匕首刺杀了尼扎姆·穆勒克。该城堡在哈桑·萨巴赫死后持续强大并令人恐惧了一段时间之后(被旭烈兀的军队)攻陷了。

阿萨辛派人对加入其组织者的基本信仰及其政治、文学、社会原则心存疑虑，他们告诉那些人，他们团体的主张是正确的，他们对绝大多数人的宣教是成功的，他们的见解很少出错。读者在读到他们的反对者，如安萨里(公元1111年卒)、巴格达迪(公元1037年卒)等人的著作时，应对他们书中的一些言过其实的说法保持警惕，因为那些说法并没有完整地勾画出阿萨辛派人的形象。

伊斯玛仪派并不按照字面的意思解释《古兰经》经文和圣训，他们因而被称为“内学派”。他们对经、训的阐释就像“精诚兄弟会”在其论文中对诸如“再生”、“复活”、“灵魂不灭”等的阐释一样，讲的都是内在含义。

他们的宗教原则是阐释教法涉及的一切事情。这背后包含着他们的政治和社会主张。其政治主张是颠覆阿拔斯王朝及其哈里发，用什叶派的伊玛目取而代之，在这方面他们取得了很大程度的

① 哈桑·萨巴赫：即哈桑·本·萨巴赫(公元1124年卒)，伊斯兰教什叶派的伊斯玛仪派支派尼扎里耶派创始人。——译者

成功。如果和平手段不能奏效,则不妨诉诸战争。他们的社会目的是消除阿拔斯王朝统治者们犯下的暴政,以使公正遍布人间。这样的目的的确崇高,但在笔者看来,当什叶派人在一些小王国取代阿拔斯人后,他们并没有切实奉行公正的原则,有些人重蹈阿拔斯人的覆辙。在吸取了因采用极端宗派主义手段反对倭马亚人和阿拔斯人而屡屡受挫的教训之后,为了笼络人心,他们采取了宣扬人间兄弟情谊,而不问其种族、阶层及宗教差异的立场,无疑,这使他们的传道易于被接受,使他们的主张在不同宗教、不同阶层和不同党派间得到广泛传播。

他们主张的传播引出了一些逊尼派人不能苟同的言论,如艾布·阿莱[1]在《鲁祖米亚特》(《作茧集》)中的诗以及伊本·哈尼·安德鲁斯[2]的一些诗。又如萨希布·本·阿巴德(公元938—995年)有这样的诗句:

迷信遗嘱,神化圣裔的人,
必将堕入火狱。
天园中我最爱的人,
是永生的台米姆族的艾布·伯克尔和阿迪族的欧麦尔。

艾布·阿莱虽不属于什叶派,但他却有一些什叶派观点。有位什叶派人说他写过这样的诗句:

---

① 艾布·阿莱:指艾布·阿莱·麦阿里(公元973—1057年),阿拔斯王朝著名诗人、作家。——译者

② 伊本·哈尼·安德鲁斯(公元973年卒):安德鲁斯著名诗人,被誉为阿拉伯西部的穆泰纳比。——译者

天上降水为最佳，我尊奉的教派最合法[①]。

阿拔斯人及其后来者深知什叶派运动对他们的威胁，故对什叶派进行打击镇压。伊玛德丁·海姆扎尼说："呼罗珊的一个军事长官在不长时间内就杀了十多万内学派人，并用他们的头颅在赖伊垒成宣礼塔，供宣礼人宣礼。"在《教派之分歧》一书中有这样的记载：伽色尼王朝[②]素丹马哈茂德·本·苏布克特金[③]在印度的穆勒坦城杀死数千人，剁去其中千人之手，该地内学派的支持者因此惨遭灭绝。

面对这样的迫害和阿拔斯人的打压，伊斯玛仪派人总有应对之策，他们所遭受的迫害迫使他们渗透到生活的各个角落。在任何一个行业中，你都会发现他们的基层组织在活动，在宣教，或者在破坏阿拔斯人的统治。如果没有突厥人这股新势力保卫阿拔斯人，他们几乎就推翻阿拔斯王朝了。这些突厥人与阿拔斯人一样信奉逊尼派教义，他们与阿拔斯人一起攻击伊斯玛仪派人，一直将他们赶入深山和偏远地区。尽管如此，伊斯玛仪派并没有销声匿迹，直至今日，该派仍在不同条件下时起时落、时大时小，也许采用了各种不同的名称，如巴布派[④]、巴哈派[⑤]、德鲁兹派[⑥]，等等。

① 合法派系指什叶派。——译者

② 伽色尼王朝(公元962—1186年)：中世纪突厥人在阿富汗建立的伊斯兰王朝。——译者

③ 马哈茂德·本·苏布克特金(公元970—1030年)：伽色尼王朝第三任素丹。——译者

④ 巴布派：近代伊斯兰教派别。亦称巴布教派运动。——译者

⑤ 巴哈派：是巴布教派中衍生出来的世界性伊斯兰新兴派别。——译者

⑥ 德鲁兹派：公元11世纪初产生于埃及法蒂玛王朝末期的伊斯玛仪派分支派别之一。——译者

二、卡尔马特派[①]

该派是伊斯玛仪派分支派别之一。起初其中心位于库法和巴士拉之间的瓦绥特[②]城及其周边地区。该地区杂居着阿拉伯人、奈伯特人和苏丹黑人，他们大多是穷人，对政府和地主们的盘剥心存不满，故他们响应卡尔马特派的号召。

该派以其创始人哈姆丹·卡尔马特（约公元899年卒）著称，其宣教活动也以他的名字命名。哈姆丹原为一普通农民，他受阿拉维派一高级传道师派遣，代表他在该地区进行宣教。于是，他在库法附近兴建了一个新的伊斯玛仪派宣教中心，称为“迁士之家”，作为传教布道之地，吸引了大批追随者。他对其追随者收税，用以赈济穷人和发展建设。据说他征收了大量钱财后，就分发给卡尔马特派中的有需之人，使他们中没有一个穷人。因此，他们也可以算得上是第一个社会主义形式的组织。卡尔马特派的传道师号召人们不分宗教、阶层和种族的差别都结为兄弟……这样的号召得到追随者们的积极拥护。卡尔马特派的宣传自瓦绥特遍及阿拉伯各地，直至阿拉伯半岛南部。

后来，该派的另一领导人艾布·赛义德·贾纳比在巴林的艾哈萨[③]组建了一个大的分支机构，与其他各分支机构一起反对阿拔斯政权。该分支秘密发展追随者，势力达到阿拔斯王朝的统治

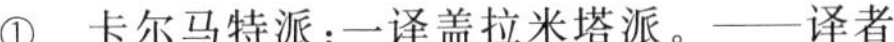

① 卡尔马特派：一译盖拉米塔派。——译者

② 瓦绥特：伊拉克境内位于巴士拉和库法之间的一城市。——译者

③ 艾哈萨：现位于沙特东部的胡富夫。——译者

中心巴格达。他们甚至能将哈里发宫廷中的情报送给他们的领导者，并在宫中进行秘密宣教。他们利用一切机会，比如阿拔斯人的一些恶行，或他们的某个哈里发治国不力，来削弱阿拔斯人的力量。一旦觉察到阿拔斯人的弱点，他们就四处宣传，造阿拔斯王朝的反。

该派的传教活动在哈里发穆阿泰迪德[①]在位期间，在巴林有了很大的发展。哈里发遂派兵镇压。结果哈里发军溃败，将领被俘，士兵四散而逃，被俘者均遭杀害。卡尔马特派的起义者占领了巴林首府希吉尔[②]，并一举攻占了叶玛麦[③]和阿曼。艾布·塔希尔·苏莱曼领导卡尔马特派运动时，其势力大增。他们左右出击，时而进攻巴士拉和巴格达，时而进攻希贾兹，几乎战无不胜。正是这位艾布·塔希尔，攻入麦加，洗劫克尔白，杀害朝觐者。据历史学家们记载，仅那一年(公元930年)，卡尔马特派人杀害的朝觐者就达三千人，这还不包括被饿死的和被俘虏的朝觐者。著名的语言学家、学者艾兹海里[④]也成了他们的俘虏。艾布·塔希尔在那里攫取了数百万第纳尔，他将一部分献给什叶派的伊玛目，剩下的分给他的追随者。卡尔马特人设有间谍，向他们的首领通报阿拔斯人的一切动向。加之他们劫掠路人，人们都极度恐惧，阿拔斯王朝对他们也束手无策。

---

① 穆阿泰迪德(公元892—902年在位)：阿拔斯王朝第十六任哈里发。——译者

② 希吉尔：现位于沙特境内，北部泰曼绿洲西南。——译者

③ 叶玛麦：纳季德地区著名的绿洲。——译者

④ 艾兹海里(公元895—980年)：著名语言学家，编有《纯洁语言词典》。——译者

伊历 315 年/公元 927 年，卡尔马特人攻下巴士拉，将其洗劫一空，一时人心惶恐。卡尔马特人将他们的胜利归于精神力量的支撑。的确，他们的力量在于他们对信仰的忠诚，这使他们能坚定不移，而他们的敌人，却并非为信仰而战。后来卡尔马特人再次进攻麦加。艾布·塔希尔率众杀入城中，见人就杀，城内居民和来此朝觐者，无人幸免，甚至连躲在克尔白帷幕帐罩的人也未能逃脱。艾布·塔希尔摧毁渗渗泉，让死者横尸清真寺，他在麦加驻留了六天，到处巡视，煽动部下去杀人，他说："去杀那些异教徒、那些崇拜石块的人吧！"艾布·塔希尔和他的部下在麦加杀戮、劫掠了十二天，其行径令人发指。这就是他们所谓的推翻阿拔斯王朝是为了让公正、安宁布满人间吗?!

卡尔马特人从麦加掠走的物品中包括玄石。这块玄石被弃于艾哈萨城的一隅，无人问津。直至伊历 339 年/公元 950 年，卡尔马特人才奉曼苏尔·法蒂米[①]之令，将玄石归还。

这些悲惨事件过去整整一年后，阿拔斯王朝仍无力追究，更无法惩治肇事者。卡尔马特人见王朝无能，艾布·塔希尔再次进攻并占领了库法。阿拔斯王朝被迫与艾布·塔希尔签订合约，答应每年向他提供十二万第纳尔的俸禄。

伊历 332 年/公元 943 年，艾布·塔希尔亡故。其继任者满足于已征服之地，不思再拓疆土。此外，当时阿拔斯王朝已落入什叶派的布韦希人的掌控之中，布韦希人与他们结交，改善了王朝与他们之间的关系。

---

① 曼苏尔·法蒂米(公元 914—953 年)：法蒂玛王朝第三任哈里发。——译者

三、赞吉[1]派

与卡尔马特运动类似的还有历史上著名的赞吉起义，该起义在穆斯林历史上影响巨大。

赞吉的首领于伊历 255 年/公元 869 年在巴士拉的幼发拉底河流域下游发动起义。他自称是阿里的后裔，全名为阿里·本·穆罕默德·本·艾哈迈德·伊萨·本·宰德·本·阿里·本·侯赛因·本·阿里·艾比·塔里卜。一些阿拉维派的人对此予以否认。当时，在这个地区有很多"赞吉"在巴士拉干着排干沼泽的重活。阿里·本·穆罕默德利用他们对苦役的不满、对财主们的憎恨以及对让他们从事苦役的阿拔斯政权的厌恶，将众人聚集在他的周围。他与当局的侍从有联系，能了解当局的动向。他是一个能言善辩的演说家，他的演说掷地有声，吸引了大批黑人奴隶。他的追随者遍布艾哈萨及其周边地区。他自称是圣徒，通晓一切已知和未知之事。他鼓动人们，特别是那些年轻人追随他的主张。他给他的追随者们以希望，向他们许诺，遂赢得了众多追随者，获取了大量钱财，他将这些钱财散发给其追随者。

随着势力日强，他们洗劫海上船只运载的商资，豪夺钱财无数。他们袭击巴士拉，奉阿里·本·穆罕默德之令对城内居民大肆屠杀，致使全城笼罩在恐怖之中。巴士拉城内凡幸免之人，皆因藏身于家中井底。他们夜晚才敢出来，杀狗充饥，食猫鼠，甚至吃

① 赞吉：阿拔斯王朝时期，阿拉伯人对黑人奴隶的统称。——译者

同伴中的死者。赞吉人如此横行数年,他们占领了拜推哈[①]和瓦绥夫,并将两地洗劫一空。最后,艾布·阿拔斯·本·艾布·艾哈迈德集结重兵,向赞吉人开战。战争以赞吉人失败而告终。胜利者血洗赞吉人,得以逃脱的赞吉人隐名埋姓,直至最后销声匿迹。

展现在我们面前的是穆斯林历史上尔虞我诈、征战屠杀的一个缩影。究其真相,不过是因权力野心,因一些已成往事的历史问题而产生的分歧。看到这种种动乱和牺牲(我们提到的只是其中的一部分),我们不禁为伊斯兰帝国能经历这一切之后仍得以存在而感到惊讶。若不是其根基异常牢固,这个帝国面对十字军或其他人的进攻早就垮台了。在经历了所有这些灾难之后,仍屹立不倒,实为奇事。哈里发麦蒙深知阿拔斯人与阿拉维派之间对立造成的祸害,想息事宁人,欲将他身后的政权交给阿拉维派的伊玛目,以为纷争可就此平息。但当阿拔斯家族的人得知此事后,奋起反抗,纷争非但没有减少,反而愈发加剧。最终迫使麦蒙放弃了他的想法。

四、宰德派

宰德派是什叶派中最为温和的一个派系之一,他们认为阿里比艾布·伯克尔和欧麦尔更有资格继任哈里发职位,但既然大多数圣门弟子都同意向艾布·伯克尔和欧麦尔宣誓效忠,就应承认他们二人的伊玛目地位,因为圣门弟子最了解他们当时的情况。

---

① 拜推哈:位于巴士拉和瓦西特两地之间的平原地区。——译者

宰德派不同意伊玛目隐遁说和在受迫害情况下可以隐瞒自己信仰的主张。因此，该派的很多伊玛目外出时遭到杀害。如宰德·本·阿里（公元740年卒）外出时就被杀害，并被钉在十字架上。之后，其子叶海亚·本·宰德继任伊玛目，前往呼罗珊，被众人围困，后也被杀害并被钉上十字架。叶海亚之后，该派事务交由穆罕默德和易卜拉欣·伊玛木掌管。两人从麦地那出发，易卜拉欣前往巴士拉，后两人均被杀害。之后的各伊玛目，都宣称艾布·伯克尔和欧麦尔哈里发地位的合法性，认为比阿里稍"逊色"的人也能继位。

伊玛目宰德曾师从穆阿台及勒派创始人瓦绥勒·本·阿塔（公元699—749年），向其学习宗教原理，故宰德派与穆阿台及勒派甚为相近。舍赫拉斯塔尼（公元1086—1153年）说，宰德一派人都成为穆阿台及勒派。

因此，宰德派在某些问题上与什叶派的其他派别有所不同。由于观点温和，伊斯兰历史上没有他们发动过激烈的运动的记载。

他们的一位名叫卡西姆的领袖于公元1633年将土耳其总督逐出也门，建立了宰德派政权。1849年，土耳其人再次入侵，又恢复了土耳其人的统治，直至1904年，伊玛目叶海亚发动起义。但是，土耳其人直到1911年才承认该政府的独立。直到第一次世界大战的最后一年，土耳其人才完全撤出也门。今日也门王国属宰德派。

宰德派有很多自成体系的关于宗教原理、圣训和教法学的著作。舒卡尼[①]是该派后期著名的伊玛目之一，他写了很多关于宗教原理和教法学的著作。

① 舒卡尼（公元1760—1834年）：也门著名的教法学家。——译者

法蒂玛王朝

什叶派终于获得机会夺取政权。最著名的什叶派政权之一当属位于马格里布、埃及、沙姆地区的法蒂玛王朝(公元 909—1171 年),其统治持续了很长一段时间。他们建立了一个疆域辽阔的领地,他们在埃及传播民族主义精神,甚至认为埃及是一个独立的王国。纳赛尔·胡塞鲁[①]游历至此,将其描述为一个具有高度文明的国度。

什叶派人以类似于古代波斯的统治制度来治理国家,他们大力鼓励科学、文学和艺术,兴建了很多图书馆。他们的建筑一直是宏伟的伊斯兰建筑艺术的杰作。此外,还有那些流传至今的精美的古董珍品。但是,尽管什叶派人长期以来一直指责阿拔斯人,说他们骄奢淫逸,沉溺享乐,宗派主义强烈,但一旦他们自己掌权,乃至布韦希人统治伊拉克及周边地区时,真看不出他们与阿拔斯人有多大区别。阿拔斯人挥霍无度,什叶派人照样无度挥霍;过去是暴政不公,现在依然是不公暴政;而宗派主义则彼此如出一辙。当倭马亚人和阿拔斯人的派性发作时,他们起而攻击;当阿拉维派

---

① 纳赛尔·胡塞鲁(公元 1003—1088 年):波斯最著名的诗人之一,奉伊斯玛仪派。——译者

人、布韦希人和伊斯玛仪派人大发派性时，另一方则起而报复。真是有人说得好：

勿以(美女)杏德独变心，　佳人心思皆杏德。

的确，不管从哪个方面，无论在什么地方，总有一些统治者以公正虔信闻名；也总有另外一些人，以暴政不义著称。声称具有免罪性的隐遁的时代之主并不能使暴君放弃暴政。什叶派的赛弗·道莱·本·哈姆丹(公元 916—967 年)既是掠夺者，又是好施者。他任命的一位法官曾说："有人死了，赛弗·道莱就有所获。"

因此，尽管法蒂玛王朝统治埃及人很长时间，但却未能让埃及人都信奉什叶派，萨拉丁[①]轻而易举地使他们重回逊尼派信仰。历史学家告诉我们，法蒂玛王朝的哈里发扎希尔(公元 1021—1035 年在位)年轻时，迷玩乐、好享受，以致王权被其库尔德大臣伊本·赛拉尔篡夺。历史学家还告诉我们，法蒂玛人长达近两个半世纪的统治，充斥着阴谋纷争，百姓生活每况愈下，饥荒灾难不断，旱年贫困更剧，资源稀缺，赋税猛涨，查封抄收多有发生。翻开麦格里基的《埃及志》，会看到哈里发王宫中的珍奇古玩、仆人、珠宝无数，而黎民百姓却生活于水深火热之中。这里的情况与那里的情况是一样的，不同之处在于，什叶派的统治依赖的是不接受任何批评的具有免罪性的伊玛目，而逊尼派的统治靠的是不具有免罪性、可能对也可能错，但可接受批评的哈里发来支撑。

① 萨拉丁(公元 1138—1193 年)：埃及阿尤布王朝的缔造者，著名政治家、军事家，阿拉伯抗击"十字军"东侵的民族英雄。——译者

什叶派文学

什叶派曾拥有两个大国，一为在马格里布、埃及、沙姆的法蒂玛王朝；一为在波斯、伊拉克的布韦希王朝。两个王朝都有繁荣的文明，有诗歌、艺术和科学。法蒂玛王朝以诗歌见长，诗人伊本·哈尼[①]的诗充斥着对法蒂玛王朝哈里发的颂扬，哈里发们对他则是赞赏有加，他甚至将哈里发们与神灵相提并论。后来的诗人纷纷效仿他。他的诗中有这样的词句：

我有什叶派利剑在手，

如果哈里发穆伊兹丁掌权，

灾难便永远不会有。

又如：

他是世界源，天地为他开，万物源于他。

众目注视你，命运听从你，光芒为你暗。

切莫问时光，它在你手中，任由你支配。[②]

又如：

你不想与命运抗争，天下唯你是听；

① 伊本·哈尼（约公元937—973年）：安德鲁斯诗人，被誉为西部的穆泰奈比。——译者

② 诗中的“他”、“你”，均指哈里发穆伊兹。——译者

你就像先知穆罕默德，你的助手就是辅士。

来世说情诚有效，火狱见你火自熄。

后来的诗人们沿袭其诗风，对哈里发们大加颂扬。这样的风气一直持续至欧玛拉·叶曼尼[①]。

从伊本·哈尼到欧玛拉·叶曼尼期间，模仿伊本·哈尼写赞美诗的诗人无数，如台米姆·本·穆伊兹[②]等人。其中艾布·哈桑·阿里·本·穆罕默德·艾赫法德在颂扬哈里发阿米尔[③]的诗中写道：

居显达之巅，位神光之峰。

他对哈里发哈菲兹[④]称颂说：

他备受万人瞩目，理智之中有光明和正途；

知他谓为尊，见他谓为高。

除诗歌之外，自总宣教师努阿曼[⑤]时代初期起，各种集会上都有文化活动。努阿曼的集会都举行学习活动，并设席讲座。这一传统一直延续到叶耳孤卜·本·卡勒斯[⑥]时代，他每周都要在家中开一次课，课上朗读自己的著作，并确定不同流派的文学家或学者中的一本诗集加以研读。

---

① 欧玛拉·叶曼尼(公元 1121—1173 年)：诗人、教法学家，第一位撰写也门历史的历史学家。——译者

② 台米姆·本·穆伊兹(公元 1062—1108 年)：齐里人的埃米尔，曾光复苏撒和突尼斯。齐里人曾建齐里王朝(公元 972—1152 年)。——译者

③ 阿米尔(公元 1096—1130 年)：法蒂玛王朝第十任哈里发。——译者

④ 哈菲兹(公元 1074—1149 年)：法蒂玛王朝第十一任哈里发。——译者

⑤ 努阿曼(公元 974 年卒)：摩洛哥法官，埃及法蒂玛王朝的总宣教师。——译者

⑥ 叶耳孤卜·本·卡勒斯：法蒂玛王朝第五任哈里发阿齐兹(公元 975—996 年)的宰相。——译者

法蒂玛人建图书馆，鼓励、重视翻译。他们捐钱以抄写图书，以至于智慧馆中的誊抄者、阅读者人涌如潮。在艺术方面，艺术品在宫廷中比比皆是，这可以从萨拉丁时期从宫中流散出的珍宝数量和变卖情况得到佐证。除此之外，让我们大为惊叹的还有他们的节日庆典，如开斋节、宰牲节举办的盛筵等等。总之，法蒂玛人给我们留下了一份注重科学、文学和艺术的流传久远的文明。

* * *

布韦希王朝同样重视学术与文学。起初，该王朝固守波斯文学，但不久就深深地爱上了阿拉伯文化，并涌现出了一些像阿杜德·道莱（公元936—983年）那样的国王，出现了国王与学者、诗人一起吟诗论文的盛景。大臣们纷纷效仿国王，都热心起文学来。其中最著名的是被誉为“四极”的伊本·阿米德（公元970年卒）、萨希布·本·阿巴德（公元938—995年）、宰相姆海莱比[①]、伊本·萨阿丹[②]。这四人个个声名显赫，各有所长，吸引了众多文人学者。萨希布·本·阿巴德以纯文学见长，他在聚会中向文学家们讲授文学批评，建议他们写一些特定题材的诗歌，或者探讨某些诗句的用词；伊本·阿米德擅长学术和文学，一批相关的学者前去投奔；伊本·萨阿丹关注哲学，常与哲学家如艾布·哈扬·陶希迪[③]探讨一些哲学问题；姆海莱比喜好纯文学及文学创作，艾布·法拉吉·伊斯法哈尼（公元967年卒）和泰努黑法官（公元939—994年）等人是他集会上的常客，伊斯法哈尼将自己编著的《乐府

① 姆海莱比（公元963年卒）：布韦希王朝著名宰相、文学家、诗人。——译者

② 伊本·萨阿丹：阿杜德·道莱之后素丹赛姆萨姆·道莱的宰相。——译者

③ 艾布·哈扬·陶希迪（公元1010年卒）：苏菲派智者、哲学家。——译者

诗集》献给了他。这些人让世界充满了学问和文学。

在什叶派的文学遗产中，还有谢里夫·里达[①]的诗歌，他诗集中的内容多与什叶派有关。米哈耶尔·戴莱米[②]也是什叶派诗人，他写了很多什叶派诗歌。

阿里家族所受的殉难和迫害是什叶派文学家无尽恸哭、悲啼的动因。如纳希邑[③]说：

艾哈迈德人啊，
我为你们心碎，
你们带给我的灾难前所未闻。
你们杀人的花样让我震惊，
终会有人对你们发起攻击，
就好像先知留下了处死你们的嘱托。
你们的尸首将遍布大地。

纳希邑还写有著名的“巴伊亚”哀悼诗，开篇写道：

我的希望远在天边，
而死亡却近在咫尺。
我错看了这命运多舛。

纳希邑悲啼哀怜的诗不胜枚举。

萨希布·本·阿巴德写有约一万句赞颂圣裔家族美德、攻击其敌人的诗。其中有这样尖刻的词句：

---

① 谢里夫·里达(公元 970—1016 年)：巴格达著名诗人。——译者

② 米哈耶尔·戴莱米(公元 1037 年卒)：巴格达著名诗人，谢里夫·里达的学生。——译者

③ 纳希邑(公元 884—975 年)：什叶派著名诗人。——译者

荡妇说她热爱穆阿威叶，
我怒斥让她闭嘴。
她说你错怪了我们，
我再次让她闭嘴。
荡妇啊荡妇！
难道公然违抗（先知）遗嘱是你所最热衷的吗？
我诅咒叶齐德和他祖宗八代。

艾布·伯克尔·花拉子密[①]是什叶派著名作家之一。他是一位对穆圣族裔特别有感情的人，他以手中之笔为武器与对手论战。他的什叶派立场对他的文章有很大影响，他不放弃任何一个可利用的机会，或攻击他的论敌，或赞美什叶派领袖，或表示对圣裔家族所遭受的不义、杀害、被剥夺权力的哀伤与悲痛。他曾致信内沙布尔的什叶派人，信中他满怀忧戚地细数倭马亚王朝和阿拔斯王朝时期什叶派人所遭受的杀戮、驱遣和苦难。他在信中写道：你们和我们——愿真主矫枉我们和你们——皆是真主未让我们现世舒心之人，他将我们留待来世天园；他让我们舍弃现世之酬劳，为我们备下后世之酬报。他将我们分成两部分，一部分是死而殉教者；另一部分为殉教而苟活。活着的人羡慕殉教者死得其所，而不愿像现在这样活着。信士们的长官说，向我们什叶派袭来的灾难快于流向低处的水。若我们在礼仪教法上追随我们的伊玛目，追随他们的美与丑，那我们也应追寻他们灾难的印迹：我们的圣母法蒂

① 艾布·伯克尔·花拉子密（公元 928—993 年）：阿拔斯王朝著名诗人、作家。——译者

玛在塞基法会议之日被篡夺了继承她父亲遗产的权利；信士们的长官被推迟了继任哈里发职位；哈桑被密谋毒死。花拉子密在信中就这样历数什叶派经历的灾难，尖刻而猛烈地抨击麦尔旺、祖拜尔家族和阿拔斯人。

什叶派人就是这样著书立说的。如《辞章之道》[①]的注释者伊本·艾比·哈迪德[②]写了七首类似悬诗（七首）那样的诗歌，他称之为《阿拉维派七诗》。其中第一首诗记述了海白尔之战[③]；第二首诗记述了攻克麦加之战；第三首诗是对穆圣的描述；第四首诗是关于骆驼之战[④]；第五首诗是对阿里的描述；第六首诗是他对自己的描述和赞颂；第七首诗是他自己的抒怀。如他写道：

吾泣圣裔之被杀，怆然恸哭泪盈怀。

圣裔互敌谓为罪，兄弟盟誓遭毁坏。

侯赛因骸骨遍散铁蹄下，指主发誓难忘怀。

身之所覆红血衣，明日天国绿自还。

铁蹄践踏他胸额，大地战栗毁坏多。

吾悼那血雨腥风，倭马亚人血满手。

等等。

总之，什叶派文学在悲情、恸哭及颂扬哈里发的题材上留下了

① 《辞章之道》：伊斯兰教第四任正统哈里发阿里言论汇集。被什叶派奉为重要圣训典籍。由什叶派学者、诗人谢里夫·里达辑录汇编。——译者

② 伊本·艾比·哈底德（公元1190—1257年）：穆阿台及勒派诗人。——译者

③ 海白尔之战：公元628年穆罕默德领导的穆斯林公社同犹太人之间的一次武装战斗，为穆罕默德传教期间的著名战役之一。——译者

④ 骆驼之战：伊斯兰教历史上第一次内战。在阿里和穆罕默德遗孀阿绮莎与泰勒哈、祖拜尔结成的联盟之间展开。——译者

丰富的文学财富。我们说什叶派文学，也指一种穆阿台及勒派文学，因为布韦希文学既是什叶派文学，又是穆阿台及勒派文学。

第 四 篇

苏 菲 主 义

苏菲主义的产生

苏菲[1]是一种主义，不是像穆阿台及勒派、什叶派或逊尼派那样的独立派别，因此，某人既可以是穆阿台及勒派人，又是苏菲主义者；也可以同时是什叶派人和苏菲主义者；或者同为逊尼派人和苏菲主义者，甚至一个苏菲派人也可能是基督教徒、犹太教徒或佛教徒[2]。但这并不妨碍我们如先前的法赫鲁丁·拉齐，那样，为苏菲主义者单列章节予以介绍。

有人在书中将苏菲主义归入逊尼派的一个支派。如伊本·苏卜基在《伊本·哈吉卜[3]信仰解》一书中说："所有逊尼派人在确定应该、允许和反对的行为上都有一致的信仰，只不过在履行的方法和原则上有所不同。总之，据考证，他们分成三个支派：

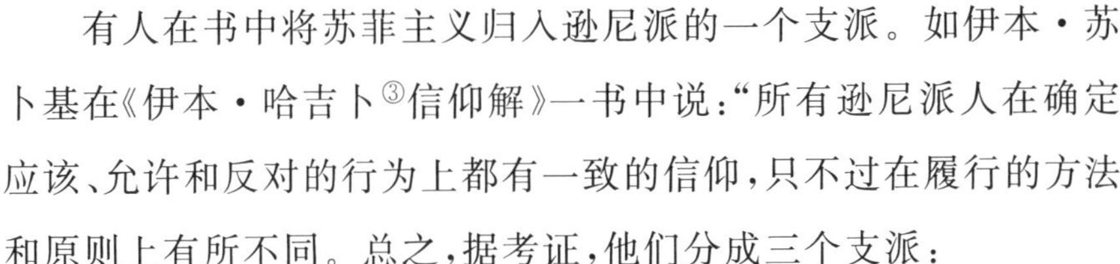

第一，圣训派。其原则依据是传述线索、《古兰经》、圣训和公议。

---

① 我们在"正午时期"第二册中对苏菲主义作过介绍，其目的是为澄清教法学家和苏菲主义者之间的论争。此处是对苏菲主义做历史考察。内容若有重复之处，恳请读者见谅。

② 事实上，现代有一个以伊纳耶拉汗为领导的苏菲教团，融合了不同宗教，每三个月出版一期苏菲主义杂志。

③ 伊本·哈吉卜（公元 1249 年卒）：埃及著名语言学家、语法学家、马立克派教法学家。——译者

第二，理性意见派。包括艾什尔里派和哈乃斐教法学派，如艾什尔里派的创始人艾布·哈桑·艾什尔里和哈乃斐教法学派教长艾布·曼苏尔·马图里迪，他们一致同意以理性原则作为判断所有传述之依据。

第三，直觉默示派，即苏菲主义。他们的原则起初与前两派的原则相同，最终发展为弃世与默示。”

关于“苏菲”一词的词源有不同说法，一说源自“苏法”①；一说源自“萨法”②；一说源自“苏菲耶”，希腊语，意为“智慧”；一说源自“苏夫”③。我们倾向于认为它源自“苏夫”，因为该派成员起初身着粗羊毛织衣，俭朴禁欲；同时，我们还认为他们起初是以伊斯兰教作为根基的。苏菲主义最初呈现在我们面前的是禁欲和爱主。《古兰经》中有很多经文要求在现世禁欲，贬低现世，如：“竞赛富庶，已使你们疏忽，直到你们去游坟地。”④“财产和后嗣是今世生活的装饰”⑤，“今世的生活，就像是从云中降下雨水，地里的禾苗”⑥等等。伊斯兰教初期，有很多人以禁欲著称，如苏法部落的人、艾布·宰尔·尔法里⑦以及之后的哈桑·巴士里（公元624—728年）。哈桑·巴士里是一位大教长，他有很多有关蔑视世俗、

① 苏法：阿拉伯语音译，穆罕默德时代一部落名。该部落的人苦行禁欲，虔诚礼拜，与世隔绝。——译者

② 萨法：阿拉伯语音译，意为洁净、纯正。——译者

③ 苏夫：阿拉伯语音译，意为羊毛。——译者

④ 马坚译：《古兰经》，102：1—2。——译者

⑤ 同上书，18：46。——译者

⑥ 同上书，10：24。——译者

⑦ 艾布·宰尔·尔法里（公元652年卒）：穆罕默德最早的门弟子之一，以虔诚和生活俭朴著称。——译者

畏惧真主的言论。他总是郁郁寡欢、悲哀欲绝，以致人们说他“总是像送殡回来一样”。但这些人都未被称为后来意义上的苏菲主义者，甚至连哈桑·巴士里，古沙里（公元1072年卒）都未将他列入其《苏菲论集》中的人物传记之中。

苏菲主义的第二个基石是热爱真主。《古兰经》云：“信道的人们，对于敬爱真主，尤为恳挚”[①]，圣训说：“仆人苏海卜[②]是多么优秀的人啊。如果他不畏惧真主，就会不听从真主。”“真主将带来众人，真主爱他们，他们亦爱真主。”然而，在伊斯兰教开疆拓土之后，各种文化混杂在一起，希腊哲学，尤其是新柏拉图主义、基督教、佛教和祆教在伊斯兰帝国盛行，于是这种禁欲和神爱被哲学化了，这些宗教的一些教义便渗入了苏菲主义。

自从亚历山大大帝东征之后，希腊哲学便在东方得到了传播。在哈兰[③]有其学派，称为萨比教派。他们将很多希腊典籍翻译成古叙利亚文，后又译成阿拉伯文。

流传范围稍次于希腊哲学的有印度和波斯哲学。印度在君迪沙普尔[④]有一所学校，同时教授希腊和印度学问。

这些哲学的部分思想于苏菲主义发展初期之后，开始渗入苏菲主义。

① 马坚译：《古兰经》，2:165。——译者

② 苏海卜：穆罕默德的释奴，第一批入教的门弟子。穆罕默德死后，为哈里发欧麦尔当宣礼人。——译者

③ 哈兰：土耳其两河流域间的一古城。——译者

④ 君迪沙普尔：伊朗胡齐斯坦地区的一座城市。——译者

何为苏菲主义？

那么什么是苏菲主义呢？伊本·赫勒敦或许对其含义作了最明晰的阐述，他说：

“苏菲主义的根本，即苏菲方式，是潜心拜主，寂灭于主，弃绝尘世，禁欲苦行，舍弃一切世人趋之若鹜的享乐、金钱和名望，隐居独修拜主。这在圣门弟子和先贤那里甚为普遍。自伊历二世纪起，随着追逐世俗享乐之风的泛滥，以及人们转而忙于世俗生活，便有人以苏菲方式拜主……”伊本·赫勒敦接着说：“苏菲主义者有专门的礼仪和术语，因为语言的形态要被大家所公认，如果所指的意义不为大家所承认，就应用易于理解的词语来表述……教法（沙里亚[①]）分两种：一种是属于教法学家和教法说明人的；另一种则属于那些说要苦修、自省其身，体验直觉经验，以及使体验不断升华的人的……通常，随这种苦修、弃世和赞念而至的是揭开感觉的遮蔽，了解本不认识的真主的世界。这种揭示会使精神脱离表面的感觉而深入到内心，就会变得强大，而感觉就会变弱，精神的力量就会占到上风……随着揭示的不断增多，原来的知识就会变为见证。”

---

① 沙里亚：伊斯兰教法的专称。阿拉伯语音译。——译者

伊本·赫勒敦将苏菲主义的要素归结为四点：

1. 苦修及由此产生的体验、直觉以及对行为的自省。

2. 从精神世界得到的启示与真理。

3. 现世中的行为及各种品德。

4. 苏菲长老所说的一些字面含糊的词语，是不能按常规理解的。人们对此莫衷一是，有反对的，有珍爱的，有阐释的。

苏菲主义更多地依赖体验和直觉，很少依赖逻辑。在他们看来，理智是无用的工具，如果理智能知晓事物表象，那么它绝不能揭示真相，因为理智只了解知觉所感知的事物，即它只能了解事物的表象，至于事物的真相、其存在的本体，则是它永远力不能及的。苏菲主义具有赞美真主、畏惧真主，深感内心软弱，完全顺从真主强大意志和绝对信仰真主独一的特点。

有些苏菲主义者是这样给苏菲主义下定义的，如鲁维姆·巴格达迪（公元915年卒）说："苏菲主义是建立在坚守贫困，以奉献为途，舍弃目的与选择的习性之上的。"

卡尔黑[①]说："苏菲主义是获得万物之中的真相和绝望。"祝奈德[②]说："是你不通过关系与真主在一起。"祖努[③]说："是你无物，物无你。"有人问哈斯里："你这里谁是苏菲主义者？"答："大地无损于他，苍天无遮蔽于他之人。"[④]

① 卡尔黑（公元815年卒）：巴格达著名苏菲主义者。——译者

② 祝奈德（公元911年卒）：巴格达著名苏菲主义者。——译者

③ 祖努（公元859年卒）：埃及著名苏菲主义者，努比亚人。——译者

④ 此处援引定义参见《古沙里论文集》和《光辉》。

苏菲哲学中最早出现的是拉比阿·阿德维娅[①]所说的"神爱论"哲学。她说：

我爱您以两种爱，
我的幸福之爱，
您应享有的完美之爱。
自私之爱使我心中只有您，
其他一切我均置之度外。
专属于您的纯洁无瑕之爱，
犹如面纱轻垂将您遮盖。
轻撩面纱，我瞻仰风采。
赞此种爱，赞彼种爱，
荣誉不属于我，
赞颂之词只应与您同在。[②]

安萨里在《宗教学科的复兴》中写道："或许她想以思慕去爱真主，以使真主以现世的份额善待她、慈悯她。她想以对真主的爱，去体验真主向她揭示的至尊和至美。这是最高和最强的爱。"穆圣曾描述过一睹真主之美的愉悦，他模仿真主的话说："我为我的良善的仆人预备了眼看不见，耳听不着，心想不到的恩赐。"

拉比阿·阿德维娅关于神爱还说道：

知音长存我心间，任由我身同席坐。

---

① 拉比阿·阿德维娅（约公元735—801年）：伊斯兰教苏菲派女圣徒。最早提出神爱思想，奠定苏菲神爱论的基础。——译者

② 转引自金宜久主编：《伊斯兰教》，宗教文化出版社1997年版，第266页。原文中"我唯有隔纱瞻仰丰采"一句改为"轻撩面纱，我瞻仰风采"。——译者

席友相慰在之身，知音相慰在之心。

拉比阿·阿德维娅之后，苏菲主义的神爱说风行一时。

拉比阿·阿德维娅，其名字就证明她是阿拉伯人，她是当时的知名人士。她幼年丧父，因巴士拉发生饥荒，被卖为奴。她的主人因其通宵达旦勤于礼拜而对她赞赏有加。她于伊历235年/公元849年[①]去世。由于她是阿拉伯人，因此我们推测她的神爱哲学大致是因其勤于拜主和苦行而得到的心灵感受。另外，她女性的特质也是导致其神爱哲学的原因之一。古沙里在他的论文集中提及她曾密语道："主啊，难道你要以火狱焚烧爱你的心吗？"一个声音对她说："我们没有这样做，你不要错怪我们。"据说她曾见过哈桑·巴士里，并聆听过他的教诲。对二人进行比较的人认为，哈桑·巴士里沉浸于对真主的畏惧中，而拉比阿·阿德维娅则沉浸于对真主的爱中。显然，爱要远远高于畏惧。

拉比阿·阿德维娅之后的人可能会受到其他各种文化中爱之含义的影响，但我们认为拉比阿·阿德维娅并未受到这些影响，她对真主的爱是发自内心的。她心有所想，便为之欢歌，就像汉莎[②]为忧伤而长歌一样。

伊历二世纪苏菲主义初创之时，并没有供苏菲主义者集会的清真寺或供他们履行仪式的专门场所，他们是分散的个体，或许有些人有弟子追随。很多苏菲主义者云游四方，诵读《古兰经》，不停

① 此年代有误，原文如此。卒年应为公元801年。——译者

② 汉莎（公元645年卒）：阿拉伯最著名的悼诗诗人。她的兄弟、儿子皆战死沙场，她为忧伤而歌。——译者

地赞念真主。这一时期，我们发现艾布・叶齐德・比斯塔米[①]经常谈论与真主的联系和对真主的想念。他开创了后来成为苏菲主义基石之一的思想，即“寂灭于主”的思想。艾布・叶齐德为波斯人。寂灭的思想原为佛教的古老思想，佛教徒称其为“涅槃”。

“寂灭”思想是苏菲派的通用概念。“寂灭”有不同的级别和表现形式：第一是精神上的道德转变，即摒弃一切欲念；第二是抛开意念中的一切存在，专心想念真主。前者属心理层面，后者属思维层面。然后是无任何思想意念，无意识地想念真主。最高境界则是失去个体意识而与真主永存。赛利・萨格推[②]形容达到这一境界的人说：“剑刺其脸而不觉。”

渗入苏菲主义的可能还有基督教元素。有很多传闻说有一些苏菲主义者和基督教的修道士有过接触，如穆拜莱德[③]在《辞章集成》中就提到过，其大意是：有两位修道士自沙姆抵至巴士拉，其中一人建议一起去拜会哈桑・巴士里，因为他的生平与耶稣的生平类似。

很多关于苏菲主义的传说，称苏菲派人宿住基督教徒的修道院，并传述《新约》的经文。据说基督——愿真主赐予他平安——路遇三个面黄肌瘦的人，就问他们：“是什么让你们如此？”他们回答说：“对火狱的恐惧……”耶稣说：“你们不恐惧被造之物。”然后，

① 艾布・叶齐德・比斯塔米（公元874年卒）：伊斯兰教早期苏菲主义学者、教义学家。——译者

② 赛利・萨格推（公元867年卒）：巴格达著名苏菲主义者，祝奈德的老师。——译者

③ 穆拜莱德（公元826—898年）：阿拔斯王朝著名语言学家、文学家。——译者

基督又遇见三个更加面黄肌瘦的人，就问了他们同样的问题，这三人回答说："对天国的渴望……"耶稣回答说："你们贪求被造之物。"最后，基督遇到三个最为面黄肌瘦之人，又问了同样的问题，这三人回答说："对主的爱……"耶稣回答道："你们是最接近主的人。"人们认为苏菲主义从基督教吸收的东西是：穿粗毛织衣，因为很多修道士都穿这样的衣服，以及神爱说。

新柏拉图学派也被认为是苏菲主义的来源之一。很多新柏拉图学派的著作被翻译成古叙利亚文，后又从古叙利亚文再译成阿拉伯文。新柏拉图学派的大部分思想来自普罗提诺[①]。普罗提诺生于埃及，公元三世纪时前往罗马。他著有《九章集》，其部分章节被阿卜杜·麦斯赫·本·纳尔玛·霍姆绥译成阿拉伯文，题为"神学篇"，后由艾布·优素福·叶耳孤卜·肯迪[②]为艾哈迈德·本·穆阿台绥姆·比拉[③]校订。伊本·西那从此书中获益颇多，并对其作了阐释，他错误地认为该书是亚里士多德的著作。普罗提诺在《九章集》中写道："或许我已脱离了自我，将我的肉体剥离，我像成了一个没有肉体的纯粹的精灵，于是我进入我自己，回归了我自己，摆脱了一切，知道了一切。在我内心我看到了美好与光芒，我为此惊讶不已……"这种哲学在埃及甚为流行，埃及著名的苏菲主义者祖努便学习了这种哲学。新柏拉图学派带给苏菲主义的思想

① 普罗提诺（约公元204—270年）：古罗马帝国时期唯心主义哲学家，新柏拉图学派最著名的代表。——译者

② 艾布·优素福·叶耳孤卜·肯迪（公元796—873年）：中世纪阿拉伯哲学家、自然科学家，亚里士多德学派的主要代表之一。——译者

③ 穆阿台绥姆·比拉（公元833—842年在位）：阿拔斯王朝第八任哈里发。——译者

有:流溢说,神光论和显现说等。尽管穆斯林苏菲主义者最纯粹的本源是伊斯兰教,但佛教、基督教和新柏拉图学派的某些思想也渗入了苏菲主义之中。

正如很多东方学者所说,艾布·叶齐德·比斯塔米将佛教的"寂灭"思想引入苏菲主义,其他人则引入了其他思想。东方学者们之间的分歧在于各种思想引入的程度。有人认为基督教的成分多,有人认为新柏拉图学派的成分多,有人则认为佛教的成分多。

我们不禁要问:某个民族中的一种思想出现于苏菲主义中,这是否就证明苏菲主义取自于它呢?佛教中有"涅槃",苏菲中有"寂灭",这是否能证明后者取自前者呢?这种说法值得怀疑,站不住脚,有很多说不通的地方,比如拉比阿·阿德维娅是一位阿拉伯妇女,没有证据表明她学过任何外来文化,但她却是第一个倡导"神爱说"的。那她从何而得基督之爱呢?并且,我们也不会同意某一潮流或某一禀赋会产生同样的结果这样的说法。世界上以理性得到的结论往往是一致的,因为人的理智是相似的,都遵循着有条件的前提、各种类比等逻辑法则,而人的情感却各不相同。尽管如此,苏菲主义者在心灵默想、功修和听从长老方面采取同样的方法时,我们发现其结果也是相类似的。伊拉克的苏菲主义者能懂得安德鲁斯的苏菲主义者,反之亦然,安德鲁斯的穆哈伊丁·本·阿拉比(公元1165—1240年)能理解伊拉克的哈拉智[①]。作如上说明后,我们怎么能断定有哪些因素渗入苏菲主义呢?在笔者看来,这就像充斥于阿拉伯文学著作中的诗歌剽窃现象一样,有人

① 哈拉智(公元857—922年):伊斯兰教苏菲主义著名代表人物。——译者

说，这句诗的意思是剽窃那句诗，除非这两句或几句诗的用词完全相同，否则我们不能下此论断。至于所表达的意思，则是所有环境下的普遍表达，两人或几人可能同时所见，每人各自成句，不成为剽窃。在这方面，阿卜杜·阿齐兹·朱尔贾尼做得比较公允，他将剽窃行为限定在很小的范围之内，我们亦认为应当如此。

苏菲主义的发展

总之，苏菲主义发端于伊历二世纪，并在之后的数个世纪中不断发展，这是毫无疑问的。如果对早期苏菲主义者写的文本和后期以及再后期写的文本进行比较，我们就会感觉到这种发展。为此，我们查阅了《古沙里论文集》和《名人谱系考》，发现前期的文本清晰明了，之后发展至其反面了。

东方学家将这种现象解释为苏菲主义与其他宗教信徒的接触的结果。我们认为这可能是自然的发展，正如最初那些夜宿麦地那先知清真寺凉棚的人的伊斯兰苦行，发展成具哲学意味的像哈桑·巴士里那样的苦行；以及早期的圣门弟子苏海卜（公元 659 年卒）那种纯朴简单的爱，发展成具哲学意味的拉比阿·阿德维娅（约公元 735—801 年）那样的爱。

总之，易卜拉欣·本·艾德海姆[①]、达乌德·塔伊、法迪勒·尔亚德、沙基格·巴里黑[②]等人，他们都殁于伊历二世纪，几乎无人否认他们是伊斯兰苏菲主义者。其后，至伊历三世纪，我们发现苏菲派哲学意味加重，比如麦阿鲁夫·凯尔希的一些言论。麦阿

① 易卜拉欣·本·艾德海姆（公元 778 年卒）：巴里黑苏菲主义的著名代表。——译者

② 沙基格·巴里黑（公元 810 年卒）：呼罗珊地区著名苏菲长老。——译者

鲁夫·凯尔希卒于伊历200年/公元815年，据说他完全被对真主的思恋所控制。他的弟子赛利·萨格推(867年卒)说："对真主之爱不是通过学习得到的，而是真主的馈赠和恩德。"之后，伊本·苏莱曼·达拉尼和祖努·米斯里的言论更为深入地发展了苏菲主义。

祖努·米斯里

祖努(约公元 796—860 年)也是一个颇具传奇色彩的人,他生于埃及的艾赫米姆城[①],据传他是努比亚人。他的言辞表明他是一个涉猎广泛的人。祖努以精通炼金术著称。炼金术在那个时代与巫术混杂,今日看来无足为奇的化学反应在过去看来不啻于奇迹。据说他喜欢在古埃及神庙中徘徊徜徉,凝视上面刻着的古埃及的象形文字。祖努声称自己能解读这种充满神秘与智慧的文字。流传下来的他的解读被证明其实他并没有像商博良[②]解读拉希德石板[③]那样真正读懂象形文字,他的解读不过是他自己的想象和臆测罢了。无论如何,祖努在苏菲主义的发展历程中影响巨大,他引入了阶段和境界说,苏菲主义运用了其中的大部分观点。苏菲主义中有大量的言论阐述由祖努创立的阶段和境界说,其主要内容为:通向真主的道路是艰辛的,寻道者必须一个一个阶段循

① 艾赫米姆城:埃及尼罗河东岸的城市,位于苏哈吉省。——译者

② 商博良(公元 1790—1832 年):法国历史学家、语言学家,第一位破译古埃及象形文字结构的学者。——译者

③ 拉希德石板:也称罗塞塔石碑。是一块刻有埃及国王托勒密五世诏书的石碑。由于这块石碑刻有同一段文字的三种不同语言版本,即象形文字、古埃及通俗文字和希腊文字,使得近代的考古学家得以破译古埃及象形文字。罗塞塔石碑于 1799 年在埃及港口城市罗塞塔附近发现,现保存于大英博物馆。——译者

序渐进。因此,苏菲主义者称这条通向真主的道路为“旅程”或“朝圣”,称在这条道路上行进的人为“行路人”。这些不同的阶段被称为“麦嘎姆”。苏菲主义最古老的著作之一《光辉》一书的作者图西(公元995—1067年)将其分为七个递进的阶段,它们是:忏悔、虔诚、禁欲、守贫、坚忍、信任和满足。忏悔指有罪责感和强烈悔改的决心,如果寻道者未达此境界,则应一遍一遍反复忏悔,直至真主饶恕他。据说有人反复忏悔了七十次。除应有罪责感和决心悔改之外,不要总是想所犯的过错,因为第一要务是至高的真主。忏悔之后,寻道者应追随导师或长老,并完全听从于他。苏菲主义者鄙视没有导师的修行者,他们说这种人就像一个没有园丁管理的果园,不可能结出好的果实。而虔诚,则是指寻道者在修持的第一年一心拜主和为人服务;第二年,弃世拜主;第三年,断绝一切欲望和俗念,冥思真主,随后至禁欲守贫。即哪怕是富人,也要弃绝俗世享乐,无欲无求,过穷人的生活。然后是坚忍,修行者在这个阶段要折磨自身,因为那是恶的表现。先知穆圣说:“你最大的敌人是你自己。”之后是“信任”阶段,在这个阶段,人们让自己成为造物主手中的器物,任由他摆布。最后达到满足稳静、身心舒畅、精神健全的阶段。因此,寻道者在这个阶段采用歌唱、音乐、舞蹈以及反复念诵“万物非主”或“真主啊真主”等形式,直至感觉是心在念诵。笔者不知道他们分成七个阶段的说法与法蒂玛王朝的七级教义是否相一致,不知道他们谁取自谁。

这是阶段,而境界则分为冥想、近主、爱主、畏主、希望、渴望、亲密、稳静、凝视和确信。苏菲主义者认为“阶段”通过个人努力是可以获得的,而境界则是真主的恩赏,不由人控制,正如他们所说:

“境界是真主所赐，阶段是修行所得。”

总之，伊历二世纪时，苏菲主义还未形成一个组织严密的团体，他们还只是分散于各地的一些小团体，或许每个苏菲长老都有追随他的弟子。

祖努·米斯里之后，苏菲主义的著名代表是赛利·萨格推（伊历253年/公元867年卒）。据说他是第一位在巴格达讲述神学真理和认主独一的人。赛利·萨格推之后，便是祝奈德·巴格达迪（伊历297年/公元909年卒），他是第一位建构苏菲含义，并著书阐释之人。至伊历四世纪，苏菲主义在理论上和实践上都更成体系了。

早期的苏菲主义者尽管有他们自己的功修，但他们仍按时履行宗教礼仪。后来，一些苏菲主义者中出现了不严格遵守宗教礼仪的倾向，好像是苏菲主义者和真主之间的这种苏菲主义的联系使他们不必再履行原来的宗教礼仪了。

万有单一论

万有单一论(一译存在单一论)是苏菲主义者很早就提出的主张,这是一个极为精细的问题,或许可以将其解释为爱者寂灭于所爱,其爱之切,以致难以分辨爱者与所爱。苏菲主义者沉思《古兰经》中的某些经文,按照他们的信仰加以理解,比如,"除他的本体外,万物都要毁灭。"[①]"凡在大地上的,都要毁灭。"[②]"无论你们转向哪方,那里就是真主的方向。"[③]"如果我的仆人询问我的情状,你就告诉他们:我确是临近的……"[④]"我比他的命脉还近于他。"[⑤]苏菲主义者的这种寂灭说一方面是由他们的沉思和执迷所致。另一方面来自"莱伊拉的情痴"[⑥]、哲米勒·布赛娜[⑦]和库塞尔·阿

---

① 马坚译:《古兰经》,28:88。——译者

② 同上书,55:26。——译者

③ 同上书,2:115。——译者

④ 同上书,2:186。——译者

⑤ 同上书,50:16。——译者

⑥ 莱伊拉的情痴:指倭马亚王朝时期的纯情派诗人盖斯·本·穆拉瓦特·阿米里(公元688年卒)。他痴情于莱伊拉,却遭她家人反对。最终流浪沙漠至死。所以被称作"莱伊拉的情痴"。——译者

⑦ 哲米勒·布赛娜(约公元701年卒):倭马亚王朝纯情派诗人。为情人布赛娜而歌,所以被称作布赛娜的哲米勒。——译者

载[①]所开创的精神恋爱和纯情文学的影响，其中有些诗句表达了爱者寂灭于所爱，达到了被爱者即爱者自身的意境。第三个原因是什叶派所宣称始自阿里的伊玛目们具有神性，这种神性使其出任伊玛目，并具有免罪性。随后而至的就是执迷于寂灭，即爱者寂灭于被爱，不见他物，唯有所爱。随着时间的推移，我们从艾布·叶齐德·比斯塔米（公元 874 年卒）的一些言论中看到了寂灭说的影响。此说后来对哈拉智[②]的影响更为明显，比如他说："我就是真理，袍服之中惟有真主。"哈拉智提出了"入化"说，即真主降临人身，人主合二为一，就像一些基督教徒所说的神性与人性如水酒一般交融。哈拉智说："万有之物，你即是他，他即是你。"的确，在他的某些言论中有基督教的一些关于人性和神性言论的字样。

后来的伊本·阿拉比（公元 1165—1240 年）、伊本·法里德[③]、伊本·萨卜尔[④]及阿非夫·提里姆萨尼[⑤]等人均对万有单一论有不同的论述，他们对万有单一论的理解有着或多或少的差别。如伊本·法里德否认哈拉智的"入化 "说。因此，伊本·法里德派被称为"合一"派，而伊本·阿拉比派则被称为"万有单一"派。"合一"与"万有单一"意思相近，只有微许区别。

---

① 库塞尔·阿载（公元 723 年卒）：倭马亚王朝纯情派诗人。为情人阿载而歌，所以被称作阿载的库塞尔。——译者

② 哈拉智的生平见本书"正午时期"第二册。

③ 伊本·法里德（公元 1181　1235 年）：伊斯兰教苏菲派思想家、诗人。写有著名长诗《长塔伊亚特》，又译作《朝觐者的历程》。——译者

④ 伊本·萨卜尔（公元 1216—1270 年）：安德鲁斯苏菲主义哲学家。——译者

⑤ 阿非夫·提里姆萨尼（公元 1213—1291 年）：苏菲主义著名诗人，阿尔及利亚提利姆桑城人。——译者

万有单一论的含义是世界与真主同一。伊斯兰教教义学家和哲学家们认为有两种存在:应然的存在和可能的存在,前者是自在的,后者是他在的;前者是永恒的,后者是暂时的。这种观点是二元的存在论,即真主和世界,真主是创造者、主宰者,而世界是被造者、被主宰者,真主独立于世界之外,他掌握着善与恶,他根据人们的行为对其奖赏或惩罚,他关注人类的行为,悦乎人类的献身。

"入化"说认为真主与世界是融合的,真主和世界内在的作用力是同一的。而"万有单一"论者则认为世间不是二元存在,而是一元存在。真主就是世界,世界就是真主。因此,该派被称为"单一派",伊本·泰米叶(公元1263—1328年)称其为"统一"派,即真主与世界的统一。

阿那克萨戈拉[①]、亚里士多德、斯多阿学派[②]均为二元论者,之后的犹太教、基督教和伊斯兰教,均支持二元论。真主与世界、创造者和被造者、精神与物质都是二元的,而非一元的。而一元论者则认为真主与世界、物质与精神、创造者与被造者是同一事物。伊本·阿拉比对此有过非常明确的论述。一元论者的言论有:"我心即主心,我俩合为一。"该思想在伊历六、七世纪时的伊本·法里德和伊本·阿拉比所在的时代已有表现。[③] 世间万象不过是真主的表象,真主是唯一的存在,他使万物得以存在。当真主被遮蔽时,

① 阿那克萨戈拉(约公元前500—前428年):古希腊哲学家、原子唯物论的思想先驱。——译者

② 斯多阿学派:又译斯多葛学派,古希腊和罗马时期的一个哲学学派。约于公元前300年由芝诺创立于雅典城内的斯多阿画廊,故名。——译者

③ 英语中有两个词表示"入化",一是Infusion,另一个是Pantheism,意同伊本·阿拉比和伊本·法里德的万有单一。而"合一"则为Unification。

他的仆人同时见到这两种存在。而真主一旦显现，他的仆人将看到他与其他众物毫无关系，视者即被视者，见者即被见者。此类言论颇多，影响深远。

苏菲主义者们的言论可能因派系不同而各异。像苏赫劳拉迪[①]这样的哲人和像伊本·法里德这样的诗人、文学家关于万有单一论的表述是有区别的。由于这类言论难以为理性所理解，该派的信徒是依靠体验和感悟来理解的，又因为他们的言论可能不为大众所接受，故他们使用诸如沉醉、佳酿、交往、离弃等具物欲的字眼。读者如果不知道诗的作者，几乎难以分辨出所读诗句是苏菲派人的还是努瓦斯[②]的。

苏菲派人赋予体验以极大的重要性，他们说："能得真道的人，是那些以冥思苦修不断体验之人，体验比理性思维和逻辑论证更能纠差补偏。体验可至感悟，理性可至知识。以体验看世界之人和相信理性之人，二者的区别就像用眼睛看人和以言论信人之间的区别。因此，苏菲派人和学者在认识论的方法上是大相径庭的。哲学家依靠的是理智，而苏菲派人依靠的则是心灵。一位苏菲派人说："求主道者有三种，一种是为进天园而拜主之人；一种是相信论证的哲人，他不可能企及真主；一种是以直觉企及真主之人，他是最好的人。"苏菲主义还有很多关于认识论的言论。

---

① 苏赫劳拉迪（公元 1234 年卒）：苏菲主义著名代表，沙斐仪派教法学家。——译者

② 努瓦斯（约公元 757—814 年）：指艾布·努瓦斯。阿拔斯王朝著名诗人，长于作咏酒歌，故有"酒诗人"之称。——译者

宗教宽容

很多苏菲主义者都宣称万有单一论，他们对不同的宗教持最为宽容的态度。因为他们认为宗教差异只是表面上的差异，其本质和核心都是为求主道，目的是一致的。只要爱主的目的一致，方法不同并不重要。伊本·阿拉比、哲拉鲁丁·鲁米①以及伊本·法里德的《塔伊亚特》，尤其是《长塔伊亚特》中有很多这方面的诗句。他们说："每种宗教，即使表面有所不同，但都揭示了真理的某个侧面。信士和异教徒没有本质上的区别，犹太教、基督教、拜火教以及拜物教，他们在崇拜一个神灵上是一致的。《古兰经》、《旧约》、《新约》，都是沿着一种思路编排的，即天启编排的思路……"这样的言论使得苏菲主义者成为各种宗教信徒中心胸最为宽广的人。

① 哲拉鲁丁·鲁米（公元1207—1273年）：波斯著名的苏菲派诗人。——译者

安　萨　里

伊历五世纪诞生了一位伟大的人物，他留下了前人不曾有过的浓墨重彩，对伊斯兰世界乃至非伊斯兰世界都产生了重大影响，此人便是安萨里(公元1058—1111年)。安萨里天资聪颖，学识广博，通晓哲学及什叶派教义，或者说他通晓内学派[①]、沙斐仪教法学派和苏菲主义。此外，他还极善言辞，其《宗教学科的复兴》一书足以证明这一点。在他之前，教法学家和苏菲主义者，尤其是苏菲主义者和艾什尔里派之间的纷争甚嚣尘上[②]，安萨里出而调解，使双方很多学者得以接受对方的观点。安萨里最初在尼扎姆・穆勒克(公元1018—1092年)大学任教。他于伊历450年/公元1058年出生于图斯，其父传授给他苏菲主义思想，并将他托付给一些苏菲主义学者。成年后，他开始学习教法，先后在久尔加尼[③]和内沙布尔求学，曾师从艾布・哈桑・艾什尔里的继任者——“两圣地教

---

① 内学派：又译作“巴颓尼叶派”。内学派认为，安拉启示的《古兰经》具有表义和隐义、外在和内涵之分。表义指对经文字面明义公认的解释以及根据经文所确定的教法和律例，这种对经文表义的解释和创制的律例，会随着对先知穆罕默德所阐释经文的圣训的不同理解和时代的不同会发生一定的变化。隐义是隐藏在经文和教法中内在的奥义，它是经文的真正内涵，它才是伊斯兰教的真谛，隐义是任何时代也不会变更的。——译者

② 见本书“正午时期”第二册。

③ 久尔加尼：伊朗里海东部一城市。——译者

长”艾布·麦阿利·朱韦尼(公元 1028—1085 年)。当时的尼扎姆·穆勒克大学和他宽敞的府邸,学者和教法学家如潮水般纷至沓来。

安萨里与一些学者多次进行辩论并获胜,使他在教法和辩论圈中声名鹊起,并开始显露才华。有一天,他审视自己的状况,发现都是些傲慢、欺骗以及毫无意义的表面生活。于是,他在是维持现有之无聊状况还是弃而转向有意义的追求之间徘徊良久,最终他决定前往希贾兹,抛开现有的一切,转向苦修与虔敬。他在其《救迷者》一书中说,他离开巴格达,取道沙姆,前往麦加。安萨里从希贾兹归来途中转道沙姆,在那里隐修了约十年,潜心礼拜、斋戒和著述,写就了包括《宗教学科的复兴》在内的许多著作。之后,他回到故乡图斯,此时,他已是学富五车,无欲无求的虔敬之人。他诵读《古兰经》,过清贫的苦修生活,一心向主。其后,尼扎姆·穆勒克之子法赫尔·穆勒克力邀他出任尼采米亚大学教授,他接受了邀请。但对隐居清静生活的怀念使他不久便弃教归乡。

安萨里的一生都渴求知识,他不放过任何一门能使他获得真知的学问。哲学、没有灵魂的教法学以及内学派的教义都不能让他满意,最终,他在苏菲主义那里找到了慰藉和依靠。在他之前和之后的穆斯林历史都已证明,安萨里的著作和教导对穆斯林的生活产生了重大的影响,主要表现为:

1. 此前的教法学家强调宗教仪式的表面形式,如小净、礼拜、跪拜次数等等。安萨里将精神因素注入其中,使精神修炼像在伊斯兰教初期那样,成为最主要的功修,礼拜不仅仅是单纯的动作,而且应伴随心灵的谦恭。

2. 此前的苏菲主义者强调爱主，并以此为安。一些苏菲主义者并不严格履行宗教义务。安萨里通过哈桑·巴士里（公元624—728年）将对真主的畏惧重新注入他们的心灵。

3. 此外，安萨里让苏菲主义深入人心，他承认感悟说，认为感悟能将认识带入理性所无法企及的境界。在《宗教学科的复兴》一书中，我们发现他对很多问题的阐释只是点到为止，然后写道："其背后的含义只可意会，不可言传。"

4. 安萨里同意圣徒奇迹说，认为他们能够突破常理，显示异能。

5. 安萨里使宗教哲理化。他对教法门类中任何一个门类的阐述，如对伊巴达特①和穆阿迈拉特②的阐述，都与教法学家不同。教法学家的阐述如法律条文般枯燥乏味，而安萨里的阐述却像文学作品一样妙趣横生，引人入胜。虽然安萨里撰写的教法学著作也很枯燥，但他在《宗教学科的复兴》这类的著作中，却像文学家般风趣。

6. 安萨里认定信仰只有通过感悟而不是哲学的方法来实现，认为那才是通往真主之路，而感悟之道就是默想和苦修。

因此，安萨里使整个伊斯兰世界都接纳了他的主张，人们变得不再像过去那样以光怪陆离的眼光看待苏菲主义者。或许正是从

① 伊巴达特：伊斯兰教教法五大组成部分之一。阿拉伯语音译，意为"崇拜"。指穆斯林所履行的一切宗教功修的通称。——译者

② 穆阿迈拉特：伊斯兰教教法五大组成部分之一。阿拉伯语音译，意为"交往"、"交易"等。凡涉及民事及社会生活方面的教法，均属"穆阿迈拉特"的范畴，故该词亦可作"民法"解。——译者

那时起，逊尼派人才开始承认圣徒与奇迹。

此前我们说过，安萨里对非伊斯兰世界也有影响。因为中世纪时，他的一些著作被译成拉丁文，犹太教也从其哲学中获益。犹太教徒用他的《哲学家的矛盾》和《哲学家的目的》两本书来回击当时的一些哲学家。

安萨里在《宗教学科的复兴》一书中研究了知识、信仰原则、生活状况、社会礼仪、内心默想以及心灵的美妙，最后他研究了苏菲主义的教义，如忏悔、坚忍和爱等等。简而言之，他将全书分为四个部分：宗教功修、礼仪习俗、修身信仰和伦理道德。

安萨里通过苏菲主义建立了他与真主和穆圣之间的联系。《救迷者》一书有专门章节提到此事，安萨里在书中说："苏菲主义者们或动或静，或表或里均要摄取来自先知壁龛的圣光，圣光之外大地上再无光芒……总之，未经体味并从这圣光中得到给养的人，只能知道先知的名字，而无法了解先知的本质。圣徒的奇迹确是众先知的发端。这是穆圣来到希拉山洞，静坐冥思、一心向主时的状态。"安萨里还写过一本名为《光的壁龛》的书，该书阐释了经文"真主是天地的光明"[①]，并谈及他称之为"众望所归者"的存在。安萨里认为，"众望所归者"是真主的代理人，是世界的最高通道。他说，"众望所归者"归因于真正的本体，即真主，犹如太阳归因于纯粹的光，火炭归因于纯粹的火。

尼克尔森[②]教授说："无疑，安萨里所说的'众望所归者'，指的

① 马坚译：《古兰经》，24：35。——译者

② R. A. 尼克尔森（Reynold Alleyne Nicholson，公元1868—1945年），英国著名东方学家、伊斯兰苏菲主义专家。——译者

是《古兰经》中提到的神的旨意。我的理解是指在现世执行神的意志以及众先知接受启示的神的旨意。换句话说,‘众望所归者’是天体以其指令运行的存在。据说,‘众望所归者’是指苏菲主义的轴心,但这离题已远,因为安萨里并不是真正的‘轴心论’者。我倾向于认为‘众望所归者’代表着苏菲主义者所说的穆罕默德所至的真乘[①],或者说是穆罕默德之灵,或者说是真主按其形所造的天上之人这样的形象,他们把‘众望所归者’看作是现世秩序赖以存在和维续的宇宙力量。”[②]

这个理论,即“众望所归者”或穆罕默德之灵的理论后来由阿卜杜·凯利姆·季利[③](季拉尼)在其《始与末认识中的完人[④]》一书中作了充分的阐释。我们在第二部分中将会谈及。

总而言之,在笔者看来,安萨里之后的伊斯兰教深受其言论和著作的影响。

① 真乘(真理):阿拉伯文 Haqiqah 的意译。伊斯兰教苏菲派概念。——译者

② 见艾布·阿拉·阿非费翻译出版的尼克尔森教授关于苏菲主义的论文集《论伊斯兰苏菲主义》。

③ 阿卜杜·凯利姆·季利(公元 1428 年卒):著名苏菲主义代表。对伊斯兰文化在印度的传播有重大影响。——译者

④ 完人:阿拉伯文 Insān Kāmil 的意译。伊斯兰教称谓,有数种含义。此处指穆罕默德的精神或实在。——译者

轴　心　论

我们必须得谈一谈苏菲主义最重要的教义之一——轴心论，它对穆斯林历史有着重要影响。苏菲主义者称："'轴心'就是处于独一地位的可能的完人，或是真主目光亘古投注的唯一之所。世间万物围绕它而运行，它与其显现或未显现的助手隐匿于世间，就像灵魂隐匿于躯体一般，并向至高和最低的世界流溢出生命之灵魂：它在芸芸众生之中，并控制着它们，被赋予维系、关照它们的责任。它终生如此，直至归主。其后，真主从比他次一品级的三位圣徒中选择一位以接替他，这些圣徒是支柱，是接替者，共有四十位。'轴心'被称为隐匿的救助，也可被称作'轴心之轴心'，它是先于其他'轴心'以及幽冥世界和可见世界一切存在而存在的，从这个意义上说，它的轴心地位并不是从在它之前或之后的其他轴心处获得的，它是从原先的'支柱'变为'轴心'的，但它自亘古以来是唯一的，前无古人，后无来者。从这个意义上说，这恰恰证明了一个真乘，即穆罕默德的真乘。"①

以上为苏菲主义至伊历五世纪末的总体活动，我们将在本卷的第二部分谈及在这之后几个世纪中苏菲主义的情况。

① 穆罕默德·穆斯塔法·希勒密：《伊本·法里德和神爱论》，第266页。

苏菲文学

苏菲主义的文学创作丰富，且富有特色。苏菲文学始于伊历二世纪初，并一直延续至其后的数个时代。其特点是：高度的精神性、深刻的心理内涵、绝对服从强大的真主意志、丰富的想象以及语意含混和极富象征意义。

苏菲文学是两大不同种族的产物，一是闪族人，其代表是阿拉伯苏菲文学；二是亚利安人，其代表是波斯苏菲文学。这两个种族在苏菲修行、生产方式和性情上差异巨大。尽管讨厌种族特性的说法，但我们在一定程度上也承认，闪族人鉴于其生存环境，通常是强于感觉而弱于想象；而亚利安人因生活在自然景观雄伟壮丽奇特的地区，故想象丰富，内心敬畏自然力量的伟大。亚利安人善于描写内心思绪，而闪族人则长于对事物现象进行比喻。

闪族人的苏菲皆为神迷、相思、诚挚和彷徨，这些情感皆源于赞叹、爱与感情。闪族人敢爱，故对爱之折磨与愉悦有深切的感受，或许他们有所夸张。他们将心中的这种折磨或愉悦抒发为泉涌般的诗歌，这些诗歌饱含着嗔怒、焦躁、痛苦和呻吟，以及对这种痛苦与相思的信赖，如：

我怨我谢他所为，怨者谢者皆欣慰。

这句诗的情感是真实的，它充满了爱，但同时又饱含着嗔怨和痛苦。但此时,心灵却是满足的,并且升华至奉献这样的最高级别,让生命化为这种炽爱。

爱是生命死无求,理应献身求恕宥。

在这方面,闪族的苏菲文学有别于亚利安的苏菲文学。阿拉伯人生性不像印度人、波斯人那样融于自然,寂灭其中。他们和其他闪族人一样,缺乏从局部提炼整体的能力,因此他们的文学只看到事物的细枝末节,不能作全面整体的把握。他们只看见园林中局部单棵的树木,而难以对整个园林作整体的关照。他们的诗歌以行为单位,几乎每一行诗都自成一体,一首诗不是一个完整的概念。他们的诗歌直抒胸臆,音韵婉转,工整夺目,充满生命力,但这种生命力却为时空所限,无法让其思想超越时空。①

亚利安人的苏菲文学则都是情和爱,但那是一种情感与哲理交织着的爱。苏菲主义始于对这种爱的理解和意会,后来上升为哲学。而闪族的苏菲文学,则始于感觉,别无其他。

因此,苏菲主义是理解这两个民族不同品性的窗口。在认识真理方面,苏菲文学遵循的是感悟之路。由于苏菲文学多有心智之辩,故闪族的苏菲文学和亚利安人的苏菲文学各有其表达方式,一方是逻辑思辨,另一方则加以回避,故苏菲文学多有含糊隐秘之处。总体而言,苏菲文学是忧伤凄切、情感炽热的,它除了题材美之外,优美的韵脚和极具乐感的节奏和旋律更使它美妙绝伦。其想象悠远丰富,华丽非凡,韵文风雅,节奏悠扬。苏菲文学多采用精巧的辞藻修饰来表达深刻的含义和复杂的思想。它虽为含糊不

① 参看布朗:《波斯文学》。

明所累，但其清晰之处则极其精巧华美。苏菲文学的辞藻和表达都非常丰富，它在无尽的世界中表达着内心的彷徨，它茫然不知所措，直至寂灭于神爱之中。

遗憾的是阿拉伯文学对推介苏菲文学作品没有给予足够的重视，而仅仅满足于一些世俗文学——如果可以这样说的话。而东方学家，则更多地关注其历史沿革，而不是其题材和艺术性。此外，苏菲主义的著作本身也需要进行筛选，以摘取其深藏于海洋之中的颗颗明珠和奇葩。

苏菲文学的发展阶段

苏菲文学的发展可以分为三个阶段:第一阶段为自伊斯兰教问世至伊历二世纪中叶。我们所知道的这个时期的苏菲文学,都是一些宗教格言警句和道德伦理,它宣扬美德,号召人们听从真主的支配和安排,守贫禁欲,勤于功修。总之,这个时期的苏菲文学为我们描述了该时期信仰之简朴与迷茫。

第二阶段为自伊历二世纪中叶至伊历四世纪。这个阶段表现出了阿拉伯民族与其他民族融合后产生的影响,神学思考的范围也随之扩大了。随着教义学的发展,信仰开始在人们心中扎根。这个时期,哲学中出现了新的元素。

第一、二阶段的苏菲文学主要是散文,第二阶段也出现了少量的诗歌。苏菲主义的术语也是在第二阶段开始形成的。

第三阶段一直持续至伊历七世纪末八世纪中叶。这是苏菲文学的黄金时期,这个时期诗歌和哲学大为兴盛,诗歌形式多样,几至巅峰,尽管有时语焉不详,但大多流畅明了。而其哲学则是神学哲学中最为深刻和精确的,其含义高远极致。读当时的哲学,你会感觉直抵其精要,而没有辞藻外衣的阻隔。其奇妙的想象将带你在美的世界中遨游,其真挚的情感会让你觉得此书只应天上有,只有天使的手指才能将其翻阅。诗人将爱奉为神灵,人们则必须狂热痴迷，加之以苏菲主义者所说的体验和直觉，才能达到他们所说的那种境界。

祈　祷　词

苏菲文学如同世俗文学一样丰富多样，有格言，有小说，也有诗歌，它关注更多的是一些特定的题材，如爱、密语、虔敬、对生计的轻视、圣徒的品性，以及对尘世的贬斥和苦行禁欲等等。我们现举例如下：

1. 祖努·米斯里有这样的祈祷词："真主啊！一切能力、一切威力归于你。你给你所创造的万物提供佑助、力量与势力。你为所欲为，无知远离你，盈亏无缘你，无人能阻挡你的力量，无事能让你分心。"

他的祈祷词还有：

"真主啊！彷徨之心的所爱啊，欲望之人的最爱啊，请让我们的眼睛盈满泪水，让我们的胸膛充满殷鉴与热忱，让我们的心灵坠入敲击天门的声浪之中吧！我们的心因对你的敬畏而迷失于旷野沙漠之中。请为我们的目光打开认识你的门，让我们知道如何见到你的智慧之光。真主啊！请赐予我们顺从与虔信，请宽恕我们的请求。我们皆要归于你，我们坚决忏悔所犯下的罪过。"

麦阿鲁夫·凯尔希的祷词有：

"真主啊，你满足了我的宗教，满足了我的尘世，尊贵的主啊，你满足了我的忧烦，至睿强大的主啊，你满足了迫害我的人，严厉的主啊，你满足了谋害我的人，宽宥的主在我死时也能满足我，仁慈的主在坟墓中询问时也能满足我，尊贵的主在末日清算时也能满足我，仁厚的主在公平秤前也能满足我，全能的主在正道上也能满足我。‘真主是能使我满足的，除他之外，绝无应受崇拜的。我只信托他，他是有伟大的宝座的。’”[①]

优素福・本・侯赛因的祷词有：“真主啊，我们拜你所赐，不要使我们成为你惩罚的对象。真主啊，赐予我们你所欲求于我们的，未经请求你便赐予了我们信仰。请宽恕我们的请求，我们皆要归于你，我们坚决忏悔所犯下的罪过。”

祝奈德的祷词有：“真主啊，我请求你，最忠诚的倾听者；你以你的慷慨尊贵成为最高贵者；你以你无私恩惠成为最宽恕者，我有一个谦恭粗鄙且卑微的请求，它在你看来贫乏但欲望强烈，我知道万物因你的意志而存在，只有在你的允许下才能向你说情……我的神、我的主、我的支柱啊，我祈求你的佑助、庇护和援救。”

2. 希卜利[②]在写给祝奈德的信中写道：“艾布・卡西姆(祝奈德)呀，你说至真境，遂显现；至显现，遂摄魄迷眼，叩拜安宁。此时，万物尽失，幻想皆无，瞠目结舌，知识消尽。大自然如果处于这种状况，则兽性徒增；对此如报以同情，则越发无益。”

3. 苏菲主义者关于不注重生计的言论有：“有一伙人找到祝奈德，请求他许可他们寻求生活之资。祝奈德说：‘如果你们知道地方，就去吧。’这些人说：‘我们求问至尊的真主吧。’祝奈德说：

① 马坚译：《古兰经》，9：129。——译者

② 希卜利(公元 946 年卒)：苏菲主义著名代表人物。生于萨马拉，卒于巴格达。——译者

‘如果你们知道他将把你们忘却，那你们就赞念他吧。’众人道：‘那就让我们回到家中等待吧。’祝奈德说：‘依赖经验是值得怀疑的。’众人说：‘那如何是好？’祝奈德说：‘你们放弃吧。’”一些知主者说：“祈求真主关注现世生活之人，就是祈求得到真主永远的佑护。”他们还说：“尘世万物犹如同坐一船的乘客。船将他们带至一个岛屿，船员让他们下船去方便一下，并要他们记住船所在的位置和开船的时间。于是船上的人在岛上四散开去。有人完事后率先返回，发现船上空无一人，便占据了大片空间为己所用；有人长时间在岛上逗留，四处张望岛上鲜花阳光、密林鸟语、嶙峋怪石、珠宝矿藏，待想到船要开了，便回到船上，只找到狭窄局促之一隅，只好将就安顿下来；有人沉醉于珍贝珠宝，逐一捡拾，等他们回到船上时，只剩下极窄一处地方，加之所携之物甚多，又舍不得丢弃，更显地方狭小，只能抱头屈颈忍受；有人沉溺于密林阳光，把船都给忘了，他们采食鲜果，甚至没听到船员的召唤，船开走了，他们留在岛上，生活在猛兽巨蟒的恐怖之中；有人最后终于听到了船员的召唤，扛着岛上所得的东西回到船上，发现再无立脚之地，只得留在岸边，直到饿死……等等，各色乘客多有不同。除了受真主保佑之人，世间万物就是如此。”

4. 不太知名的苏菲文学家有：尼法里，全名为穆罕默德·本·阿卜杜·贾巴尔，他是伊拉克南部尼法尔城人，后该城被毁……他卒于伊历 334 年/公元 945 年，属于伊历四世纪的苏菲主义者，他有两本小册子传世，分别为《境界》和《交谈》[①]——《交谈》

① 亚伯特教授将他们发表于吉布协会的刊物上，并由图书出版社出版。

显而易见是尼法里与至尊至大的真主的交谈以及他的祈祷词；而《境界》则是他面对真主的状态及他在不同境界与真主的融合。尼法里记述了他所达到的不同境界，如尊贵、近主、卓越、宽厚等等。现举例如下：

在尊贵之境，尼法里写道："他将我置入尊贵之境，对我说：唯我是自在[①]，唯我适万物。我最为尊贵，无以为邻，无始无终。我让现象显现，我比现象更为明显，故靠近现象的人感觉得到我，却看不见我；我让内在遮蔽，我比它更为隐秘，故无以为证，无从企及。他对我说：如果没有我，则目不能视，耳不能闻。他说：如果你用尊贵的言语表达，则如镰刀收割般解惑，如时光和狂风般席卷知识……他对我说：如果你对有知识之人说话强硬，他会否认其所知，苍天会像末日见我般震动，等等……"在礼仪之境，尼法里写道："他将我置入礼仪之境，并对我说：你有求于我，你不见我而拜；你有求于我，见我加以奚落……他对我说，认主之要务是保持你完整的境界……他对我说，你获取的所有知识，皆是认主之知。他对我说：如果能说清你的谱系，你就属于该家族，而不属于我；如果你能说出原委，那就与我无干……他对我说：但愿我不接纳你，你自有原因和族谱。"

尼法里称其中一个境界为"'揭示'与'遮蔽'"共存的境界：他写道："他对我说：'我守望着你，我希望你看到我——你的心灵、你的学问、你的知识、你的名字，我对你的认识都是你的"遮蔽"。从你的心中驱走所有事物，驱走所有你知道和记得的事物吧，你心中

① 即真主伟大……

应只有我，看着我，不要与我抗争。'”

在《交谈》一书中，尼法里写道："仆人啊……展示于你的任何表象，你都见不到我，因为你属于我的幽冥之界，而不属于这个幻象世界。仆人啊，我是至恕至慈的……仆人啊，如果我显现于你，则非富非贫……以你的喜悦和不幸来获取吧，钱财如过眼烟云，只有所获之物才长存。仆人啊，将你建造的东西毁灭吧，不要等我亲自来毁灭它。如果你看到我，则上无双亲让你牵挂，下无子女要你怜爱……仆人啊，幽冥世界中你无处见我，可见世界中你随处见我。揭示是天园，遮蔽为火狱。"

我们摘选这些遣词优美、风格活泼、意义含糊的段落，是以为例。据说尼法里还写有苏菲长诗，并由苏菲派的阿斐夫丁·提里姆萨尼作了注释。

5. 比尼法里的表述更为清晰，更有文采的是艾布·哈彦·陶希迪[①]。他是苏菲主义者，卒于伊历 414 年。

例如他说："真主啊，我只相信你，只寄希望于你，只听从于你，只仰仗于你，只有求于你，只满足于你。我祈求你让忠诚与我的信仰相连，让对你恩赐的叩谢成为我的印章与标记，让我对你权位的注目成为我的癖性和习惯，让我对你的服从成为我的工作与事务，让我对你的畏惧成为我的安宁与信仰，让我对你的赞念成为我的幸福与快乐……真主啊，我祈求你仁慈的降临，佑助的发端，公正的降临和恩典的裨益；我祈求以你定的命运而喜，以你作的裁决而

① 艾布·哈彦·陶希迪(公元 1010 年卒)：苏菲智者、哲学家，以文风独特著称。——译者

悦，不行你所禁之事，虔敬你设下的含糊之处……真主啊，请集中我的力量，组织我散乱的琐事，监督我富裕时的得意忘形，贫穷时的焦躁不安，充裕时的疏忽大意，贫乏时的忧愁悲伤，有求时的失望落魄，探索时对你的违抗……真主啊，我祈求你让我的胸膛充满信主独一，让我的舌头开启对你的赞颂，让我的躯体臣服于你。只有屈服于你才是尊贵，为你守贫才是富裕，对你畏惧才有安宁。真主啊，我们向你倾诉心灵的苦难、胸中的渴望、内心的迷恋、目光的仰望、言语的粗鄙、梦境的荒谬、行为的不端……真主啊，请恩赐给我们美好生活，抚慰我们因渴望你的品性而备受艰辛的心灵，把我们的恐慌带走吧……真主啊，你是显现的，只有安宁消退，孤守绝望时，只有徘徊于希望之中，而成功渐远，失望临近时，显现之物才与你不同。真主啊，我祈求与成功相伴的勤勉，免于愚昧的知识，没有伪善的行为，真知灼见的言语，相伴真理的境界，心胸健康的才智，心情舒畅安详的躯体……真主啊，让我们走向你、依靠你，带着你的成功离去，不要让我们失去感恩的手，感恩能带来更多，劳动胜过祈求者的手臂……真主啊，请将我们和所有证明不是你的事物分开，将我们从无能的地步提升到高贵之所。如今魔鬼当道，人心邪恶，世风日下，叛教者众，而信教者和谨遵你命者日减。止于你法度的人已不在，真理之国已人去楼空，宗教、道德已被出卖……真主啊，让你的宗教重复青春吧，佑助我们成功吧……真主啊，我们因你而尊贵，没有你，我们卑贱；我们因你而有希望，没有你，我们绝望……真主啊，你拥有整个世界，拥有前世、今世和来世，这个世界由你掌控，它蕴藏着你智慧的奥秘和意志的效验，蕴藏着我们无从知晓的隐义和显示。你至尊至大，无与伦比。在我们的猜测中永存，实现我们对你的愿望吧……我们绝不敢胆大妄为违抗你，绝不鲁莽行事触犯你，绝不放任自流无视你的诫命，但你创造我们用的泥土的本色和赋予我们的天性的种子占据着我们，我们不是寻找借口，但我们祈求你的宽恕，因为你是至恕的，主宰一切的全能之主。”[①]

这是最为流畅、清晰、雄辩的语言。

① 全文见伊本·艾比·哈底德:《辞章之道诠释》，第3卷，第85页及以下。

苏菲诗歌

苏菲文学除了有优美的散文、风趣的短篇故事,还有骈俪的诗歌,例如:

亏缺猜忌的人们,虚弱丧志的人们,
天性是远离正道,表面佯装靠近的人,
你们的前人在何处,那些有权有势的人?
去问问麦达因[①]吧,去把消息探寻。
他们先我们而去,我们将跟随他们,
先人留下的教训,我们将引以为鉴。
死亡瞬间事,转眼赶不及。

* * *

真主怜悯穆斯林,提及死亡遭呵斥。
真主怜悯众穆民,心存畏惧且谨防。

* * *

苏菲诗人还说:

伊本·西那无人及,艾布·侯赛因智超群。

---

① 麦达因:即泰西封。底格里斯河左岸古城。距巴格达东南二十英里。古国安息的行都和波斯萨珊王朝(公元226—651年)的首都。公元637年6月被阿拉伯军队攻陷。——译者

研究考察皆无益，得不偿失空手归。

*　　*　　*

我的主啊，你使我的心燃烧，
难道明日思恋你的人就不会被投入火狱吗？
你赐予我爱与折磨之火，
你难道不是最宽宥的吗？

*　　*　　*

现世的金钱、子嗣和权力，主啊，我皆无求。
然我内心却悲伤，伴我至入殓。
我在内心见到你，美妙之极忘感激。

*　　*　　*

苏菲诗歌如同其散文一样经历了几个发展阶段，阿拉伯苏菲诗歌的巅峰是伊本·阿拉比和伊本·法里德的诗，而波斯苏菲诗歌的巅峰则是哲拉鲁丁·鲁米的诗。如蒙主佑，我们将在本卷的最后部分再谈及此事。

苏菲主义者还有一种有趣的文学形式，即苏菲贤哲之间的书信往来。他们称："学问不过有二，问和答。"

艾布·赛义德·哈拉兹[①]在给艾布·阿拔斯·哈姆德·本·阿塔的信中写道：

"艾布·阿拔斯：你能否介绍我认识这样的人，他至纯至洁，心无杂念，与真乘同处，凭着真乘，为着真乘……你如认识这样的人，请把我引见给他。他如果能接受我，我甘愿为仆。"

① 艾布·赛义德·哈拉兹（公元892年卒）：苏菲主义著名代表人物。——译者

阿穆尔·本·奥斯曼·麦基曾修书给巴格达的苏菲主义者，他在信中写道："你们越过那些遮蔽着的功修之道，踏过已消亡的荒漠，就抵至真境。"读信时祝奈德在场，他说："但愿我能明白其中的含义。"艾布·穆罕默德·哲里里说："但愿我能明白其言外之意。"

祖努的一个朋友患病，他写信请求祖努为他向真主祈求。祖努回信说："兄弟啊，你要我祈求真主为你消除病痛。要知道，真诚有志之人必有疾苦病痛之患，不以苦为乐之人，难成贤哲。你忍受病痛吧，对真主的愧疚让你难以报怨和祈福……"该人回信道："至高的真主让你近主，使你宽慰。"祖努又写道："真主让你远离它，使你寂寞。如果真主让你接近它，使你宽慰，那是你的造化；如果真主让你接近它而使你寂寞，那是真主的命定。真主的命定永无止息，以便让你热望他。"

优素福·本·侯赛因在给一些苏菲派人的信中写道："我向你们倾诉我迷恋尘世之苦，我没有看到我品性中让自己满意的品德。"有人回信道："来信收悉。我理解你信中的话语，理解你向你的同伴倾诉的苦衷。如果你觉得你祷告不息，敲门不止，但那是敲门，入门先得敲门。"

一位苏菲主义者写信给另一位苏菲主义者，向他询问修身养性之道，后者回信道："我内心的腐朽让我无暇顾及你的问题，我没有发现我的内心已踏上求道之旅……此致。"

*　　　　*　　　　*

苏菲派人的言辞含糊，需要加以解释和阐明，于是后人就做着注解前人的工作。例如努里说："眼睛用目光发现，心灵靠沟通揭示，诳语是舌头对流自内心深处直觉的表达。”

他们的话语就像当今的“象征文学”那样含糊之极。每个人都根据自己的理解作出阐释，比如，艾布·赛义德·哈拉兹是这样描述一位苏菲主义者的：“他是与真乘在一起的仆人，凭着真乘，为着真乘。”意思是他与真主在一起，凭借真主，为了真主。艾布·阿里·赛奈迪说：“我从自我、凭我、为我的状态，转至自他、凭他、为他的状态。”意思是真主的仆人关照自己的行为，心中所记都是自己的行为，如果神智之光占据了他的心灵，则都是从真主的角度来看一切事物，他代表真主、受真主指导，并归于真主。

艾布·叶齐德·比斯塔米说：“不是并非不是。”即现有万物都泯灭了，万物无存无感知，他将这称为毁灭的境界，寂灭于寂灭。

希卜利说：“这一切多么让人惊异啊！”意思是说世间万物让他感到惊异，正如其诗中所云：

思慕之人令我惊，惊异之事伴终生。

希卜利还说：“品性迷失于学问，学问迷失于名声，名声迷失于自我。”如此等等。

或许这恰恰澄清了他们言辞之中的含糊之处。

附　篇

伊历六世纪至近代启蒙时期学术、文学活动及宗教派别的历史

导　言

随着伊历五世纪的结束，阿拉伯世界的学术、文学和艺术活动也几乎销声匿迹了。或许在伊历六世纪，还有一些创造和革新，之后的伊历七世纪至启蒙时期，则几乎都是在重复前人，或收集汇总，或分而述之，鲜有例外。我们将在这部分对这些例外作一介绍。

在此，我们要问：这是因为孕育创新之后难以为继，还是因为人聪明过后变得愚钝了？两者都不是。其原因在于教化：聪明人以蠢笨的方式加以教化，他就会变得愚钝；反之，蠢材以聪明的方式加以教化，则能开发出其聪明潜质。如果你拥有一个五十瓦的电灯，可你不擦去上面的灰尘，不好好保养它，那么一个保养完好的二十五瓦的电灯就会显得比它明亮。因此，不是孕育难以为继，而是养育之人的教化和环境使然。那么，其原因何在呢？

笔者看来，其原因如下：

第一，成就阿拉伯伟业的阿拉伯成分几乎消失殆尽，波斯、土耳其成分占据上风。波斯人起初学习阿拉伯文化，最终融入阿拉伯文化之中，这正如阿卜杜·哈米德·卡提卜[①]、阿卜杜拉·本·

① 阿卜杜·哈米德·卡提卜（公元750年卒）：倭马亚朝著名作家，祖籍波斯。麦尔旺任哈里发时，出任宫廷书记官。阿拉伯文学史素有“文章写作始于阿卜杜·哈米德”之说。——译者

穆加法[①]和伯尔麦克家族[②]等人所为。之后，波斯人开始表现出对他们自己的语言和文化的狂热偏执，很多波斯人像布韦希人那样反对学习阿拉伯文化。他们偏执于波斯语，鲜有人像阿杜德·道莱那样精通阿拉伯语。土耳其人继波斯人之后更远离阿拉伯语和阿拉伯文化。特别是阿拉伯学术和文学是贵族化的，而不是平民化的，因为学者文人只有从王公将相那里才能得到封赏，他们不可能从人民大众那里求得生活之资。当这些王公将相连阿拉伯语都说不好，弄不懂学者文人所说的学问时，学术及文学地位便下降了。但我们必须仔细辨明学术和文学在波斯人、土耳其人及其他外族人入侵之后，仍继续繁荣兴盛，这是惯性使然，而不是因为他们的推动。因为学术、文学不会迅速消亡，而是会持续存在很长一段时间。这也解释了学术、文学在伊历五世纪复兴、伊历六世纪仍苟延残喘，之后才寿终正寝的原因。

第二，穆阿台及勒派曾高举思想复兴的大旗，他们最强有力的原则是理性权威说。他们以理性来判断圣训的真伪；用理性衡量纯粹的宗教信仰，并对其作出理性的阐释，找到理性的证据，正如我们在前文中所看到的那样。这往往会导致复兴。与此相反，圣训学家则持传述权威说，他们认为传述世系的可靠是原文可信的前提。哈里发穆台瓦及勒上台后，支持圣训学家反对穆阿台及勒派，从政治上将穆阿台及勒派清除出去。之后的艾什尔里派更是

---

① 阿卜杜拉·本·穆加法(公元724—759年)：阿拔斯王朝初期著名文学家、哲学家。波斯人，融波斯文化、希腊文化和阿拉伯伊斯兰文化为一体的代表人物。——译者

② 伯尔麦克家族：阿拉伯帝国阿拔斯王朝初期显赫一时的波斯籍大臣世家。——译者

在宗教上对他们进行镇压。伊斯兰世界从此禁止理性思维,而遵循传述的原则,圣训学家的方法成为整个伊斯兰世界普遍的教育方式。传述的方法自然培养不出革新和创造,培养的只是后人对前人的重复叙述。随着时间的推移,前人加在后人肩上的包袱越发沉重,改革创新也越发贫乏无力。

第三,鞑靼人对伊斯兰世界的入侵,这是一种破坏性、毁灭性的入侵。发动入侵的是一个文明未经开化,没有文化教养的民族,他们强壮粗野,不懂情感,毫无恻隐之心。他们最爱看的景象是血流成河,或将雄伟的古迹毁之一炬。他们曾刀剑相向,相互残杀。后成吉思汗把他们聚集在一起,消除相互间的分歧,团结一致向远东开进。在征服了远东之后,他们向河外地区的伊斯兰世界发起进攻,占领了花拉子模国[①],然后挥师呼罗珊和波斯,一路毁坏文明,杀戮百姓。伊历 654 年/公元 1256 年,成吉思汗的孙子旭烈兀于进攻阿拔斯王朝之前,绕道前文提及的伊斯玛仪派的"鹰巢"阿拉木特城堡,攻克该城堡,将其中之人悉数杀尽。在攻下雷伊之后,他们于伊历 655 年/公元 1257 年向巴格达进发,时值巴格达城内逊尼派和什叶派的冲突令人发指,什叶派宰相阿勒盖米将鞑靼人看作什叶派从中渔利的大好时机,于是帮助他们攻陷巴格达,颠覆了哈里发穆斯台耳绥姆[②]的政权。旭烈兀攻占巴格达后,任其士兵肆意妄为四十天。据一些历史学家记载,鞑靼人共杀戮了一百八十万人,他们毁坏建筑,将图书扔进底格里斯河。被毁的这些

① 花拉子模国:中亚阿姆河下游王国。公元 700 年前后被阿拉伯人征服。公元 11—13 世纪由塞尔柱突厥人统治。中国史称火寻。——译者

② 穆斯台耳绥姆(公元 1242—1258 年):阿拔斯王朝最后一任哈里发。——译者

建筑、图书，是数个世纪的文明和文化的成果。文明和学术是建立在前人的基础之上的，这犹如水之于蓊郁青草，没有水的滋润，青草很快就会干枯。伊斯兰的学术和文明同样如此。除了文化受到摧残之外，学者们也遭受到巨大的灾难，即便学者能保存下一些图书资料，那也仅够仿效，而难以创新。赫米希说："伊历 655 年/公元 1257 年，巴格达的逊尼派和什叶派的拒绝派之间爆发了骇世的暴乱，破坏惨重。拒绝派因数人被杀而群情激愤。宰相阿勒盖米之子一怒之下，怂恿鞑靼人进攻巴格达，以除逊尼派这个心头之患。伊斯兰世界刚度过此劫难，恢复了一点元气，帖木儿·兰格[①]又来了，为完成其祖先成吉思汗和旭烈兀的事业，他横扫了小亚细亚其余地区，掠杀破坏，比其先人有过之而无不及，所到之处人人惶恐不安。他征服了先前抗击其先人的沙姆地区，极尽破坏之能事，对学者见人就杀。在扼杀了该地区之后，帖木儿·兰格于伊历 807 年/公元 1405 年死去。"

了解了上述情况后，复兴不再、思想沉寂还是什么奇事吗？

第四，穆斯林中普遍存在的强烈的宗派主义：教法学家和苏菲派之间、穆阿台及勒派和逊尼派之间、什叶派和逊尼派之间、沙斐仪、哈乃斐和罕百里等教法学派之间，以及其他各派之间相互攻击，对此前文已述。遗憾的是，这些派别之间的分歧不仅仅限于学者这个特殊阶层，人民大众也参与其中。而人民大众往往思想狭隘，缺乏宽容，从而引发了深重的灾难，惨痛的后果。

① 帖木儿·兰格（公元 1336—1405 年）：中亚帖木儿帝国（公元 1370—1507 年）的奠基人，军事征服者。——译者

第五，当学者们看到国土被毁，学术和学者蒙难，他们对学术的热忱自然就减弱了，心气也就没有了。过去在学术上求新的抱负，变成了赞美真主能让他们保住以往旧有的东西。这就是所谓的"创制之门的关闭"[1]，这不是说有一扇敞开的大门真的被关上了，也不是说一群学者在论辩之后就此得出的一个结论，不是这样的，不是的。它指的是学者们的一种心理状态，一种不再求新，只求守旧的心态。他们竭力保住现有的残余，反复咀嚼，加以阐释或提炼。在这种情况下，原本享有绝对自由的穆智台希德变成了徒有其名的穆智台希德，具有创新才华的著述家变成了阐释者，谁要是偏离这条道路，哪怕是微许的偏离，就会被冠以伪信、叛教的帽子。如果说这个时期还出现了一些有价值的东西的话，那它就像是荒漠中的点点绿洲——微弱无力，数量稀少，裨益甚微。对这些绿洲我们将加以描述，展示其贡献。

① 创制之门的关闭：创制是伊斯兰教法学概念和立法的原则之一。自公元10世纪（一说公元1258年）以后，随着教法理论和教法学说日渐完善，逊尼派大部分教法学家认为，创制教法学体系的大业已告完成，由此导致一种"创制之门关闭说"。——译者

百科全书的编纂

上述这些原因阻碍了学术活动的发展，扼杀了文化复兴的到来，致使原本可有数十位大学者同时辈出的时代成了相隔数代才有一位问世。由此造成的直接后果是埃及取代伊拉克成为学术活动的领袖。因为埃及蒙真主保佑，免遭鞑靼人的破坏，生活在相对平静的环境之中。学术只有在安宁的环境下，才会成长发展。

效仿前人，不思创制之风的最重要的表现之一，是学术创作由撰写创新的著述转而编纂百科全书，因为百科全书的性质就是收集零散之说，这需要更多的勤奋和毅力，而不是大智慧、大头脑。比如著名诗人艾布·穆扎法尔·艾巴尤尔迪[①]，写了一本题为《学术品级》的书，书中每门学科单独成章；罕百里教法学派的阿里·伊本·阿基勒·巴格达迪[②]写出了四百七十卷的《学术类别》。拉齐说他手中拥有该书的一百五十卷。法赫鲁丁·拉齐（伊历 606

① 据《百科全书》记载，他生于呼罗珊的艾巴尤尔德，伊历 507 年/公元 1113 年被毒死，而不是像伊本·赫里康所说的伊历 557 年。他对语言、历史和族谱均有著述。麦格迪西曾使用该书。

② 阿里·伊本·阿基勒·巴格达迪（公元 1040—1119 年）：伊斯兰教教义学家、罕百里法学派学者。——译者

年/公元1208年卒)写了一本题为《秘密真相的光明之园》,他在书中阐释了近六十种学科。

埃及人努力编纂的百科全书流传至今的有三部,一部是努韦里[①]三十卷的《文苑观止》,该书写于马立克·纳赛尔·穆罕默德·本·盖拉温[②]在位期间,全书共有五个门类:

1. 关于天文、天象、日月、地理和下界世界五个部分;

2. 关于人类以及与之相关的内容,共五个部分;

3. 关于动物,共五个部分;

4. 关于植物,共四个部分。另有增补,讲述医用植物。

5. 关于历史,共五个部分。

努韦里卒于伊历732年。

盖勒盖山迪[③]写了一部名为《夜盲者的曙光》的书,共十四卷。盖勒盖山迪是盖勒尤比亚[④]省盖勒盖山达镇人,马木鲁克王朝文牍处长官,故他在该书中涉及了所有书记官们所需要的知识。

伊本·法德勒拉·欧麦里[⑤]与努韦里是同时代人,他撰写的百科全书名为《目极所见》,涉及历史、地理和传记,共二十多卷。蒙主恩赐,这些著述都流传至今,使世界获益,成为供文学家和学者们查阅的资料文献,并为我们保存了大量前人的宝贵遗产。

---

① 努韦里:(公元1278—1332年):马木鲁克王朝时期埃及的文学家。——译者

② 马立克·纳赛尔·穆罕默德·本·盖拉温:伯海里系马木鲁克王朝素丹,公元1293—1294年、1298年及1308—1340年在位。——译者

③ 盖勒盖山迪(公元1355—1418年):埃及历史学家、文学家。——译者

④ 盖勒尤比亚:埃及尼罗河三角洲东南的一个省。——译者

⑤ 伊本·法德勒拉·欧麦里(公元1301—1349年):大马士革历史学家,出生于马木鲁克王朝的书记官家庭。——译者

努韦里的著作涉及面最广，欧麦里的书有关地理和历史的内容最丰富，而盖勒盖山迪的书则最贴近书面语言及文牍人员所需的工具和规则。此外，还有一些专门的百科全书，比如达米里（伊历 808 年卒）的《动物生活》，该书开篇写道："这是一本无人问及其类别的书。促使笔者撰写此书的初衷来自苍鹭及其不幸被杀时得到的一些启示，这有点类似白苏斯战役[①]。于是我向真主乞求灵感，以此形式撰写本书，并按词典的字母顺序排列其内容。"

人们批评达米里撰写该书，认为他是一位教法学家，应研究宗教的各个学科，而不是动物学。

学者们还编纂了《谚语大全》，与前人相比，该书扩大了收集的范围，如此等等。如果当时他们想到应按字母次序排列论题，则前文所述的三部著作，每部都足以成为一部内容丰富的百科全书。

能证明我们上述想法的最好的例子是赛卡基[②]在其《科学之钥》一书中的做法。他在书中汇集了所有学科，包括修辞学，他对前人的著作加以概述，如他概述了阿卜杜·高希尔·朱尔加尼的《雄辩明证》和《修辞奥秘》。不过，他概述的同时，也使这些著作失去了原有的风貌。

继《科学之钥》之后，又相继出现了一批概要之概要一类的书，到了萨阿德丁·塔夫塔扎尼，读他的书就如同嚼蜡了。

---

① 白苏斯战役：贾希利亚时期阿拉伯部落之间最早、最驰名的部落战争。参战双方是伯克尔人和台格利卜人。战争的起因是台格利卜部落酋长射伤了伯克尔部落一个名叫白苏斯的妇女的一只母驼。根据有关的稗史，这次战役延续了四十年。到公元 525 年左右，在双方精疲力竭之后，经希拉国王的调停才实现和解。——译者

② 赛卡基（公元 1229 年卒）：花拉子模的文学家。——译者

对每个艺术门类逐一进行评述，或许更好一些。

一、文学

总体而言，受环境影响最大的大概是文学和艺术。巴格达沦陷之后，埃及受马木鲁克王朝[①]的统治，一直持续至伊历 923 年/公元 1517 年。马木鲁克时期，哈里发职位经拜伯尔斯[②]之手自巴格达转至开罗，阿拉伯人不问政治、军事，只管农业、工业，以求生计，把政治、军事事务都交给马木鲁克人。毫无疑问，这是对阿拉伯民众心理的弱化，使他们甘于停滞。这是阿拉伯人衰落的重要因素之一。

但从另一方面看，马木鲁克人对语言并不抱有偏执情绪。因为他们来自不同地区，操不同语言，故他们不得不学习阿拉伯语以获取民心，同时也不得不接近学者，因为学者是沟通民众和素丹的中介。但由于标准阿拉伯语的难度大，又仅限于学者使用，所以马木鲁克人讲的是阿拉伯土语，而不是标准阿拉伯语。因此，这个时期土语文学盛行，出现了民间故事和民歌。显而易见的是，当伊拉克、叙利亚和安德鲁斯的逃亡者逃至埃及后，他们被埃及所消解，

---

① 马木鲁克王朝（公元 1250—1517 年）：埃及、叙利亚地区外籍奴隶建立的伊斯兰教政权。阿拉伯语意为“被占有的人”、“奴隶”，故又称奴隶王朝。王朝分为前、后两个历史时期。前期（公元 1250—1390 年）由伯海里系马木鲁克执政，主要为突厥人和蒙古人，素丹大多为世袭；后期（公元 1382—1517 年）由布尔吉系马木鲁克执政，主要为塞加西亚人，实行素丹推举制。——译者

② 拜伯尔斯（公元 1260—1277 年在位）：马木鲁克王朝伯海里系第四任素丹，著名军事家和政治家，被认为是王朝真正的奠基人。——译者

埃及对他们的影响要大于他们对埃及的影响，这是埃及众所周知的一大特色，它甚至将征服者都消解了。但伊历923年，奥斯曼人[①]继马木鲁克人之后对埃及的占领使情况恶化，科学和文学开始急剧倒退，其原因如下：

1. 奥斯曼人攫取书籍，掳掠学者和工匠，将他们遣至君士坦丁堡[②]。这些都是伊斯兰文明的精华。

2. 在政府机关中用土耳其语取代阿拉伯语。

3. 将埃及这个曾经独立的素丹国变成了奥斯曼帝国（公元1299—1922年）的一个行省，并将由奥斯曼素丹任命的各行省总督改为终身制。这使他们在任期间，大肆巧取豪夺，而非寻求公正和励精图治。此外奥斯曼人宗派主义严重，且傲慢自大。

这一切都严重影响了学术，尤其是文学活动，使其鲜有成就。

我们看到，自阿尤布王朝[③]时代起，甚至在此之前，文学就陷入了以尔玛德·伊斯法哈尼[④]、伊本·阿米德、伊本·阿巴德和卡迪·

① 奥斯曼人：原属中亚阿姆河一带（突厥斯坦）西突厥乌古斯人的卡伊部落，从事游牧，逐水草而居。公元13世纪初，蒙古人大举入侵中亚，卡伊部落首领埃尔图格鲁尔率部四百多帐被迫西迁，进入安纳托利亚，信奉伊斯兰教（一说在中亚时已信奉伊斯兰教）。后以小亚细亚为核心建立横跨亚、非、欧地区的伊斯兰教国家（公元1299—1922年）。——译者

② 君士坦丁堡：现伊斯坦布尔。位于巴尔干半岛东端，博斯普鲁斯海峡南口西岸，扼黑海咽喉，地跨亚、欧两洲，是古代丝绸之路的终点。——译者

③ 阿尤布王朝（公元1171—1250年）：埃及和叙利亚地区库尔德人家族的伊斯兰王朝。王朝的创建者为抗击十字军英雄库尔德人萨拉丁·优素福·本·阿尤布（公元1138—1193年）。——译者

④ 尔玛德·伊斯法哈尼（公元1125—1200年）：名为尔玛德丁·卡提卜，曾为萨拉丁的书记官，历史学家。——译者

法德勒[①]等人为代表的讲究骈俪、矫饰、韵脚的骈文写作风格。

其原因在于文学家们创作文学的目的是王公贵族。王公贵族们在物质上追求的是装饰华美、嵌满珍珠的工艺品，那么他们追求的文学也必然如此，于是藻饰取代了修辞，矫饰取代了韵文。人民大众既无钱财，也无价值，不值得文学家们为他们创作。如果文学家们是为人民大众创作，那文学就会是浅显平实而无修饰的。

或许有人认为，辞藻华丽的骈文比朴实达意的艺术作品更难写，这种看法完全是错误的。事实上，一味追求韵脚，其内涵必然贫乏，没有丰富内涵的文学家，只能以玩弄文字游戏作为补偿；如果有丰富的内涵，其内涵本身就是美的，无论怎么表达，都能表现出其平实之美。美女以最普通的首饰就足以衬托其美，甚至其自身的美根本无须用任何首饰来装饰；而丑女再怎么费尽心思梳妆打扮，也比不上哪怕是不带任何首饰的美女。笔者以为，文笔畅达、用词不甚考究的伊本·赫勒敦比卡迪·法德勒更有文采。其原因就在于伊本·赫勒敦用朴实的语言表达了丰富的内涵，而卡迪·法德勒则注重韵脚修辞，而无丰富的内涵。

萨斐丁·希利

这个时期，第一位让我们看到略有新意的诗人大概是萨斐丁·希利(公元 1277—1349 年)。他原籍伊拉克，名叫阿卜杜·阿齐兹·本·赛拉亚，伊历 677 年生于幼发拉底河河畔的希莱城，曾

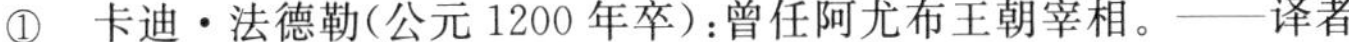

① 卡迪·法德勒(公元 1200 年卒)：曾任阿尤布王朝宰相。——译者

效力于阿尔图格王朝[①]。该王朝由马木鲁克王朝素丹——塞尔柱系的阿尔图格创建。萨斐丁·希利于伊历726年/公元1325年素丹马立克·纳赛尔·本·盖拉温在位时期被掠至开罗。他写诗颂扬这位素丹,开头一句为:

让乳汁流淌,让心灵融化。

他是在模仿艾布·泰伊卜·穆泰纳比[②]的诗。

两句诗的最大区别在于萨斐丁·希利妙用了"流淌"和"融化"的双关。萨斐丁·希利长于修辞,如他写给马尔丁[③]君主曼苏尔·本·阿尔图格国王的系列颂诗《阿尔图基亚特》,以字母表顺序排列共有二十九首,每首诗以一个字母开头,并以该字母结尾。

萨斐丁还写了一些玩弄修辞的诗,如:

爱恋之中无惊奇,哪怕辛苦紧缠身。

恋爱就是苦和辛,兴奋减去累七分。

后两句诗是萨斐丁借用艾布·努瓦斯(公元762—813年)的诗句。其双关用得是如此巧妙。

萨斐丁有时在诗歌中用的几乎都是方言,比如他在比较玫瑰与百合时吟道:

白色百合恼百花,叫声百花听仔细。

---

① 阿尔图格王朝:公元11世纪末土库曼人在伊拉克北部迪亚巴克尔地区建立的伊斯兰王朝。其创建者为土库曼军事将领阿尔图格·伊本·伊克塞卜(约公元1113年卒)。该王朝有两个分支:一在希斯恩·凯法和阿米德地区(公元1098—1232年);一在马尔丁和马亚法里津地区(公元1104—1408年)。——译者

② 艾布·泰伊卜·穆泰纳比(公元915—965年):阿拉伯阿拔斯王朝著名诗人。——译者

③ 马尔丁:小亚细亚东部土耳其的一城市,位于叙土边境附近。——译者

百花应声四周聚，玫瑰笑我披白衣。

诗中的“叫声百花”和“玫瑰笑我披白衣”，是接近于方言的词。萨斐丁通常采用的是他居住的开罗的方言。他最有新意之处也许要算他对那些爱使用生僻词语，并以此为荣耀的人发出的呼喊。

萨斐丁呼吁抛弃生僻词，使用人们熟知语。即使艾斯麦伊[①]允许使用这些生僻词，但必须让他之后的不同时代的听者能听明白。这样的呼吁是正确的，他本人大体也是这样做的。

萨斐丁开创了赞颂先知（愿真主赐福给他，并使他平安）的修辞诗，他在诗中糅入当时所有的修辞手法，每行诗运用一种修辞格式。之后，萨斐丁同时代的伊本·努巴塔[②]也写了这类修辞诗。

卒于伊历789年/公元1387年的阿兹丁·毛绥里，更在其诗中嵌入了修辞手法的名称。

卒于伊历837年/公元1434年的伊本·希贾·哈迈维[③]也写了他的修辞诗。

就这样，诗人们纷纷写这类诗，因为这迎合了当时诗坛的风气。

消闲诗

继修辞诗之后，诗人开始重复前辈诗人表达过的内容，他们写

① 艾斯麦伊（约公元740—828年）：巴士拉著名语言学家。以所辑的《艾斯麦伊亚特》诗集著名。——译者

② 伊本·努巴塔（公元1287—1366年）：埃及诗人，一度居住在大马士革。——译者

③ 伊本·希贾·哈迈维（公元1366—1434年）：叙利亚诗人，有《文学宝藏》等著作传世。该书诠释了他写的修辞诗。——译者

出了很多描述不测事件的诗篇，比如宣礼塔的倒塌、伪信者的被杀，以及对一块礼拜毯或一串念珠的描述，等等。此类诗人先后有沙卜·扎里夫[①]、萨拉吉丁·瓦拉格、伊本·瓦尔迪[②]等。他们关注的内容，就像我们今天听的笑话一样，诗人以其诙谐、幽默、俏皮的言辞，而不是诗歌而出名。比如有这样的诗句：

年纪一把，时光忘记；
母有五子，亲人六七。

又如：

金钱名望，留待能人；
成家无望，致富没门。

诗人之间经常相互指责剽窃抄袭，对此喋喋不休。笔者欣赏穆希丁·本·台米姆的如下诗句：

读遍千家诗，难保不借用。
借用诗中意，一半归他人。

笔者认为他的这句话是在袒护自己。

有趣的是叙利亚诗人萨拉丁·萨法迪[③]，在攻击埃及的贾迈勒丁·本·努巴塔的诗歌内容时，竟大肆抄袭该诗的内容和诗句。贾迈尔丁·本·努巴塔不得不著书将被剽窃的诗句尽收其中，取名为《大麦饼》，卷首语写道："愿主宽恕我、我的双亲以及闯入我家的信士。"

---

① 沙卜·扎里夫(公元1263—1289年)：诗人，生于开罗，卒于大马士革。——译者

② 伊本·瓦尔迪(公元1290—1348年)：叙利亚诗人，历史学家。——译者

③ 萨拉丁·萨法迪(约公元1296—1326年)：文学家、历史学家，曾任职于阿勒颇和大马士革的文牍处。——译者

以诗歌闻名的还有蒲绥里(公元1213—1296年),他因写赞颂穆圣的诗歌而著称,如《斗篷颂》和《哈姆宰的韵律诗》。《斗篷颂》家喻户晓,深受人们喜爱,成为颂扬先知诗歌的典范。《哈姆宰的韵律诗》第一句为:

众先知中惟你高,苍穹漫漫无边际。

研究蒲绥里诗的人认为其先知颂歌主题宏伟、精神崇高、感情充沛,高于他其余的诗歌,他其余的诗平淡而缺乏锐气。

尽管如此,马木鲁克时期诗歌和文学的状况好于奥斯曼时期,看来诗歌和文学的衰落是逐步发生的。

故事和散文

这个时期的文学种类还有故事。民间故事由于与人民大众产生共鸣而发展最为迅速,故在十字军战争和马木鲁克王朝时期,《一千零一夜》中的故事又有所增加,如麦阿鲁夫和他妻子法蒂玛的故事,其情节表明该故事是新编撰的;又如艾布·吉尔和艾布·绥尔的故事,更是最新的创作。其中有些故事表现出叙利亚方言的特色,有些则表现出埃及方言的特色。这个时期的民间故事还有《安塔拉传奇》[①],该故事长期以来一直为人们传诵,它是由不同时期的说书人所共同创作的,有些情节写于法蒂玛王朝哈里发阿齐兹·比拉[②]时期,有些则写于伊历六世纪。尽管《一千零一夜》

① 《安塔拉传奇》:阿拉伯古代长篇故事。系根据民间流传的古代骑士、七首悬诗作者之一安塔拉(公元525—615年)的事迹加工整理而成,其中有许多神话和虚构的情节。——译者

② 阿齐兹·比拉(公元955—996年):法蒂玛王朝第五任哈里发。——译者

和《安塔拉传奇》的文采不如哈里里[①]的"玛卡梅[②]韵文故事"，但其想象力更为丰富，仍不失为艺术。《安塔拉传奇》是阿拉伯最大部头的故事之一，但其结构松散，以致略去其中的部分章节，读者也不会觉得有什么不妥。而且，该故事想象力也比较贫乏，其作者思维狭窄，叙事跳跃多变，不是按步骤展开情节。如果说，阿拉伯人善于撰写短篇故事、玛卡梅和民间传说，如高利[③]在《口授录》中所讲述的关于伊本·杜莱德[④]的传说，但阿拉伯人不善于创作长篇故事，这样说并不为过。

至于这个时期的散文，则分为两种：一为文牍类散文，如出自政府机构的公文、函件。当时有专门的机构负责此事，称为文牍局，由文学大家统领，因工作所需，他需同时具备政治和文学才能。法赫鲁丁·本·鲁格曼、穆希丁·本·阿卜杜·扎希尔（公元1223—1292年）及其子法特赫丁、阿拉乌丁·本·艾西尔、谢哈布丁·赫利、伊本·法德勒拉·欧麦里（公元1301—1349年）以及盖勒盖山迪（公元1355—1418年）都曾担任过此职。他们写下了许多堪称范本的公文函件，其行文称谓准确、格式严谨，对仗工整，散韵结合，尽显各种修辞手法。对此已有前述。

二为"伊赫瓦尼亚特（兄弟信件）"类散文，如朋友间相互称颂

① 哈里里（公元1054—1122年）：阿拉伯阿拔斯王朝著名文学家、语言学家。他模仿白迪阿·泽曼·哈姆达尼创作了"五十篇玛卡梅韵文故事"。——译者

② 玛卡梅：阿拉伯语音译，原意为"集会""聚会"，引申为在集会场所讲述的故事，类似中国的"评书"、"评话"，是阿拉伯古典小说的雏形。——译者

③ 高利（公元893—967年）：即艾布·阿里·高利，语言学家，先在巴格达求学，后迁至安德鲁斯，定居科尔多瓦。——译者

④ 伊本·杜莱德（公元837—933年）：巴格达诗人、语言学家。——译者

请教、礼尚往来等的书信。这类散文和这个时期的诗歌如出一辙，都讲究修辞，只是不守格律而已，甚至在写情书这个最大的话题时亦是如此。有很多人以此闻名。最好的例子是白德尔丁·哈莱比的《青春和风》一书，该书约三十章，分性情本源、伦理礼仪和总论等章节。该书是这个时期艺术散文的代表。

伊本·赫勒敦

我们无意在此赘述诸多革新者的生平，只是在这些文学家们的杰出代表伊本·赫勒敦处稍稍驻足。或许有人对我们将伊本·赫勒敦称为文学家感到奇怪，因为在这之前从未有人将他归入文学家之列，人们都认为他是一位社会学著述家。我们认为他也是一位大文学家，因为他代表了我们所欣赏的文风的典范，其作品内容丰富，行文简洁，修辞得当，不缩减、不铺陈，文随其意。

正如阿卜杜·哈米德·卡提卜（公元750年卒）将散文发展至以铺陈夸饰为支柱的新阶段；查希兹（约公元775—869年）将一切题材都引入文学；伊本·赫勒敦则用散文的形式将社会问题引入文学题材。

伊本·赫勒敦成名的最重要著作是他论述哲学、历史和社会的《历史绪论》[①]，该书的精华在于他对文明本质的论述。伊本·赫勒敦在书中讲述了他所观察到的游牧人、定居人、生计途径、生活状况、手工业、科学、气候对人类道德的影响。他认为游牧、定居生活的接替是自然的，游牧生活要先于定居生活，野蛮民族更容易征服

---

① 见本书“正午时期”第三册，伊本·赫勒敦的生平。

其他民族，城市的桎梏在于骄奢淫逸、纸醉金迷，一个民族越野蛮，其君主心胸就越宽广，被征服民族一定会去模仿征服者，如此等等。

他谈到了科学及其种类，教育及其方式。有人批评他没有将在《绪论》中的理论运用到他的历史著述中，因为他没有做到他提出的考察社会的要求。无论如何，他创出了一条前人没有走过的新路。

伊本·赫勒敦的特点之一是语言的逻辑性强，他先提出论点，接着做出解释，然后进行论证，直到成为一个完整的理论结构。

*　　　　*　　　　*

令人遗憾的是自十字军战争结束之后，东方就处于内敛自闭的状态，和西方世界就再没了联系。西方世界已开始做好了复兴的准备，但我们不知道他们都做了些什么，如果我们知道，我们也能实现新的复兴了。

一般来说，学术、文学活动因注入充满活力的新鲜因素而得以复兴，在倭马亚时期，阿拉伯文学、阿拉伯世界因融入了新鲜因素而获得新生；阿拔斯时期，阿拉伯世界、阿拉伯文学因吸纳了印度、波斯、希腊文化而再现生机；在当今时代，阿拉伯世界、阿拉伯文学因有了外国文化的渗入而有了新的发展方向。当东方被禁止了解外国文学和外国科学时，东方就出现了停滞，这种状况一直延续了数个世纪，直到出现了现代复兴的助力。

二、语言、句法和词法

语言

语言方面，不过是后人对前人工作的汇集或缩编，无创新可言。该时期编著的最著名的语言辞典是伊本·曼祖尔[①]二十卷本的《阿拉伯语大词典》,其中收集了艾兹哈里(公元895—980年)的《规范语言词典》、伊本·赛义达[②]的《精编辞海大全》、焦海里(公元1005年卒)的《词语精华》、伊本·杜莱德(公元837—933年)的《词语总汇》和伊本·艾西尔(公元1149—1210年)的《词语观止》等词典的内容。伊本·曼祖尔在前言中写道:“(编纂这部词典)不过是想保存阿拉伯语这个语言,肯定它的功绩,因为《古兰经》和‘圣训’的训诫都是用这种语言表达的……这是我看到形形色色的方言土语占了上风,语法、语言错误多有出现时决定这么做的。”毫无疑问,这是一部巨著,它收集了很难收集到的语料,它除了是一部语言著作,还引用了大量的明文,因此也可称为一部文学著作,但从创新的角度看,则没有新意。

《辞海》的作者马吉德丁·菲鲁扎巴迪(公元1329—1415年)同样也是如此。他生于波斯的卡兹伦[③],曾在瓦绥脱、巴格达和大马士革求学,到过埃及,后前往小亚细亚,在设拉子遇到帖木儿·兰格,其后转至也门,被当地素丹接纳,出任总法官,直至辞世。他的《辞海》声名显赫,以至于人们称所有关于语言的书为“海”。其实这名不符实,因为该词典的全部特色在于它的简要和不严谨,以及试图区分以阿拉伯语最后两个字母“瓦维”和“亚伊”结尾的名词,将其定为阴性,除此之外,别无新意。

---

① 伊本·曼祖尔(公元1232—1311年):埃及语言学家。——译者

② 伊本·赛义达(公元1007—1066年):安德鲁斯语言学家,另著有《语义词典》。——译者

③ 卡兹伦:伊朗设拉子西部一城市。——译者

苏郁退[1]或许最能体现我们先前提到的该时代的特征。他广搜集、多著述、少创新。他在经注、圣训、语言、教法、语法、语义、形象修辞以及藻饰修辞方面均有著述，其著作多达三百余部。与他同时代的人指责他将他人的著作改头换面据为己有。苏尤忒甚至还曾与嘎斯塔拉尼[2]争夺《神秘的天赋》一书的著作权，两人都声称自己是该书的作者。最后，素丹阿迪勒·图曼贝伊因苏尤忒剽窃树敌太多而将其撤职。

马木鲁克王朝和奥斯曼帝国时期的著述活动的确兴盛活跃，这个时期的著述之多无以数计，但其活跃兴盛的只是数量，而非质量，像伊本·赫勒敦《历史绪论》这样的著作堪称凤毛麟角。

语法和词法

至于语法和词法，则继续延续着西伯威[3]在《书》中的方式，采用当时通用的体例。我们所看到的不过是解释不明之处，或缩写冗长之作。

而语法所建立的基础则稳如磐石，没有任何改变。的确，伊本·麦达·安德鲁西试图有所改变，但是他的努力失败了，最终无所建树[4]。

---

① 哲拉鲁丁·苏郁退(公元1445—1505年)：马木鲁克王朝末期埃及著名经注学家、史学家、语言学家。他是一位多产作家，其代表作有《哲拉莱尼〈古兰经〉注》(与哲马鲁丁·马哈里合著)、《埃及史》、《华枝集》(《语言学指南》)等。——译者

② 嘎斯塔拉尼(公元1517年卒)：埃及圣训学家、历史学家。——译者

③ 西伯威(约公元760—约796年)：阿拔斯王朝著名阿拉伯语法学家，巴士拉学派的代表人物。——译者

④ 伊本·麦达·安德鲁西其人详见本书“近午时期”第三册。

我们所谈论的这个时期在语法领域出现了两位大语法家，一位是伊本·马立克[①]，另一位是伊本·希沙姆[②]。伊本·马立克的语法最为复杂和有序，他在西伯威语法的基础上收集了各种零散的语法现象。至于伊本·希沙姆，伊本·赫勒敦评价道："无论巨细，他都要按照语法规则作出分析。他论及字母、单词、句子，删减了语法门类中重复的语法规则……他指出了对《古兰经》经文进行语法分析时闹出的笑话，并将其分类，按规则加以整理。通过他我们了解了丰富的知识。这表明他在这方面的高超能力和丰富的成果。"伊本·希沙姆和伊本·马立克一样，是整理者，而不是创新者。

三、教法

教法方面，每个教派都涌现出很多杰出的教法学家。但我们看到已经关闭的创制之门，尚有一点点缝隙让教法学家利用。例如，据说有些教法学家根据《古兰经》和"圣训"，对一些问题创制出了不同于四大教法学派[③]主张的律例。但是缝隙随着时间的推移越来越窄，直到最后完全关闭，摆在教法学家面前的只有仿效各教法学派的大教长一条路了。

① 伊本·马立克（公元1204—1274年）：安德鲁斯著名语言学家。——译者

② 伊本·希沙姆（公元1309—1360年）：埃及著名语法、语言学家。——译者

③ 四大教法学派：指伊斯兰教逊尼派四大教法学派：哈乃斐派、马立克派、沙斐仪派和罕百里派。——译者

又如，伊本·泰米叶[①]称任何人，甚至先知都不得自杀求死；连声说三遍“休妻”则为休妻一次，这不同于其他教法学派的说法。

奈瓦威[②]说过，伊历四世纪后，就不再有完全不受限制的穆智台希德了。教法学家们进行创制时都是有限制的，即他们有能力以《古兰经》、“圣训”、公议和类比进行创制，但要受到各派教法主张的限制，这种情况一直持续到伊历五世纪。莱赫米[③]、马兹里[④]、穆哈伊丁·本·阿拉比、伊本·鲁世德[⑤]和卡迪·伊亚德都属于这一类教法学派，尽管最后一位是伊历六世纪的人。之后，创制的功能有所减弱，穆智台希德们成了发表“法特瓦”[⑥]的穆智台希德，就像伊本·哈吉卜[⑦]那样，在遇到对某件事情有两种或两种以上见解时，根据证据提出一种见解。这一类的教法学家至伊历七世纪中叶就销声匿迹了，之后的教法学家都是纯粹的仿效者了，他们不能以《古兰经》和“圣训”为依据，而仅仅依赖前人的见解。有些教法学家为两种或更多的教法学派的人发布“法特瓦”，例如伊

① 伊本·泰米叶（公元1263—1328年）：伊斯兰教教法学家。罕百里学派后期代表人物。——译者

② 奈瓦威（公元1277年卒）：沙斐仪学派著名教法学家兼圣训学家。——译者

③ 莱赫米（公元1085年卒）：马立克学派教法学家。——译者

④ 艾布·阿卜杜拉·马兹里：马立克学派教法学家，很好地注解了《穆斯林圣训实录》，在他的基础之上，卡迪·伊亚德在此基础上写就了《完满》一书。卒于伊历536年。——译者

⑤ 伊本·鲁世德（公元1126—1198年）：中世纪阿拉伯著名哲学家、教法学家、医学家。亚里士多德学派的主要代表之一。拉丁名阿威罗伊。——译者

⑥ 法特瓦：阿拉伯文Fatwā的音译。伊斯兰教法用语。权威教法学家（穆智台希德、穆夫提、总穆夫提等）应法官或个人请求，就有争议的法律问题发表的正式见解。——译者

⑦ 伊本·哈吉卜（公元1249年卒）：埃及著名语法学家、马立克教法学派教法学家。——译者

本·达基格·伊德[①],他精通马立克和沙斐仪两个教法学派,能为这两派所有需要"法特瓦"的人发表正式的法律见解。

这些仿效者还禁锢思想,禁止发布"法特瓦",他们声称,很久以来,世上便无学者了,在艾布·哈尼法(公元700—767年)及其弟子艾布·优素福[②]、宰法尔、穆罕穆德·本·哈桑,以及马立克(约公元715—795年)和沙斐仪(公元767—820年)及其弟子之后,再没有人称得上是教法学家了。他们还说,这些教长之后,不允许任何人从经、训中创制律例,直到能够从经、训中创制律例的穆智台希德出现。

这些仿效者说:我们认为,先辈引领众人,我们应效仿先辈。虽然"圣训"已搜集完毕,获取知识已成易事,先辈言论已有记载,故现在的创制应比过去更为容易,但是,教法学家们的内心愈发狭隘,活力亦消失殆尽。也门或许因为信奉载德派而在创制上更为宽容,其教长舒卡尼[③]自称独立创制,但他也遭到了一些也门人的反对,说他违背了公议原则,载德派人便群起攻之。据说当载德派人看到他真有学问时,又重新归顺他。

宗教学者的地位

应当指出的是,宗教学者在马木鲁克王朝和奥斯曼帝国时期

① 伊本·达基格·伊德(公元1302年卒):埃及圣训学家、学者。——译者

② 艾布·优素福(公元798年卒):生于库法,师从艾布·哈尼法,为艾布·哈尼法最著名的弟子。第一位被称为大法官的人。——译者

③ 舒卡尼(公元1760—1834年):也门的教法学家,生活在萨那,任该地法官。——译者

地位显赫，民望甚高，因为他们是联系人民和素丹的中介。学者，尤其是教法学家就像是无冕之王。比如埃及的伊兹·本·阿卜杜·萨拉姆[①]，他是一位名扬天下的优秀教法学家，他笃信虔诚、勇敢坚强、口齿伶俐，被誉为“学者之王”。他于麦立克·萨利赫·奈吉姆丁·阿尤布（公元1242—1249年在位）执政时自叙利亚来到开罗，被任命为阿慕尔·本·阿绥清真寺[②]的宣教师和法官。伊兹·本·阿卜杜·萨拉姆在许多场合都有精彩的表现，比如在某节日的一天，他远眺城堡，看到士兵列队，看到麦立克·萨利赫·奈吉姆丁·阿尤布素丹，其场面雄伟壮观。按照埃及素丹的惯例，麦立克盛装出来接见百姓，王宫贵族们亲吻素丹面前的地面。这时，教法学家伊兹面对素丹并向他喊道：“阿尤布啊！如果真主对你说：‘难道我让你登上埃及王位，你就允许卖酒吗？’你当何言以对？”素丹问道：“真有此事吗？”答：“确有此事。某某人的酒馆就卖酒并干其他违禁之事。你是在毁掉这个国家的快乐安逸。”素丹当着众士兵的面，对伊兹同样高声喊道：“我的这位先生啊，那不是我所为，是我父亲传下来的。”然后，他就下令关闭那些酒馆。[③] 当伊兹·本·阿卜杜·萨拉姆被问及此事时，他说：“当我看到他摆那么大的排场，我决定羞辱他一下，以便他不会因为心骄气傲而害了他。”这类的掌故还有很多，甚至当他死后，麦立克素丹

① 伊兹·本·阿卜杜·萨拉姆（公元1262年卒）：大马士革沙斐仪派教法学家，生活在埃及开罗。——译者

② 阿慕尔·本·阿绥清真寺：也称阿慕尔清真寺。埃及著名清真寺，位于开罗旧城中心，尼罗河左岸。公元642年由征服埃及的阿拉伯将领阿慕尔·本·阿绥（约公元572—663年）所建，为伊斯兰教在埃及始建的第一座清真寺。——译者

③ 见《沙斐仪弟子传》。

说了这样一句话："只有当伊兹死了之后，我才感到做国王的乐趣。"

伊本·达基格·伊德和奈瓦威也有类似的故事，他们都以讲真话、坚持真理，不怕君王、为民请愿而著称。从教法上说，他们只是依据一个或两个教法学派的主张进行创制，而不是不受限制。随着时间的推移，不但不受限制的穆智台希德没有了，连教派的穆智台希德也不见了，教法学家们所作的努力只是照搬典籍，选择判断。教法所遇之灾还有学者们的简述之风。每位学者都认为应简要概述前人的著述。奇怪的是，一个学者概述了以后，又有学者对他的概述加以阐释，以致出现了没有必要的冗长的长篇大论。

我们从中得到的不过是白白耗费的努力。日复一日，情况愈发恶化、僵滞。

伊本·赫勒敦说："很多后人都在研究概述学问的途径和方法，并乐此不疲……他们想用很少的词语表达丰富的内容，这有违修辞，造成艰涩难懂。"或许他们看到艺术方面的长篇巨著，为了便于记忆而缩写之，正如伊本·哈吉卜（公元 1249 年卒）对教法和伊本·马立克（公元 1204—1274 年）对语法所做的工作。这是对教育的腐蚀和对摘编概述的破坏，因为这会对还未做好治学准备的初学者造成混乱，使他们的治学变得功利，而且，求学者要读懂那些费解深奥、语义混杂的文字需费很大的气力，要从中找出问题更是困难，因为概述的文字艰涩难懂，费力耗时。再者，从那些概要中获得的知识只是一些浅显的有限的知识。

四、历史

的确，后人并未忽视历史，他们承接前人，以致每个时代都有历史学家记述着他们所在时代的历史，并将之与过去联系起来。他们像前辈一样丰富着历史，从人物传记到地方志，从国别史到通史，他们都有所记述。

人物传记方面的历史学家有伊本·赫里康（公元1211—1282年），他是这个时期早期的著述者之一。伊本·赫里康记述了除圣门弟子和哈里发之外的学术、文学、制造和财政等方面的著名人物，他目光犀利，考证严谨，语言流畅平实，尽量避免使用不雅的文字。该传记包罗了约八百二十六位名人的生平事迹，特别注意考证所收录每位名人的死亡年代，故他称该传记为《名人死亡考》（《人物传记》）。他舍弃了某些名人，或许是因为没有对其卒年进行考证。该传记可算是第一部同类著作。伊本·赫里康卒于伊历681年/公元1282年。后由伊本·沙基尔·库图比（伊历764年/公元1362年卒）作了增补，补入了一些伊本·赫里康所舍弃的名人，以及其死后至他那个时代的人物，该书名为《人物传记补遗》。

伊本·塔巴推巴·奈齐勒·摩苏尔于法赫鲁丁·伊萨时代写了一本献给法赫鲁丁的书，取名《法赫里》，书中展现了自伊斯兰帝国创立之初至阿拔斯王朝灭亡的历史。该书注重风格、精确的表达和优美的结构，对一般的政治事务有精辟的见解，在引证伊斯兰普通事件时有统一的原则。伊本·塔巴推巴于伊历701年/公元1301年在摩苏尔写成该书，他是一个什叶派人，故该书也染上了什叶派的色彩。

艾布·菲达——纳赛尔素丹的哈马[①]总督，他根据塔巴里（公元 838—923 年）的《历代先知与帝王史》和伊本·艾西尔（公元 1160—1234 年）的《历史大全》，增补了二人之后至他所在时代的历史，撰写了《人类史纲要》一书。这是一部著名的历史著作，其特点是补上了伊本·艾西尔之后的这段历史。艾布·菲达生于伊历 672 年/公元 1273 年，卒于伊历 732 年/公元 1331 年。

以人物传记，尤其是圣训学家传记著称的是舍姆斯丁·宰赫比[②]。他生于大马士革，曾周游众多地区，会见那里的学者，为他们作传。他公允地对待一些人，但也伤害了一些人。其最著名的著作是关于圣训学家传记的《背诵圣训者的品级》以及《伊斯兰教史》。著名的传记家还有哈利勒·本·艾贝克·萨法迪[③]，他以二十六卷本的大型人物传记《名人全传》著称。

哈利勒之后是伊本·凯西尔（伊历 774 年/公元 1372 年卒），他著有名为《始与末》的巨著，记述了自创世至伊历 767 年的历史。同时期的历史学家还有埃及的伊本·弗拉特，他生于伊历 735 年/公元 1334 年，写有一部多卷本的巨著，该书的重要性在于它是十字军战争极有价值的参考资料。伊本·弗拉特卒于伊历 807 年/公元 1404 年。

伊本·凯西尔之后是伊本·赫勒敦，他的《历史绪论》奠定了历史学的基础。他的生平、显赫的地位和周游诸国的经历使他能

① 哈马：叙利亚一城市，位于哈勒颇和大马士革之间。——译者

② 舍姆斯丁·宰赫比（公元 1274—1348 年）：历史学家、圣训学家。——译者

③ 哈利勒·本·艾贝克·萨法迪（约公元 1296—1362 年）：文学家、历史学家。——译者

够参透事物本质，将各种事件联系起来，了解前因后果。因此，他能够从个别推及一般，总结出理论，并用于分析历史事件。伊历767年/公元1365年，伊本·赫勒敦写出该书初稿，之后他终其一生对其进行修订。

伊本·赫勒敦之后是他的学生麦格里齐[①]。麦格里齐原籍巴勒贝克，后随其父迁至开罗。他撰写了多部历史著作，如弗斯塔特[②]史、法蒂玛王朝史和马木鲁克王朝史，以及穆圣的生平等。他还关注一些特殊问题，如撰写了《经济危机》、《瘟疫史》等。麦格里齐最著名的著作是被称为《劝善与尊重》的《埃及志》，该书视野广阔、引文丰富，但有时引文不问出处，且不加批判。尽管如此，该书为我们留下了一笔宝贵的财富，没有它，很多史料我们便无从查找。麦格里齐从他的老师伊本·赫勒敦那里获益匪浅。

伊本·阿拉卜沙（伊历791—854/公元1388—1450）为帖木儿·兰格作传，题为《帖木儿奇闻录》。伊本·阿拉卜沙是大马士革人，在帖木儿·兰格攻占叙利亚时沦为俘虏，被遣送至撒马尔罕[③]，后从撒马尔罕转至花拉子模及其他地区。伊本·阿拉卜沙得益于这样的经历，写就了关于帖木儿的历史。他还写有《哈里发的水果与风雅人的戏谑》一书。用哈吉·哈里发[④]的话说，这是一

① 麦格里齐（公元1364—1442年）：埃及马木鲁克王朝著名历史学家。——译者

② 弗斯塔特：开罗。由著名将领阿慕尔·本·阿绥于公元641—642年建造。——译者

③ 撒马尔罕：中亚著名古城。现乌兹别克共和国第二大城市，撒马尔罕省首府。——译者

④ 哈吉·哈里发（公元1608—1657年）：土耳其百科全书作家。——译者

本类似于《卡里莱和迪木乃》的政治寓言集，它也是以动物的口吻讲述故事。

艾布·麦哈辛·本·台格利·拜尔迪（伊历874年/公元1469年卒）著有《群星灿烂——埃及和开罗编年史》一书，这是一部编年体史书，记载了自阿拉伯人征服埃及至伊历857年/公元1453年之间的历史。

麦盖里（伊历1041年/公元1631年卒）的著作《芬芳集》（《里萨努·丁·本·海忒布[①]传记》）分为两部分：第一部分为安德鲁斯及其名人的历史；第二部分专门介绍里萨努·丁·本·海忒布的生平、他的老师以及和他接触过的人。书中有许多关于安德鲁斯的珍贵史料。

我们看到，穆斯林在各种历史著述方面非常活跃，还有很多我们未曾提及的或简或繁的历史著作。由于著述历史相对容易且有乐趣，所以著者甚众。

五、苏菲派

苏菲派或许是唯一在巴格达沦陷之后较之前获得更大发展的一个教派。其原因大概在于该派不需要理性思考，只需用心去感受。于是，苏菲派的队伍扩大了，因为人们已经失去了今生，只能指望后世了。他们对尘世的社会公正感到绝望，只能寄希望于天

① 里萨努·丁·本·海忒布（公元1313—1374年）：安德鲁斯著名历史学家、文学家、政治活动家。被称为“格拉纳达最后一位杰出的穆斯林思想家、诗人兼政治家”。——译者

园。他们不敢反抗统治者，要求实现公正，他们只满足于平安无事，他们辨别真伪的能力减弱了，头脑中充满了迷信和幻想。但他们喜乐的天性并未消失，并把它带入了苏菲派，他们喜欢歌唱、音乐、舞蹈和魔术。他们弄不清因果之间的关系，于是就转向苏菲派信徒，向他们祈福，以满足自己的需求，并通过他们叩响天园之门。于是道统、苏菲长老、自诩的圣徒遍布全国。总而言之，在苏菲生活中，心灵可以得到慰藉和安宁。

这样的环境还造就了一些著名的苏菲，他们集苏菲思想和文学修养于一身，他们以其苏菲思想和诗歌滋养着人们。如用阿拉伯语写作的伊本·阿拉比（公元 1165—1240 年）和伊本·法里德（公元 1181—1235 年），用波斯语写作的哲拉鲁丁·鲁米（公元 1207—1273 年）就是这样做的。

完人[①]思想

我们发现这个时期有很多谈论穆罕默德真理的言论，这些言论对穆罕默德作了奇怪的形容，极大地偏离了《古兰经》以及直传弟子和大再传弟子对穆罕默德品性的描述。《古兰经》中描述穆圣具有人类的一切属性，他会愁眉不展，也会迷误缪妄，他是被造之物，他亦有寿限等等。苏菲派改变了这一形象，他们称穆罕默德的存在具有永恒性，他们说，真主的第一造化物是穆罕默德的精神，或者如什叶派所说的，是穆罕默德之光——以阿丹

① 完人：阿拉伯文 Insān Kāmil 的意译。伊斯兰教称谓。为苏菲派根据新柏拉图学派“流溢说”衍化的一种纯理念的，然而又为现实的人的“原型”。因他具安拉的一切完美属性于一身，故名。参见本书 212 页注④。——译者

(亚当)及其以后的众先知形象出现的穆罕默德之光,继而又在阿里及其后裔身上出现。苏菲派信徒则称,穆罕默德之光是真主吹入阿丹的神的灵气。他们说,穆罕默德真理是生命的本初,其中心在尘世。从这个意义上说,穆罕默德真理是一切事物及其生命的实在,是真主和其仆人之间的中介,是流溢至认识真主者神智的本源等等。苏菲派信徒从此意义上称穆罕默德为"完人"[①]。阿卜杜·凯里姆·吉利[②](又称吉拉尼)对此曾著有一本题为《神智始末中的完人》的书,他在该书的前言中写道:"既然人的完美在于尽可能认识真主及其对人类的恩惠,我撰写了这本考证周全、研究精到之书。我以明示立书,以真善论题。"接着他又说,他写完之后把所写的东西扯成碎片。然后,真理命他将其显现,于是他照办了云云。

吉拉尼的话表明,完人是存在于自阿丹至穆罕默德、圣徒以及有德行者之中的穆罕默德的精神。

吉拉尼说:"完人是宇宙苍穹自始至终绕其运行的轴心,是自创世至永恒的唯一。其本名是穆罕默德,号艾布·卡西姆,以阿卜杜拉形容他,以舍姆斯丁称呼他。完人在每个时期都有适合他的名字。"吉拉尼还说:"完人对应一切存在的实在,至高的真理与其稀疏相对,先验的真理与其稠密相对。他用心看到最先显现于他

① 见尼克尔森著,艾布·阿拉·阿菲费译:《伊斯兰苏菲主义》。

② 阿卜杜·凯里姆·吉利(公元1428年卒):大苏菲派人。生于巴格达。对在印度传播伊斯兰文化有广泛的影响。著有《神智始末中的完人》等著作。——译者

的隐秘的真理，即‘宝座’[①]，继之，看到‘脚凳’[②]和‘极境的酸枣树’[③]。他的心智对应至高科学、灵魂对应被保护的‘天牌’、本性对应物质元素、适应性对应第一物质。

完人是真主的摹本，就像穆圣所说：‘真主以他为原型创造了阿丹。’完人还是真理之镜，因为真理是自在的，它只有通过完人才能看到自己的名字和属性。这即是经文‘我确已将重任信托天地和山岳，但它们不肯承担它，它们畏惧它，而人却承担了……’[④]的意义。正如真主按照他的形状造化那样，他还以人为原型创造了尘世。真主先于在他内心中创造的人类而存在，万物在其内心中已消失，在任何存在物中都没有显现。‘库德西圣训’[⑤]中有这样一段话：‘我是一座隐匿的宝藏，但是我愿意被认识之。’”

吉拉尼说：“当真主意欲创造这个世界时，他以完美的目光注视‘实在的实在’——你也可称之为‘白色的宝石’——这个万有的本源，于是水为之消退；他以崇高的目光注视它，于是水如大海般

① 宝座：为阿拉伯语“阿尔什”的意译。指“第一原则”之下的，与安拉“脚凳”一起构成的最高天体；其下有其他天体。具有先天的精神和后天的物质两种特性。——译者

② 脚凳：见“宝座”。——译者

③ 极境的酸枣树：伊斯兰教将天园分为八个等级，其中第三级“占奈·麦厄瓦”(Jannah al-Ma'wā)，意为归宿园。《古兰经》称它“在极境的酸枣树旁”，“信道而且行善者”将以其完美的功修获此报酬。参看马坚译《古兰经》，53:14—15、32:19。——译者

④ 马坚译：《古兰经》，33:72。——译者

⑤ 库德西圣训：伊斯兰教圣训学专用语。亦译“真主之圣训”。“库德西”阿拉伯语意为“神圣的”、“圣洁的”。据伊斯兰经注学家和圣训学家解释，这类圣训是先知穆罕默德以安拉第一人称宣示，多从梦示中获得，以自己的语言加以表达，向最亲近的门弟子单传，被背记下来，后在搜集辑录圣训时与穆罕默德本人的言论加以区别，未专辑成册。“库德西圣训”在伊斯兰教中的经典地位，介于《古兰经》与圣训之间。——译者

波涛汹涌，物质一点点生成，就像浪涛激起的泡沫盈满大海一样。真主就这样创造了七重地和各地的居住民；然后，那水的灵气如大海的水蒸气般上升，真主将其劈为七重天，创造了每层天的天使；然后，真主将那水化为环绕世界的七大洋，这便是万有的本源。”[①]

如读者所见，该书风格艰涩隐晦，人类的理性难以理解。

吉拉尼还有一首诗，题为《幽冥现象的奇观》，该诗用五百三十四句诗表述了“完人”思想。

“完人”思想、穆罕默德真理以及穆罕默德精神在苏菲派中有着重要作用。

伊本·阿拉比和伊本·法里德

前者是穆哈伊丁·穆罕默德·本·阿里，有时被称为哈提米，号伊本·阿拉比，阿拉伯地区东部的人称他为伊本·阿拉比，以和艾布·伯克尔·伊本·阿拉比[②]相区别。安德鲁斯人则称他为伊本·阿拉比。他于伊历560年/公元1165年生于穆尔西亚[③]，在塞维利亚[④]接受启蒙教育，后赴东部朝觐，从此再未返回安德鲁斯。他在希贾兹长住了一段时间后，到达埃及，后游历巴格达、摩苏尔和罗马诸地。时值十字军战争时期，受其影响，他号召穆斯林进行圣战。

① 《完人》，第2卷，第58页及以下，艾资哈尔版，1328年。

② 艾布·伯克尔·伊本·阿拉比（公元1148年卒）：安德鲁斯学者。——译者

③ 穆尔西亚：西班牙南部一城市。——译者

④ 塞维利亚：西班牙西南部城市。公元712年被阿拉伯人征服，1248年费尔南多三世将其收复。——译者

伊本·阿拉比创作了许多苏菲派的诗歌和散文，最著名的有《麦加的启示》、《智慧的珠宝》和《备忘录》。他被很多人冠以“伊斯兰大长老”之名。其《麦加的启示》收录了他大部分苏菲观点，该书分为六章，第一章“神智”、第二章“交往”、第三章“状态”、第四章“品级”、第五章“神爱”、最后一章“阶段”。伊本·阿拉比说，他所写的东西是在痴迷修行的状态下以启示的方式获得的。

奇怪的是伊本·阿拉比在教法上属扎希里教法学派[①]，而他关于苏菲派的著述却是最彻底的内学隐义派。他说：“这个世界的万有是由图像和灵魂构成的。”他所说的“图像”是亚里士多德所说的“物质”；而“灵魂”，亚里士多德则称之为“图像”。人由于蕴藏了体现真主属性和名字的力量，故在这些等级或图像中处于最高级别，人就像镜子一样折射出真主的实在和本体。伊本·阿拉比有很多关于万有和寂灭的言论。

据说，伊本·阿拉比有一天从驴背上掉下来，摔伤了小腿，人们过来为他治疗。可他却说：“别着急，等一等。”于是人们等了他一会儿。之后，伊本·阿拉比同意接受治疗，人们才给他医治。事后有人问起此事，伊本·阿拉比说：“我查阅了至高的真主的书，在‘开端’章中查到了这样的事件。”从中可以看到苏菲派奇怪的联想和广泛的想象。例如，他们有人从“开端”章中推算出奥斯曼王朝各素丹的名字、他们的状况，以及真主所意欲他们在位的时间。

① 扎希里教法学派：伊斯兰教法学派之一。亦称“字面派”、“直解学派”。得名于该派的基本法学主张，即仅以经、训的“字面”意义为立法、释法的依据。产生于公元9世纪。——译者

至于伊本·法里德，则是欧麦尔，号沙拉夫丁，原籍哈马，伊历576年/公元1181年出生于开罗，卒于伊历632年/公元1234年。被誉为“爱者之王”。他喜欢独居禁欲，习惯于每天去穆盖泰姆山。收录在他诗集中的诗歌堪称他的巅峰之作。伊本·法里德比穆哈伊丁更有诗才，他的诗和他同时代的诗作一样，充满了辞藻文饰、借喻隐喻，并运用了很多苏菲术语，诸如爱、欲、思念、陶醉、清醒等等。其最著名的诗歌是被称为“行为准则”的《大塔伊亚特》，诗中表述了伊本·法里德所有的苏菲原则。

伊本·法里德以酷爱完美无缺的东西著称，只要见到完美之物，从自然之美到声音之美，他都喜不自胜，倾诉爱慕之情，忘乎所以，手舞足蹈。他喜幽远僻静之处，俭朴守贫，远离人烟，弃绝俗世浮华。

他的诗歌收录于诗集之中，很多苏菲派人都给该诗集作过注释，受其环境的影响，注释都是苏菲派的。尼克尔森教授对他的《大塔伊亚特》[①]做过分析，他说：“伊本·法里德在该诗中以一个修炼至人主合一阶段的苏菲派人的口吻进行讲述。诗歌开头他对他的一个朋友讲述他初识神爱，以及在此过程中所遭受的困难和阻碍，并解释了如何做到通过将爱传至被爱者以驱除心中杂念。”

尼克尔森教授指出，“当时，你的主从阿丹的子孙的背脊中取出他们的后裔，并使他们招认……”(7:172)这段经文苏菲派称之为“契约”经文。

伊本·法里德说：“在灵魂附体之前，他已接受了这个契约。”

① 参看尼克尔森著，艾布·阿拉·阿菲费译：《伊斯兰苏菲主义》。

他还说："他所见的被爱者就是他自己，他对被爱者的爱就是对他自己的爱，至纯的爱就是寂灭于被爱者。"

他将寂灭描述为自我毫无欲望、爱慕和动机，处于欲念凝固、死去的状态。如果欲念死亡，则自我完全归顺于神的欲念。

他说："苏菲的最高阶段是人主合一，在这个阶段，造物主与被造者没有区别；是陶醉于寂灭，在这个阶段，苏菲所有的属性、印迹完全消失。"如此等等。

《大塔伊亚特》的诠释者倾向于依据伊本·阿拉比的万有单一论来诠释该诗。

从艺术角度讲，伊本·法里德还写有比《大塔伊亚特》更美的诗，如《长塔伊亚特》。

伊本·法里德的诗集中有不少精彩的诗。

*　　*　　*

那么，伊本·法里德和伊本·阿拉比在万有单一论上是否属于同一派别呢？他俩是否都认为真主和尘世是同一的？很多人都持肯定的观点，其中包括一些东方学家。他们或许以两件事为依据：

1. 据麦格里齐（公元1364—1442年）记载，伊本·阿拉比曾派人到伊本·法里德处请他解释《大塔伊亚特》。伊本·法里德回答说："你的《麦加的启示》就是对该诗的解释。"

2. 所有《大塔伊亚特》的诠释者都以伊本·阿拉比的万有单一论的观点诠释该诗。但伊本·阿拉比和伊本·法里德二者有很大的区别。伊本·法里德是苏菲诗人，他的爱上升到寂灭于他的被爱者——真主。在万有存在和其自身所见只有真主。正如那列诺教授所说:“伊本·法里德并不是万有单一论的哲学家,而是苏菲诗人,其诗《大塔伊亚特》不过是对他个人体悟的表述,这种体悟时而是他和神性合一,时而是他和穆罕默德实在合一。而伊本·阿拉比的万有单一,则是哲学意味上的合一,将哲学融于宗教之中,奇怪而又无与伦比。”

伊本·法里德的诗性,他的寂灭于被爱者的感受及其与被爱者的合一,与伊本·阿拉比的哲学及其真主与世界同一的主张之间有着巨大的区别,声称二者都是万有单一论的说法是错误的。哈拉智的降临说、伊本·法里德的神爱说以及伊本·阿拉比的万有单一说之间是有细微区别的。

*　　*　　*

总之,埃及、叙利亚及其他地区都充斥着苏菲言论和诗歌。在苏菲派人面前出现了他们未曾预料到的新事物,对此他们不知所措:他们所说是真还是假?伊本·阿拉比和伊本·法里德的苏菲主义,需要一种特殊的融合,没有达到融合的人,就不会理解和体悟,甚至会加以拒绝。当时,支持者和反对者各执一词,引发了像哈拉智时代那样的流血冲突[①]。当时反对派的领袖是伊本·泰米叶(公元1263—1328年),真主赋予他丰富的解释和有力的证据,他认为那些苏菲派人给宗教带来了一些不是真主、先知及圣门弟子言论的新东西,他们还宣称各种形式的合一,因此,伊本·泰米叶对他们进行了猛烈的抨击,并为此写了不少论文。他反对苏菲派人的舞蹈和歌唱,批评了包括伊本·法里德、伊本·阿拉比、伊

① 参看本书“正午时期”第二册。

本·赛卜伊(公元1216—1270年)和阿斐富丁·提勒米萨尼(公元1213—1291年)在内的所有苏菲派人,对他们口诛笔伐,给他们扣上离经叛道的帽子,并宣称,他们所带来的后果比犹太教人和基督教人更为严重。

伊本·泰米叶的言论有:"造物主与被造物的合一是不可能的,因为如果造物主和被造物合一了,要么在合一之后仍像以前一样是各自存在的两个物体,那这仍是多个,不是一个;要么变成第三种物体,就像水与乳、铁与火交融等基督教派别所作的比喻那样,这样一来,其结果必然是造物主发生了质变,如同其他物质与异质合一后产生质变一样。这对于真主来说是不可能的,因为质变的前提是先前的不存在,但真主是自在的,其属性是完美的,如果有欠缺,则是不完美的,而真主不会是不完美的。"伊本·泰米叶提及了诸如此类的论证,并与苏菲派人作理性的探讨,尽管苏菲派人的言论是发自内心的情感,就像是理性与爱的对话。

伊本·泰米叶就万有单一论发表了一封公开信,信中将伊本·阿拉比斥为伪信者,称他有二十四条叛教主张,如:人之于真主就像瞳孔之于眼睛。照此说法,真主就失去了视力,看不见他所创造的人类,也看不见自己。又如:我们以自己描述真主,当我们沉思真主的实在时,事实上,我们是在沉思我们自己的实在;当真主注视我们的事务时,也是在注视他自己的事务。再如:真主是万物的眼睛。一切宗教信仰都是正确的,因为每个派别都包括了一些真主的本质。无论转向何方,面对的都是真主。圣徒优于先知,圣徒是先知永恒崇高的因素。穆哈伊丁(伊本·阿拉比)称自己是封印圣徒,就像穆罕默德是封印先知一样等等。

伊本·哈贾尔·阿斯高拉尼[①]也说过苏菲派人的坏话，伊历852年，他临死前曾这样说伊本·法里德："他在诗中聒噪人主同一说，这是巨大的灾难。你别着急，他精心设计他的诗作，这不过是苏菲的外衣和经过修饰的指示，在这外衣和斗篷之下，却隐藏着哲学和毒蛇。凭践约的真主起誓，我已经忠告过你了。"

比加尔[②]（伊历858年卒），他写有两本将伊本·阿拉比和伊本·法里德斥为叛教者的书，一本名为《告诫蠢人：伊本·阿拉比是异端》，另一本名为《合一异端反对者对偶像崇拜者发出的警告》。比加尔对二人进行了严厉的抨击。

攻击者还有《麦瓦吉府》的作者阿杜德丁·伊智[③]，他说："伊本·阿拉比是一个骗子，吸食大麻，犹如恶棍下流之人；伊本·法里德是他的追随者，他的诗至少是出自吸食鸦片后产生互相矛盾的幻觉，这样他们才会说万物的存在是至高的真主，万物也就是至高的真主，没有先知、没有使者，没有派遣者、也没有被派遣者。"

《崇高的知识》一书的作者穆格白里传述说，伊本·赫勒敦称早期的苏菲派人是虔信者，后来的苏菲派人是异端……他还看见因书中有谬误而焚烧苏菲派人书籍的场面。

这些人是攻击苏菲派的主要人物，而支持苏菲派的人也很多。教法学家们的攻击是造成萨拉丁·苏哈拉瓦迪被杀害的原因，这就像哈拉智之死一样。但伊本·阿拉比和伊本·法里德却得以逃

① 伊本·哈贾尔·阿斯高拉尼（公元1449年卒）：埃及著名圣训学家、历史学家。——译者

② 比加尔（公元1406—1480年）：沙斐仪派教法学家、历史学家。——译者

③ 阿杜德丁·伊智（公元1281—1355年）：中世纪波斯逊尼派教义学家、哲学家、教法学家。——译者

脱。这表明政治在利用教法学家的言论来消除异己，如果对教法学家们感到满意，就保护他们，而不是杀害他们。

沙阿拉尼

此后苏菲派在伊斯兰世界风起云涌。沙阿拉尼（公元1565年卒）是继伊本·阿拉比和伊本·法里德之后最著名的苏菲派人之一，但他是苦修型的苏菲派人。他将伊本·阿拉比的《麦加的启示》缩写改编为《麦加启示的精粹》，后又对该简写本进行缩写，取名《大长老学识之火》。沙阿拉尼的出现，在其支持者和责难者之间掀起一阵轩然大波。因为他对当时的学者进行了猛烈的抨击。但是，他为了自身的安全，仍下命要服从毛拉及其法律，尽管他深信统治者的不义以及加在农民身上的不公。他说："过去农民死后，尚能给他的子嗣留下几个迪尔汗，但如今就做不到了。他们变卖所得的收成、牛和衣物以缴纳赋税。一旦有所亏欠，则遭毒打和监禁。"他还说："我们占有土地，却一无所有。因为对土地征收的赋税，远远超出了其价值和产出。"正如沙阿拉尼自己所述，学者们对他的攻击，只要他们高兴，就汇集成书。沙阿拉尼为调和理性思想者和直觉启示者的信仰做出了巨大的努力，他极力维护伊本·阿拉比，对其看起来是离经叛道的言论作了阐释。

*　　　　*　　　　*

此后的苏菲派转向德尔维什。"德尔维什"在波斯语中的意思是"可怜的贫困者"。苏菲派大为衰落，以至于有人说："苏菲由原来的'状态'变成了'钱财'；由原来的'内省'变成了'获取'；由原来的'隐秘'变成了'公开'；原来追随先贤，如今购置田庄；原来是心的建设，如今成了虚幻；原来清廉纯洁，如今花费无边；过去高尚有德，如今奴颜婢膝；过去清瘦憔悴，如今珍馐美餐；过去知足常乐，如今忧愁恼烦；过去清心寡欲，如今锦衣玉食。”各种修道场所数目繁多，其长老对其门徒有无上的权力，众门徒犹如风口上的羽毛，任其摆布。每个教团都有其特别的赞念和诵经之词。这些修道场所与妖术及妖言惑众的迷信活动混杂在一起。

哲拉鲁丁·鲁米

这里我们不得不谈谈“我们的毛拉[①]”哲拉鲁丁·鲁米（公元1207—1273年），因为他对波斯的苏菲派有着重要影响。他写有《玛斯纳维》一书，关于该书，著名苏菲派人阿卜杜·拉赫曼·贾米（公元1414—1492年）说：“如果你是有神智的学者，那么你就将字词放置一旁，而直指其意。《玛斯纳维》是波斯文的古兰经，我不知道如何形容这本巨著。鲁米虽然不是先知，但却带来了圣书。”不少东方学家都很看重哲拉鲁丁·鲁米及其诗歌，并将其译成他们的语言。

哲拉鲁丁·鲁米曾在伊斯兰教学校执教，但他后来结识了著名的苏菲派人大不里士（公元？—1247年），受其影响，遂放弃教学，转向苏菲派。

《玛斯纳维》是一部伟大的苏菲哲理诗集，共两万五千七百余行。该诗集阐述有力、想象丰富、刻画精妙。短短数百行诗，就能勾勒出一则小故事。鲁米的心中充满了神爱，他沉醉其中，他说：

① 毛拉：伊斯兰教职称谓。阿拉伯语音译，原意为“保护者”、“主人”、“主子”。含有多义。这里指伊斯兰国家尤其是中亚和印巴次大陆将知识分子、学者尊称为“毛拉”，通常指伊斯兰学者，相当于汉语的“先生”。——译者

“我想着韵脚的时候，我所爱之人说：‘想见我就足矣。没有什么真理要你思索。’它是花园中的思念，我要抹掉言语、真理和声音，用除此之外的方式与你密语。”

有时，他讲述一则故事，作为表达其言论和苏菲思想的载体，例如狮子和野兽的故事。这是《卡里莱和迪木乃》中的一则故事，但鲁米将该故事为其所用，以表达他的主张。例如他说：“狮子自视甚高，故不能从敌人那里认识自己，它将敌人看作自己的画像。于是它拔剑架在自己的头上。你从别人身上看到多少暴虐不义，其中就有你自己本性的勾画。只有当你厌恶自己时，才能看清自己的恶性。就像无知的狮子攻击自己一样抨击你自己吧，糊涂虫！当你直抵你本性深处时，你就会了解你品性中的这种恶性。”他还说：“信士是其兄弟的镜子，使者说，在你眼前放一蓝色玻璃瓶，你眼前的天地就会呈现蓝色。如果你眼前的玻璃瓶是蓝色的，那你眼中的阳光也是蓝色的。不是你看不清楚，这确是你看到的颜色。那么，你就严格要求你自己吧，不要去强求别人……”①

哲拉鲁丁·鲁米的言论还有：“忍受忧伤的人啊，身处贫穷苦难而精神富有的人啊，以及诸如此类的人啊，为我打开世上一切隐秘的宝藏，我的灵魂向你叩拜，我将脸埋入大地，我呼喊：‘我只求爱你。你快来吧，快来吧，你找不到像我这样的朋友，世上哪有像我这样的爱人；快来吧，快来吧，不要在犹豫彷徨中消磨生命，市场的主人不过如此。你就像干涸贫瘠的山谷，我就像那雨水；你就像

① 引自哲拉鲁丁·鲁米：《玛斯纳维》，阿卜杜·瓦哈卜·阿扎姆博士译介。

被毁坏的城邦，我就像那建设者。如果人们不崇拜我，我就感觉不到幸福的滋味。拜主就是幸福的曙光。’”[①]

① 《尼克尔森选集》，艾布·阿拉·阿菲费博士译。

结　语

在本册中，我们简要回顾了穆阿台及勒派在后半个时期所面临的问题，以及它是如何在占据统治地位数年后消亡的，我们也回顾了艾什尔里派是如何将其扫入历史的。我们发现，艾什尔里派本身在很大程度上也受到了穆阿台及勒派所提出问题的影响，两派之间的论争起初十分激烈，最终以艾什尔里派的胜利而告终，这种情况一直持续至今。

在我们看来，两派的研究大多涉及形而上学的问题，而对形而上学的研究鲜有结果……我们如何知道真主的属性是他的本体，还是不是他的本体？以我们的内心是无法得知的；我们又如何知道真主的知识、能力和意志之间的细微区别？所有这些问题，亚里士多德及其之前的哲学家都探讨过了，之后的伊斯兰教、基督教和犹太教也研究过了，但都没有取得多大进展。因此，安萨里和法赫鲁丁·拉齐起而反对教义学（凯拉姆学），并让人民大众远离它。

接着，我们考察了什叶派的教义，以及什叶派人如何奋力维护他们的教义，并为此献出了他们的生命；我们看到什叶派人如何反抗阿拔斯人，如何被杀戮或被囚禁；看到什叶派的发展：什叶派始于阿里及其子嗣最有资格出任哈里发说，后经贾法尔·萨迪格之手出现的神化伊玛目说，后又发展为隐遁的伊玛目和马赫迪复临人间说，以及这一切对穆斯林的历史所产生的重大影响。

最后，我们介绍了苏菲派，该派是不同于教义学家观念的新倾向。教义学家依靠的是逻辑和理性，而苏菲派依靠的则是体悟和心灵。如果说依靠逻辑和理性的结果是相信逻辑证明，那依靠体悟和心灵的结果则是启示和顿悟。

所有这些活动都是强大而有力的，它们互相推动而不是互相抵消，它们针锋相对而不是相互让步。伊斯兰史学家们不仅记录了战场上各个战役，也记录了信仰和教派之争。如果我们像商人那样在每个重大商务周期结束时进行结算，以了解盈亏的话，我们发现：我们从理性活动中获得了收益，从研究中得到了锻炼，从论辩中学会了随机应变，通过论辩，被辩论的问题经过各方面的论述，变得清晰了；在这样的氛围和活动中，我们培养了许多学者。但是，由于各个教派之间的怨恨和仇视，以及众多的杀戮，我们损失了爱和友情；我们还丧失了力量，这些力量如得以聚集，则多有效用；如分崩离析，则丧失殆尽。

这些力量如能向善，则硕果累累；如向恶，则白白丧失。笔者认为，我们失大于得。穆斯林今日的状况不就是最好的证明吗？别无办法，只能靠至高至大的真主。

附：麦尔吉阿派和哈瓦立及派

我们在“近午时期”第三册中对麦尔吉阿派和哈瓦立及派作了阐述，这两派在其第一阶段之后再没有什么大的影响，但伊本·哈兹姆（公元 994—1064 年）在其《关于教派和异端的批判》一书中专门列出一章介绍麦尔吉阿派，名为“麦尔吉阿派的丑恶”，读过该章的人，会发现麦尔吉阿派是胸怀最为宽广的教派之一，与将所有与其敌对者斥为叛教者的哈瓦立及派不同，他们不轻易给别人扣上叛教的罪名。

伊本·哈兹姆说，麦尔吉阿派有两个支派：一派称信仰是确证于口，另一派称信仰是诚信于心。如果一人口称叛教，而且崇拜偶像，但他遵从犹太教和基督教，他仍不失为真主的信士，仍可进入天园……他们中的一个支派说，一个信仰真主、背弃穆圣的人，既是信士，又是叛教者。没有绝对的信士，也没有绝对的叛教者。著名的麦尔吉阿派人穆盖提勒·本·苏莱曼(公元767年卒)说：“恶行不管大小，对信仰都无害；善举对多神信仰根本无济于事。”为了拓宽他们的信仰，麦尔吉阿派人说，如果伊玛目犯错误，其伊玛目地位仍在，仍应听从于他，仍可跟随他做礼拜。据我们所知，历史上没有一个以“延缓”为口号的政权。

哈瓦立及派的教义前文已有介绍，其斗争、文学也有所谈及。这里我们要说的是其中的易巴德派[①]，该派曾在北非建立过政权。他们在麦尔旺·本·穆罕默德时期在阿卜杜拉·本·叶海亚·塔利卜·哈格和艾布·哈姆宰的领导下发动过起义。哈达拉毛[②]也曾臣服于哈瓦立及派的政权。起义发端于阿曼，后被哈齐姆·

① 易巴德派：伊斯兰教早期派别之一。因该派主要领袖阿卜杜拉·本·易巴德而得名。因其政治主张与哈瓦立及派相近，故被伊斯兰史学家视为哈瓦立及派的一分支。但该派否认此说，自称为“穆斯林归信者集体”、“穆斯林同仁”等。——译者

② 哈达拉毛：位于也门亚丁湾和阿拉伯海的地区，以哈达拉毛谷地著称。——译者

本·赫齐玛镇压。总之,易巴德派统治了阿曼以及北非的部分地区。该派有一些思想支派,在信仰、教法上和什叶派、逊尼派有所不同,他们自身内部也有差别,尤其是在北非地区,分为好几个支派。由罗斯图姆在提阿雷特[①]创建的易巴德王朝(公元761—908年)统治了一百三十多年,直到法蒂玛王朝将其灭亡。提阿雷特沦陷于法蒂玛人之手后,易巴德人四分五裂,逃至突尼斯、阿尔及利亚的沙漠地区和杰尔巴岛[②],迄今他们仍生活在那里。

易巴德派人在教法、圣训方面均有著述,他们认为自己是唯一获得救赎的派别。他们认为伊玛目不一定非得出自古莱氏族,只要公正虔诚,只要依据经、训统治就足矣;认为在天园中绝对看不见真主;认为后世的奖惩是永恒的;认为真主宽恕小罪,但大罪必须用忏悔来抵消。

阿尔及利亚的易巴德派人以维护高尚的道德著称,他们很少与逊尼派人来往,其交往多限于该派内部。[③]

总而言之,阿拔斯王朝后期之后,他们在历史上的影响甚微。

---

① 提阿雷特:阿尔及利亚古城。——译者

② 杰尔巴岛:位于突尼斯加贝斯湾南部的岛屿。——译者

③ 参看《伊斯兰百科全书》第一卷。

参考书目

宰麦赫舍里:《卡沙夫经注》,伊本·穆尼尔加注

苏卜基:《沙斐仪弟子传》

《征兆》

安萨里:《逊尼派人的信仰》

法赫鲁丁·拉齐:《信仰的基础》

卡西米:《杰赫姆派和穆阿台及勒派的历史》

伊斯兰学者关于《艾什尔里文集》,伊斯坦布尔版

伊智:《麦瓦吉府》

舍赫拉斯塔尼:《宗教与教派》

伊本·哈兹姆:《关于教派和异端的批判》

伊本·艾比·哈迪德:《辞章之道诠释》

赫雅特:《胜利集》

《伊斯兰百科全书》相关条目

《启示真理之高尚知识》,灯塔出版社版

白迪阿·宰曼·赫迈扎尼:《玛卡梅韵文集》

唐纳森:《什叶派信仰》

《阿拉伯伊斯兰文化史》黎明时期和近午时期

班黛丽·朱紫:《伊斯兰思想史》

艾布·曼苏尔·巴格达迪:《教派之分歧》

艾鲁西经注

《古沙里论文集》

《圣徒的饰品》

艾哈迈德·宰基:《阿拉伯科学百科全书》

《安德鲁斯文学史》

菲利普·希提:《阿拉伯通史》

图书在版编目(CIP)数据

阿拉伯伊斯兰文化史:全八册/(埃)艾哈迈德·爱敏著;纳忠等译. —北京:商务印书馆,2024
(汉译世界学术名著丛书:120年纪念版:珍藏本:增订本)
ISBN 978-7-100-23866-3

Ⅰ.①阿… Ⅱ.①艾…②纳… Ⅲ.①文化史—西亚 Ⅳ.①K370.03

中国国家版本馆 CIP 数据核字(2024)第 082137 号

各册译者:

第一册:纳忠
第二册:朱凯 史希同
第三册:向培科 史希同 朱凯
第四册:朱凯
第五册:史希同
第六册:赵军利
第七册:史希同 张洪仪
第八册:史希同 吴旻雁 马学忠
第二至七册审校:纳忠

汉译世界学术名著丛书
(120 年纪念版·珍藏本·增订本)
阿拉伯伊斯兰文化史
(全八册)
〔埃及〕艾哈迈德·爱敏 著
纳忠 等译

商务印书馆出版
(北京王府井大街 36 号 邮政编码 100710)
商务印书馆发行
北京中科印刷有限公司印刷
ISBN 978-7-100-23866-3

2024 年 5 月第 1 版 开本 710×1000 1/16
2024 年 5 月北京第 1 次印刷 印张 178½
定价:925.00 元